互联网平台

运营法律实务

刘瑛　王玄　李晓华◎著

法律出版社 LAW PRESS · CHINA

序 Order

2015年秋季，北京大学法学院和天元律师事务所首次合作开设了“天元律师实务”课程，这是北大法学院第一个由一家律师事务所承担、列入本科教学计划和研究生培养计划、具有学分性质的正式课程，也是迄今为止北大法学院开设的唯一系统讲授律师执业实务操作的课程。

课程开设五年来，获得了良好的社会反响。天元把律师的思维和技能、成功的实践经验、前沿的行业动态带入了校园，为一批批法律学子打开一扇通往律师职业的大门。天元自身也收获了信心、得到了启发，并希望辐射更多法律人。这是我们撰写天元丛书的初心。

天元丛书系列包括“天元律师实务”和“天元创新业务”两大系列。“天元律师实务”以天元在北大法学院的课程为依托，按照诉讼与非诉讼两条主线，结合最新业务实践和发展趋势，向初级法律从业者系统介绍当前的主要业务领域及实务操作。诉讼部分从庭前准备、庭审技巧等执业技能，到劳动仲裁及诉讼实务、商事仲裁和破产实务等诉讼知识，通过案例系统地介绍诉讼的思维方式、工作方法；非诉讼部分则沿着一个企业由小到大的成长过程，就可能涉及的私募融资、公司治理、知识产权、投资并购、证券化、跨境交易、金融产品、反垄断等问题，从律师实务出发，介绍律师执业背后的商业逻辑，分析商业与法律规则的相互影响，再回到理论并加以提升。

“天元创新业务”主要探讨律师法律服务的新兴领域及热点问题。《互联网平台运营法律实务》作为该系列的开篇之作，选取了八个法律问题并通过在电商平台、互联网医疗平台、互联网教育平台、互联网金融平台、网约车平台等平台中的应用，场景化地加以分析，力图将网络平台中的法律问题在不同行业下可视化地呈现出来。

天元丛书由天元律师事务所集体创作，是天元律师对商事律师基础业务的提炼和创新业务的思考，希望能够对求学者和从业者有所帮助。

天元律师事务所主任

2020 年春

前言 *Preface*

一、互联网平台的法律观察

“平台经济”是近年来在互联网新技术、新商业模式发展背景下开始受到关注的概念。但是，“平台”本身并不是新事物，在传统商业模式下早已存在。从经济学角度看，平台是形成和促进商品买卖双方或多方之间交易的场所。[①] 平台在交易中扮演中介角色，聚合各类资源，为供需各方提供交易信息和机会，降低交易成本。

平台的形式可以是实体的，也可以是虚拟的。实体平台是在实地、以实物构建的交易场所，如农贸市场、商品批发城，交易各方在交易现场进行交易。虚拟平台是以互联网为载体，以信息技术手段构建的交易场所，如电子商务平台、网络预约出租车平台。

虚拟的互联网平台突破了时间和空间的限制，为社会经济活动带来重大变革。互联网和信息技术使原本处在商业链条上游、下游的主体在同一个平台汇集、交互，线性联系变成了生态网络，大量的数据得以产生和交换。人们可以足不出户地通过互联网平台开展各种各样的活动。其中，“互联网＋服务业”助力医疗健康、教育培训、家政、旅游等新兴服务领域发展，“互联网＋生产”推进工业互联网创新发展，“互联网＋创业创新”支撑中小企业开展技术、产品、管理模式、商业模式等创新。总之，作为一种生产力新

---

① 芮明杰等著：《平台经济：趋势与战略》，上海财经大学出版社2018年版，第1页。

的组织方式，互联网平台经济成为经济发展新动能。

近年来，平台经济发展迅猛。在全球范围内，平台经济模式已经成为企业生产经济的重要组织方式。统计显示，2018 年全球位列前十的上市企业中平台企业市值比重已由 2008 年的 8.2% 上升至 77%，规模达到 4.08 万亿美元，较 2008 年规模增长了 22.5 倍，成为全球经济增长的新引擎。[①] 在中国，100 亿美元以上的超大型平台企业数量和规模增长加快。截至 2018 年 12 月，中国共有 20 家平台企业的市值或估值规模超过 100 亿美元，市值/估值合计 1.38 万亿美元。[②] 围绕互联网平台及平台上多方主体而产生的一系列经济现象及其外部性，在近年来越来越受到关注。

互联网平台促进了人员、资金、商品、资源、信息技术等的全新流动和组织方式的形成，[③] 为社会经济带来积极影响。相应地，围绕互联网平台这个新兴交易场所衍生出复杂多样的法律关系，由此产生的法律问题也是复杂多样的。这些问题，既有基于互联网平台经济模式而产生的新问题，也有传统商业模式下已存在的问题；既有互联网平台上（线上）经济活动产生的问题，也有与线上经济活动密切相关的线下经济活动相关的问题；有的是互联网平台设立和搭建中产生的，有的则是互联网平台运营中出现的；这些问题，可能与平台的日常经营息息相关，也可能关系到平台的融资活动。其中，互联网平台运营中的法律问题，既是整个互联网平台的基础，也是核心；既是常见的，也是重要的问题。

二、本书的主要内容

囿于作者的能力和图书的篇幅，本书没有对互联网平台运营涉及的所有方面法律问题都进行讨论和介绍。**本书仅选取七个基于互联网平台经济模式产生的、互联网平台独有的法律问题，以及虽然在传统经济模式下已有但是**

---

① 中国信息通信研究院：《互联网平台治理研究报告（2019 年）》，第 1 页。

② 中国信息通信研究院：《互联网平台治理研究报告（2019 年）》，第 2 页。

③ 芮明杰等著：《平台经济：趋势与战略》，上海财经大学出版社 2018 年版，第 8 页。

在互联网平台经济模式中呈现出新特点的法律问题进行讨论，这些问题包括：互联网平台主要模式及其法律关系问题，互联网平台运营主体资格和业务资质问题，互联网平台文件的效力问题，互联网平台的资金收付问题，互联网平台的用户个人信息保护、数据安全和网络安全问题，互联网平台的产品/服务质量责任和消费者权益保护问题，以及互联网平台中的竞争问题。对互联网平台可能涉及的其他问题，如平台组织形式及设立问题、网络环境下知识产权保护问题、劳动用工问题以及平台企业的投融资问题等，本书不做专门介绍。

在对每个问题进行讨论时，本书主要从法律实务角度出发，介绍和分析该问题所涉及的主要法律监管规定，结合相关示例[①]和案例[②]分析、讨论互联网平台方/运营者在法律监管框架下需要关注的法律要点。本书的分析和观点很多源自作者在律师执业中积累，示例中的相当一部分源自作者处理的个案。本书也借鉴、引用其他机构在互联网平台领域方面较为前沿的研究成果。

特别地，本书通过对电商平台、互联网医疗平台、互联网教育平台、互联网金融平台、网约车平台等多个平台进行场景化分析，力图可视化地呈现不同行业下互联网平台中的法律问题。

下面对本书各章的主要内容做简要归纳：

（一）互联网平台主要模式及其法律关系问题

互联网平台本质上是以互联网为载体、以信息技术为手段构建的交易场所，其具体表现形式可以是一个或多个网站的组合，一套或多套软硬件资源组合而成的操作系统，由平台的运营者进行搭建，并对平台设施设备进行维护、对平台上的交易活动进行管理。**为简化表述，本书将互联网平台的运营**

① 本书对列举的案例、示例分别进行了编号，且每章独立编号，编号规则为：“案例 X－N”表示本书第 X 章第 N 个案例，“示例 X－N”表示本书第 X 章第 N 个示例。

② 本书所引用的案例主要为通过中国裁判文书网、政府机关门户网站等公开渠道检索的诉讼案件和行政处罚案例。

者称为“平台方”。[①]

按照不同的分类标准，可以对互联网平台做不同的分类。例如，根据交易双方不同的属性，可以将互联网平台分为“C2C”平台（交易双方均为个人），“B2C”平台（一方为企业，另一方为个人），以及“B2B”平台（交易双方均为企业）。又如，根据互联网平台的功能或属性，可以将互联网平台分为信息内容类平台、交易类平台和其他平台。再如，按照平台方在交易活动中的不同角色，可以将互联网平台分为自营平台、第三方交易平台和两者兼营型平台。

本书第一章（以及本书中的大部分场景下）基于平台方在交易活动中的不同角色，对自营平台模式和第三方交易平台模式两种模式及其法律关系进行分析。进而，结合电商平台、互联网教育平台、互联网医疗平台、网约车平台和互联网金融平台，分别说明不同平台模式下的法律关系要点。

（二）互联网平台运营主体资格和业务资质问题

实体经济中的经营者应当依法取得相应的主体资格，满足开展特定业务资质的要求。与实体经济中的经营者类似，不论是自营平台模式还是第三方交易平台模式，平台方通过互联网平台提供自营商品/服务或第三方平台服务，是将经营活动移到互联网空间上进行的经营者。因此，平台方也应当遵守法律法规的监管。与实体经济不同的是，通过互联网平台开展的经营活动，具有“互联网+行业”的双重属性。**因此，法律法规对平台方的监管主要有两条主线：互联网相关的监管和经营活动本身所处行业相关的监管**。

本书第二章分别以互联网相关监管和行业相关监管为主线，结合自营平台模式和第三方交易平台模式的特点，介绍互联网平台运营的主体资格和业

---

① 互联网平台运营会涉及不同的运营方。例如，仅仅提供交易场所以及交易撮合、信息发布等服务，并承担平台管理责任的纯平台方；通过平台开展销售、服务等经营活动的经营方。视交易模式不同，有的模式下，平台方与经营方是分离的；有的模式下，平台方与经营方是竞合的。参见本书第一章相关内容。

务资质要求。进而，结合互联网医疗平台、互联网教育平台、网约车平台以及云服务平台分别说明所需的资质、资格。

（三）互联网平台文件的效力问题

实体经济活动中，交易各方往往需要签订各类合同文件以明确其权利、义务。在互联网平台经济活动中，用户注册协议、隐私政策、服务条款、平台规则、网站声明等，是各类平台常见的文件。

这些平台文件，从内容上看，有的侧重于交易安排，如用户注册协议，约定交易步骤和平台的各参与角色以及各自的权利、义务；有的侧重于平台管理，如平台规则，规定各主体在平台上进行活动应当遵守的行为准则和规范。从名称上看，有的文件合同属性明显，如用户注册协议；有的文件可能不会被认为是合同的文件。但是，**这些协议、规则、条款、声明等文件，一旦由平台发布并由经营者、用户等各方接受，其本质上可能都属于合同或者对平台方有约束力的文件。因此，平台方在准备和使用这些文件时，应当将其作为合同对待**。

这些通过互联网签订的合同以数据电文为载体呈现，是电子合同。其签订方式、使用的签名/印章、形成的合同文本的外观等方面与传统线下口头合同和以纸质文件为载体的书面合同有明显的区别。因此，这些文件的可靠性、有效性问题是需要关注的问题。

此外，电子数据易篡改、原件与复制件难以区分的特点使其作为证据的效力受到挑战。在互联网交易纠纷愈渐频发的情况下，如何判断电子合同等相关电子数据是否为原件、是否有证据效力，以及如何管理电子合同使其满足作为证据的要求，也是平台方需要关注的重点问题。

本书第三章讨论互联网平台文件相关的法律实务问题，包括含有格式条款的电子合同、电子合同的订立及其效力、电子合同形式对其证据效力的影响等基础且关键的问题。

（四）互联网平台的资金收付问题

用户在互联网平台上订购商品或服务（统称产品），通过电子支付方式支付是一种常见的付款方式。电子支付是指用户直接或授权他人通过电子终端发出支付指令，实现货币支付与资金转移的行为。按照电子支付指令发起方式，电子支付的类型分为网上支付、电话支付、移动支付、销售点终端交易、自动柜员机交易和其他电子支付。

与一般的电子支付相比，使互联网平台中主体增加、模式多变、法律关系更为复杂，各方主体的权利、义务事项较多，需要承担的法律责任也有多种可能性。而电子支付具有的便捷、资金量大、虚拟化、技术依赖性强的特点，也容易引发网络欺诈风险、技术风险和资金安全风险，属于受法律法规强监管、严监管的领域。因此，**需要正确认识、厘清互联网平台资金收付中的法律关系和法律监管框架，明确平台方在资金收付行为中的法律责任。**

本书第四章将分别对自营平台模式和第三方交易平台模式下资金收付的法律关系和相关问题进行讨论。

（五）互联网平台的用户个人信息保护问题

网络和信息技术的迅猛发展，已经深度融入经济社会的各个方面，极大地影响和改变了人们的生活。各类网络平台的涌现、网络服务方式的多样化为日常生活带来了便利，同时也触发了一系列安全风险问题，特别是近年来公民个人信息泄露事件不断、平台（含智能手机应用程序）过度索权、数据安全事件频发、平台之间数据纠纷日益增多。

不同行业、不同业务平台下的平台方在个人信息保护方面有哪些问题和责任，平台方如何在个人信息保护相关法律框架下结合行业特点和自身特性积极有效地应对，是互联网平台运营法律实务需要关注的问题。

本书第五章将结合法律规定以及作者的实务经验，就平台方（本章或称网络运营者）需要关注的用户个人信息保护问题展开讨论，并通过互联网教育平台、互联网医疗平台、互联网金融平台等行业的应用分析，梳理、列示互联网平台运营所面临的个人信息保护问题。

（六）互联网平台的网络安全和数据安全问题

在互联网平台运营乃至网络运营安全的问题上，个人信息保护无疑是最受关注的内容之一。但是，**网络安全远不止个人信息安全**。互联网平台在关注平台运营的安全风险和运营责任时，也不能仅关注平台用户的个人信息安全。

本书第六章从网络安全、数据安全的角度，探讨网络安全、数据安全与个人信息保护的关系，并结合法律规定及相关典型案例，进一步说明互联网平台运营在网络运行安全、数据活动安全、信息内容安全等方面需要关注的法律问题。

（七）互联网平台的产品/服务质量责任和消费者权益保护问题

根据国家市场监督管理总局的统计，2018 年，全国电子商务交易额为 31.63 万亿元，比上年增长 8.5%，其中，全国市场监管部门共受理网络购物投诉 168.20 万件，同比增长 126.2%，投诉问题主要为：虚假广告、假冒伪劣、质量不合格、经营者拒不履行合同约定等。①

互联网平台为用户的生活消费提供多种多样的商品和服务，购买商品或接受服务的用户属于《消费者权益保护法》所保护的消费者。互联网平台在运营过程中，应当履行产品/服务质量责任，依法保护消费者权益，尊重和平等保护消费者的选择权。

本书第七章对互联网平台的产品/服务质量责任和消费者权益保护问题加以说明。进而，结合电子商务平台、互联网金融平台，进一步分析平台方应当关注和履行的平台责任。

---

① 全国市场监督管理总局：《2018 年消费者投诉举报呈现八大特点》，载 http：//www.samr.gov.cn/zt/315scjg/315fb/201903/t20190314_291987.html，访问日期：2019 年 12 月 26 日。

（八）互联网平台的竞争问题

在互联网平台竞争环境下，各类新型竞争手法不断涌现。例如，平台方要求商户“二选一”以增强商户的黏性，绑定更优质的商户资源；平台方通过软件冲突、风险提示等方式引导，甚至迫使用户卸载竞争对手的应用软件或不再访问竞争对手的平台网站，以便为自己争取更多的客户访问量；平台方通过“爬虫”技术抓取竞争对手的经营数据，以丰富自身的产品和服务内容。

本书第八章选取“二选一”“爬虫”“流量争夺战”等近年热门的互联网平台竞争话题，结合相关案例，讨论相关竞争手段涉及的主要法律规范和限制，以及平台方需要关注的法律风险。

本书的出版得到北京市天元律师事务所的大力支持。除署名作者外，实习生郭云鹤同学提供了案例检索、查询工作。在此一并表示感谢！由于时间、精力以及作者水平所限，书中难免有疏漏不妥之处，恳请广大读者批评指正。

目 录 *Contents*

示例目录

案例目录

图表目录

第一章

互联网平台主要模式及其法律关系

按照不同的分类标准，可以对互联网平台做不同的分类。例如，按照交易双方不同的属性，可以将互联网平台分为“C2C”平台（交易双方均为个人），“B2C”平台（一方为企业，另一方为个人），以及“B2B”平台（交易双方均为企业）；按照互联网平台的功能或属性，可以将互联网平台分为信息内容类平台、交易类平台和其他平台；按照平台运营者在交易活动中的不同角色，可以将互联网平台分为自营平台、第三方交易平台以及自营和第三方交易混合/兼营型平台。

表 1－1 分别按交易双方的属性、平台的功能或属性、平台运营者在交易中的角色，列举了一些互联网平台示例。

表 1－1　互联网平台分类及示例

分类标准	平台类型	示例
交易双方的属性	“C2C”平台	闲鱼①、拍拍②
	“B2C”平台	1 号店③、亚马逊④
	“B2B”平台	慧聪网⑤、中国制造网⑥

① 参见 https：//2. taobao. com/，访问日期：2019 年 11 月 24 日。

② 参见 https：//www. paipai. com/，访问日期：2019 年 11 月 24 日。

③ 参见 https：//www. yhd. com/，访问日期：2019 年 11 月 24 日

④ 参见 https：//www. amazon. cn/，访问日期：2019 年 11 月 24 日。

⑤ 参见 https：//www. hc360. com/，访问日期：2019 年 11 月 24 日。

⑥ 参见 https：//cn. made－in－china. com/，访问日期：2019 年 11 月 24 日。

续表

分类标准	平台类型	示例
平台的功能或属性	信息内容类平台	百度①、今日头条②、微信③、优酷④、爱奇艺⑤、VIPKID⑥
	交易类平台	淘宝⑦、京东⑧、58 同城⑨、滴滴出行⑩、美团⑪、瓜子二手车⑫
	其他平台	百度天工⑬、阿里云 loT⑭、QQ 物联⑮、OneNET⑯
平台运营者在交易中的角色	第三方交易平台	淘宝、赶集网⑰、拼多多⑱、人人车⑲、途牛网⑳、安居客㉑
	自营平台	苹果中国㉒、NIKE 中国㉓、小米商城㉔、联想商城㉕、格力商城㉖、曼秀雷敦㉗

① 参见 https://www.baidu.com/，访问日期：2019 年 11 月 5 日。
② 参见 https://www.toutiao.com/，访问日期：2019 年 11 月 5 日。
③ 参见 https://weixin.qq.com/，访问日期：2019 年 11 月 5 日。
④ 参见 https://www.youku.com/，访问日期：2019 年 11 月 5 日。
⑤ 参见 https://www.iqiyi.com/，访问日期：2019 年 11 月 5 日。
⑥ 参见 https://www.vipkid.com.cn/，访问日期：2019 年 11 月 5 日。
⑦ 参见 https://www.taobao.com/，访问日期：2019 年 11 月 5 日。
⑧ 参见 https://www.jd.com/，访问日期：2019 年 11 月 5 日。
⑨ 参见 https://www.58.com/，访问日期：2019 年 11 月 5 日。
⑩ 参见 https://www.didiglobal.com/，访问日期：2019 年 11 月 5 日。
⑪ 参见 https://www.meituan.com/，访问日期：2019 年 11 月 5 日。
⑫ 参见 https://www.guazi.com/，访问日期：2019 年 11 月 5 日。
⑬ 参见 https://cloud.baidu.com/solution/iot/index.html，访问日期：2019 年 11 月 5 日。
⑭ 参见 https://iot.aliyun.com/，访问日期：2019 年 11 月 5 日。
⑮ 参见 https://iot.open.qq.com/，访问日期：2019 年 11 月 5 日。
⑯ 参见 https://open.iot.10086.cn/，访问日期：2019 年 11 月 5 日。
⑰ 参见 http://ganji.com/，访问日期：2019 年 11 月 6 日。
⑱ 参见 https://www.pinduoduo.com/，访问日期：2019 年 11 月 6 日。
⑲ 参见 https://www.renrenche.com/，访问日期：2019 年 11 月 6 日。
⑳ 参见 https://www.tuniu.com/，访问日期：2019 年 11 月 6 日。
㉑ 参见 https://anjuke.com/，访问日期：2019 年 11 月 6 日。
㉒ 参见 https://www.apple.com/cn/，访问日期：2019 年 11 月 6 日。
㉓ 参见 https://www.nike.com/cn/，访问日期：2019 年 11 月 6 日。
㉔ 参见 https://www.mi.com/，访问日期：2019 年 11 月 6 日。
㉕ 参见 https://www.lenovo.com.cn/，访问日期：2019 年 11 月 6 日。
㉖ 参见 https://mall.gree.com/，访问日期：2019 年 11 月 6 日。
㉗ 参见 http://www.mentholatum.com.cn/，访问日期：2019 年 11 月 6 日。

续表

分类标准	平台类型	示例
平台运营者在交易中的角色	自营和第三方交易混合/兼营平台	京东、天猫①、亚马逊②、1号店③、当当网④、苏宁易购⑤

区分互联网平台运营者的角色，对判断平台运营者与交易各方的法律关系、厘清平台运营者的法律责任，以及理解和解决互联网平台运营相关法律问题具有重要作用。

从互联网平台运营法律实务角度，本章（以及本书中的大部分场景下）根据平台运营者在平台活动中的角色，将互联网平台分为自营平台模式和第三方交易平台模式两种模式，并对不同模式下的法律关系进行分析。为简化表述，本书将互联网平台的运营者称为平台方。

一、自营平台模式及其法律关系

（一）自营平台模式概述

自营平台模式，是指平台方以自己的名义通过网站、手机应用程序（APP）等网络平台向用户销售商品及/或提供服务的交易模式。

自营平台模式下，平台方通过互联网平台向用户销售商品、提供服务。平台方作为经营者需要依法办理市场主体登记，履行纳税义务，取得相应业务资质，平台方销售的商品或者提供的服务应当符合保障人身、财产安全的要求和环境保护的要求，并向用户承担作为经营者的主体责任。因此，自营平台模式下，平台方作为经营者的责任与其通过实体店铺等渠道经营业务所

① 参见https：//www. tmall. com/，访问日期：2019年11月6日。
② 参见https：//www. amazon. cn/，访问日期：2019年11月5日。
③ 参见https：//www. yhd. com/，访问日期：2019年11月5日。
④ 参见http：//www. dangdang. com/，访问日期：2019年11月5日。
⑤ 参见https：//www. suning. com/，访问日期：2019年11月5日。

需要承担的责任并无实质区别。

例如，苹果公司通过网站（www. apple. com/cn/）向用户销售自有品牌苹果手机、电脑、耳机等产品。用户通过苹果公司网站购买苹果产品，苹果公司与用户构成产品买卖合同关系。作为经营者，苹果公司通过自营网站销售产品所需承担的责任，与其在线下实体门店的销售行为所需承担的责任无实质差别。

（二）自营平台模式中的主要法律关系

自营平台模式中，互联网平台涉及的主体主要有平台方（经营者）和用户（主要是消费者）两方，其间通过互联网平台进行交易，构成买卖/服务合同关系。

对于自营平台模式下平台方和用户的法律关系以及平台方的主要权利、义务、责任，我们以一个常见的网络购物的例子说明。

◇ 示例1-1 一个常见的网络购物场景

甲手机公司上市了一款新手机，王某想要购买。王某登录甲手机公司官方网站，挑选了型号、颜色、容量后，下单订购了一台手机，并使用第三方支付工具付款。两天之后，王某在其住所（订单填写的收货地址）收到了手机公司快递的手机。王某拆开包装对手机进行调试，发现充电后手机无法开机。于是，王某登录甲公司官方网站申请退货、退款。甲公司收到退货申请后，告知王某将手机寄回进行质量检测。经检测，手机确实存在故障，甲公司告知王某可以为其换货，但不接受退货，也不予退款。由于与甲公司就退货事宜协商不成，王某遂在其住所所在地法院起诉甲公司。

在上述网络购物交易中，甲公司作为出卖人、王某作为买受人，双方之间形成了典型的买卖合同法律关系。甲公司的基本义务是将合格的标的物（手机）交付给王某，王某的基本义务是向甲公司支付对价。

上述场景中，王某在订购手机后即支付全部价款，履行了其在买卖合同关系中的基本义务。甲公司在收到价款后，以委托快递公司运输的方式将手机运送至王某提供的收货地址（王某住所）。如果甲公司交付的手机不符合质量要求、无法使用，买受人王某有权拒绝接受标的物或者解除合同，要求退货、退款。

二、第三方交易平台模式及其法律关系

（一）第三方交易平台模式概述

第三方交易平台模式，是指平台方作为经营者[①]和用户等交易方之外的第三方，通过网站、APP 等平台（交易场所）为交易各方提供平台服务的模式。第三方交易平台模式下，平台方将自有平台提供给经营者和用户使用，供交易各方通过该平台进行磋商、达成交易。平台方不直接参与交易各方之间交易，而是为交易各方提供交易场所（互联网平台）以及交易撮合、信息发布等平台服务，并承担对平台进行管理的责任。

例如，北京京东叁佰陆拾度电子商务有限公司将京东平台（https：//www. jd. com/）提供给经营者和用户使用，入驻的商家（经营者）通过京东向用户展示、销售其产品和服务，用户通过京东浏览、选购经营者销售的产品和服务。北京京东叁佰陆拾度电子商务有限公司为交易各方提供互联网交易场所京东平台和物流、软件、支付、广告、客户服务等平台服务，并对平台实施管理。

（二）第三方交易平台模式中的主要法律关系

第三方交易平台模式中，互联网平台作为虚拟的交易场所，汇集了经营者、用户、平台方以及提供相关服务的第三方服务商（如软件、电子签名认证服务、支付、物流、客户服务等服务供应商）等多方主体，各主体的交易角色不同，其间法律关系各不相同，简要列示如图 1－1。

---

① 与自营平台模式下的经营者不同，第三方交易平台模式下的经营者利用平台开展经营活动，与平台方之间存在服务关系。从这个角度讲，第三方交易平台模式下的经营者也是平台方的用户。基于交易习惯，并且为了与通常提到的用户（主要是消费者）相区别，本书将经营者与用户作为相对应的概念。

可见问问公司销售的手机及其赠品“钢化膜”并不存在欺诈的故意，不符合欺诈行为的成立要件。关于高某某要求天猫公司扣除问问公司天猫积分的问题，扣除天猫积分是天猫公司与问问公司根据《天猫规则》《淘宝规则》作出相关处罚的合同约定，问问公司在交易过程中是否违反相关规则的约定，属于天猫公司与问问公司之间的合同关系，高某某在本案当中主张要求天猫公司扣除问问公司天猫积分，无合同和法律依据。关于被告天猫公司在本案中应否承担连带责任的问题，由于原告高某某以网络购物合同纠纷提起本案诉讼，根据买卖合同的相对性原则，天猫公司并非本案买卖合同的相对人，且高某某未能提供证据证明天猫公司违反网络交易平台应承担责任。故原告高某某要求天猫公司承担本案连带责任，无事实和法律依据。综上所述，法院驳回原告全部诉讼请求。

【案例评析】

本案中，法院明确区分了用户（高某某）、经营者（问问公司）、平台方（天猫公司）之间的法律关系。手机和钢化膜的销售涉及用户与经营者之间是网络购物合同关系，天猫公司是否应当扣除问问公司积分涉及平台方与经营者之间的服务合同关系。就用户与经营者之间的买卖合同关系，平台方不是该合同关系的当事人，不承担作为合同当事人的责任，本案中，也没有其他证据证明平台方需要承担侵权等其他责任；就平台方与经营者之间的服务合同关系，用户不是该合同关系的当事人，不能据此向经营者或平台方主张权利。

平台方需要特别关注，避免因业务安排不清晰或者约定不明导致承担不必要或者本可以避免的法律责任。

3. 经营者与用户之间的关系

经营者通过第三方平台向用户销售产品、提供服务，与用户之间构成买卖/服务合同关系。经营者需要向用户承担的责任，与其通过自营平台提供产品和服务下的责任并无本质区别。

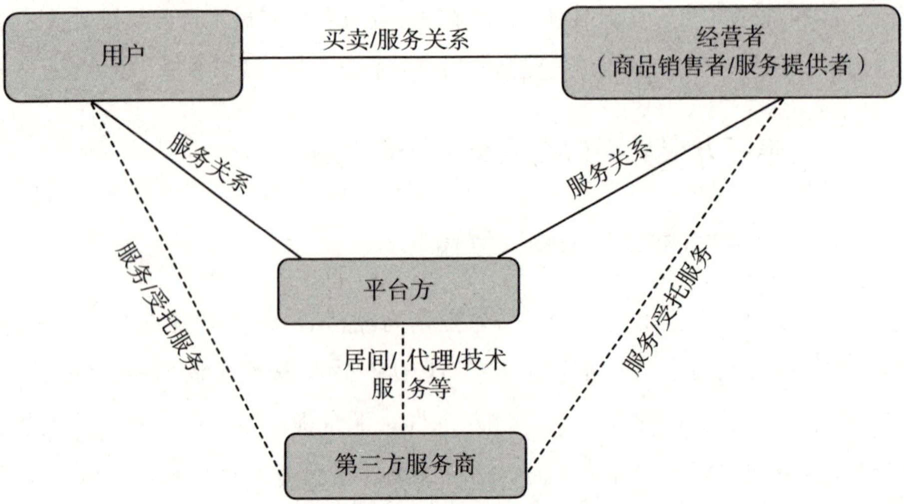

图1－1　第三方交易平台模式中的主要法律关系

以下对图1－1中各方法律关系加以说明：

1. 平台方与经营者之间的关系

平台方与经营者通过签订平台服务协议、注册协议等文件（统称平台协议），形成服务合同关系。平台方按照平台协议、平台规则向经营者提供平台服务。

需要关注的是，经营者会通过网络虚拟店铺等形式使用平台服务，而虚拟店铺可能在某些方面与实体店铺具有相似或相同的外观、功能。因此，经营者与平台方之间的关系有时会被误解。

◇ 案例1－1　王某诉汪某、周某、上海舞泡网络科技有限公司网络店铺转让合同纠纷①

【基本案情】

2014年4月9日，受让方王某与出让方周某、居间方上海舞泡网络科技有限公司（以下简称舞泡公司）签订《网络店铺转让合同》，约定周某将支

① 一审判决书文号：(2016) 沪0112民初20679号；二审判决书文号：(2017) 沪01民终8862号。

付宝认证名称为汪某的"至诚开拓"淘宝店转让给王某等内容。王某通过舞泡公司支付转让费 20,000 元，舞泡公司扣除 2000 元佣金后实际转交周某 18,000 元。"至诚开拓"淘宝店的账户名为 2912361468@qq.com，经实名认证的经营者为汪某，周某为代管人。2015 年 12 月 3 日，汪某找回了系争店铺的密码，系争店铺处于汪某控制之下。2016 年 7 月，王某诉至法院，请求判令汪某、周某支付违约金 6000 元，退回保证金 11,830 元，双倍退还已收的转让费用 40,000 元，支付赔偿金 100,000 元，共同承担本案诉讼费。二审审理中，周某、舞泡公司均认可舞泡公司从王某交付的 20,000 元中扣除了 2000 元，系周某应向舞泡公司支付的佣金。同时，汪某表示其因自身经营的需要，欲从周某处取回系争网络店铺，但是周某不愿交还，故汪某自己找回了系争网络店铺。

【裁判结果】

上海市闵行区人民法院于 2017 年 4 月 28 日作出（2016）沪 0112 民初 20679 号民事判决：（1）周某于判决生效之日起 10 日内支付王某 20,000 元；（2）周某、汪某于判决生效之日起 10 日内支付王某 3970 元；（3）驳回王某的其余诉讼请求。宣判后，王某、汪某、周某向上海市第一中级人民法院提出上诉。上海市第一中级人民法院于 2017 年 9 月 15 日作出（2017）沪 01 民终 8862 号二审判决：驳回上诉，维持原判。

【案例评析】

本案中，法院认定，汪某系通过与淘宝平台签订服务协议并经实名认证取得系争网络店铺之经营权。服务协议内容经双方认可，且不存在违反法律行政法规强制性规定、损害社会公共利益等情形，故汪某与淘宝平台间形成合法有效的合同关系。现周某在汪某认可之情况下，与王某、舞泡公司签署网络店铺转让合同，实际上系将汪某与淘宝平台间合同关系项下的权利义务一并转让给王某。根据《合同法》第 88 条、第 89 条之规定，当事人一方将自己在合同中的权利和义务一并转让给第三方的，须经对方当事人同意。现周某虽有汪某之认可但未征得淘宝平台同意，私自转让系争网络店铺，该转让行为不发生法律效力。

本案厘清了经营者（网络店铺店主）与平台方之间的法律关系，即经营者与平台签订服务协议并经实名认证、取得网络店铺之经营权，经营者与平台之间形成合法有效的合同关系。

由于平台方与经营者之间是服务关系，双方应当按照平台协议等约定履行各自的权利、义务。

◇ 案例1－2 浙江淘宝网络有限公司诉许某某等网络服务合同纠纷①

【基本案情】

2009年，许某某在淘宝网注册，开设网店销售酒类产品，其在注册时与浙江淘宝网络有限公司（以下简称淘宝公司）签署了《淘宝平台服务协议》，约定：不得在淘宝平台上销售/提供侵犯他人知识产权或其他合法权益的商品/服务。然而，2014年11月至2015年9月，许某某在淘宝平台上销售五粮液假酒，之后被四川省宜宾五粮液集团有限公司以商标权受到侵害为由提起诉讼，法院判决许某某赔偿五粮液公司经济损失及合理开支7万元。同时，淘宝公司认为许某某及其作为股东设立的一人有限公司上海舜鸣贸易有限公司（以下简称舜鸣公司）违反了服务协议，要求许某某及其公司赔偿损失及律师费等共计12万余元。

【裁判结果】

法院认定淘宝公司与许某某之间存在有效的协议，协议均约定，用户不得在淘宝平台上销售或发布侵犯他人知识产权或其他合法权益的商品或服务信息，许某某的售假行为违反了协议约定，判决许某某赔偿淘宝公司合理支出23,000元。

① 一审判决书文号：（2017）沪0117民初7706号；二审判决书文号：（2017）沪01民终13085号。

【案例评析】

法院在本案中认定，电商平台经营者和平台内签约经营者均有依法规范经营的义务，许某某在淘宝网上销售假冒的五粮液，不仅应当承担对用户的赔偿义务，也应当依约承担对电商平台的违约责任，电商平台经营者也有权依法追究平台售假商家的违约责任。

2. 平台方与用户之间的关系

平台方与用户通过签订平台协议、注册协议等文件，形成服务合同关系。平台方需要根据平台协议约定向用户提供服务，并承担相应责任。

与自营平台模式不同的是，由于平台方并非用户和经营者之间买卖/服务合同的当事人，平台方向用户承担的责任是基于平台与用户之间的平台协议，平台方并不当然向用户承担经营者的责任，只是基于特定的情形对于经营者的责任承担连带责任或补充责任。

对此，可以从《电子商务法》看出，《电子商务法》规定的平台方需要承担的责任是基于侵权责任，而非违约责任。① 其中，第38条第1款沿袭了《侵权责任法》第36条网络侵权责任的规定；② 而该条第2款关于平台方责任的界定，则在《电子商务法》起草过程中从连带责任变为补充责任，最后确定为“依法承担相应的责任”。

但是，实践中，用户可能并不是向平台方主张依据平台协议产生的违约责任，而是就用户与经营者之间的交易向平台方主张责任。或者，当用户与

---

① 《电子商务法》第38条规定：“电子商务平台经营者知道或者应当知道平台内经营者销售的商品或者提供的服务不符合保障人身、财产安全的要求，或者有其他侵害消费者合法权益行为，未采取必要措施的，**依法与该平台内经营者承担连带责任**。对关系消费者生命健康的商品或者服务，电子商务平台经营者对平台内经营者的资质资格未尽到审核义务，或者对消费者未尽到安全保障义务，造成消费者损害的，**依法承担相应的责任**。”

② 《侵权责任法》第36条规定：“网络用户、网络服务提供者利用网络侵害他人民事权益的，应当承担侵权责任。网络用户利用网络服务实施侵权行为的，被侵权人有权通知网络服务提供者采取删除、屏蔽、断开链接等必要措施。网络服务提供者接到通知后未及时采取必要措施的，对损害的扩大部分与该网络用户**承担连带责任**。网络服务提供者知道网络用户利用其网络服务侵害他人民事权益，未采取必要措施的，**与该网络用户承担连带责任**。”

经营者就通过第三方平台达成的交易发生纠纷时，由于对经营者与平台方之间的关系的误解，或者用户为使其利益得到最大限度的保护，从争议解决策略等角度，除了向经营者主张责任外，往往也会要求平台方承担责任。

◇ 案例1-3 高某某与浙江问问网络科技有限公司、浙江天猫网络有限公司网络购物合同纠纷[①]

【基本案情】

原告高某某诉称，原告于2015年12月9日在浙江天猫网络有限公司（以下简称天猫公司）提供的网络交易平台从浙江问问网络科技有限公司（以下简称问问公司）开设的天猫网店“君问数码官方旗舰店”以1699元购买了手机1台，并获赠钢化膜1张。收到货后发现赠送的钢化膜产品没有标注品名、成分、规格、执行标准、厂家、厂址、检验合格证、联系方式等，违反《产品质量法》第26条、第27条，《标准化法实施条例》第24条，以及《零售商促销行为管理办法》第12条的规定，该问题已被杭州市市场监督管理局经济技术开发区分局责令改正。为此，起诉请求判令：(1) 被告问问公司向原告退还货款1699元并赔偿5097元；(2) 被告天猫公司承担连带责任；(3) 被告天猫公司履行格式合同《天猫规则》扣除被告问问公司天猫积分48分；（4）两被告承担原告因此诉讼而产生的交通费、打印费共计2092元；(5) 本案诉讼费由两被告承担。

【裁判要点】

法院认为，本案争议的主要焦点是，高某某购买的涉案手机中配送的赠品“钢化膜”未标注相关标签标识，商家是否违反合同的约定或者法律的规定而构成欺诈，其诉请退还手机货款及三倍赔偿是否符合法律规定。本案中，问问公司在天猫平台销售的产品为“手机”，原告对手机的质量无异议，对涉案配送的赠品“钢化膜”，问问公司并未以虚假的信息或以虚假商品说明等方式销售涉案赠品，更没有故意隐瞒“钢化膜”的真实名称来配送赠品，

① 判决书文号：(2016) 粤0184民初349号。

4. 平台方与第三方服务商之间的关系

为便利经营者与用户之间的交易，平台方也会引入其他第三方服务商及其服务供用户选择，如物流服务、支付服务、软件服务、电子签名认证服务。

视业务安排不同，第三方服务商与平台方、用户之间的关系存在多种可能。例如，第三方服务商可能会以其自身名义独立向用户提供服务并承担责任（如快递公司）。这种情况下，引入第三方服务商的平台方为第三方服务商与用户之间提供的可能为居间服务。又如，第三方服务商可能作为平台方的受托方、代理人或者外包商为用户提供服务（如平台的客服）。这种情况下，平台方分别需要就其作为委托方、被代理人，就第三方服务商的服务向用户承担相应的责任。再如，第三方服务商还可能是仅为平台提供技术支持而不直接面对用户的服务商（如 APP 软件开发、技术支持），为平台提供服务、向平台方承担责任。

三、平台模式及其法律关系行业应用实例

下面以电子商务平台（电商平台）、互联网医疗平台、互联网教育平台、网络预约出租汽车平台（网约车平台）、互联网金融平台五类平台为例，结合这些平台各自的特点，分别介绍其主要模式及法律关系。

（一）电商平台的主要模式及其法律关系

电商平台是一种典型的互联网平台，也是我国发展较早、较为成熟的网络平台。与电子商务活动有关的行政法规、部门规章、地方性法规和行业标准数量较多、内容丰富，为其他类型的互联网平台的创建和运营提供了有益的参考。2019 年 1 月 1 日《电子商务法》开始实施，进一步明确了国家对电子商务活动和电商平台进行规制的法律原则，对电子商务领域立法起到了整合和统领的作用。

1. 概述

电商平台的产生源于电子商务的发展。对于“电子商务”这一概念，WTO秘书处专题研究报告《电子商务与WTO的作用》认为，可以将其简单定义为通过电信网络进行的产品的生产、广告、销售和交付。目前有六种不同的电子商务媒体，即电话、传真、电视、电子支付和货币转账系统、电子数据交换以及互联网。由于其中互联网处于主导地位，因而WTO对电子商务的工作主要针对基于国际互联网的电子商务①。

完整的电子商务活动可以分为三个阶段：第一阶段，达成交易前的阶段，包括广告和信息查询；第二阶段，交易达成阶段，包括购买和支付；第三阶段，交付阶段。上述第一阶段、第二阶段通常在互联网进行，但商品和服务（统称产品）的交付很可能在非互联网环境中进行。

我国《电子商务法》将电子商务定义为“通过互联网等信息网络销售商品或者提供服务的经营活动”，将交易手段限定为通过互联网等信息网络进行交易，将交易内容限定为商品和服务，② 将交易性质限定为经营活动。

2. 自营平台模式的电商平台

在自营平台模式的电子商务平台中，商品销售者/服务提供者以自己的名义通过互联网平台面向消费者销售商品及/或提供服务。在此模式下，商品销售者/服务提供者既是经营者，也是平台方。电子商务活动的主体主要为平台方和用户两方，其间通过电商平台进行交易，构成买卖/服务合同关系。

3. 第三方交易平台模式的电商平台

在第三方交易平台模式的电子商务平台中，平台方将其自有平台提供给平台内经营者（又称商户）和用户使用，供商户和用户通过该平台进行磋

---

① WTO秘书处编著：《电子商务与WTO的作用》，原外经贸部WTO司译，法律出版社2002年版，第13页。转引自《电子订约法研究》，第1页。

② 就《电子商务法》的适用范围，根据该法第2条第3款的规定，不适用于金融类产品和服务，以及利用信息网络提供新闻信息、音视频节目、出版以及文化产品等内容方面的服务。

商、达成电子商务交易。该模式下，平台方并非商户与用户之间交易的参与方，而是为交易各方提供交易场所（电商平台）和平台服务，向商户与用户收取提供交易场所和平台服务的服务费，并承担对平台进行控制和治理的责任。在商户与用户之间，商户通过第三方平台向用户销售产品，与用户之间构成买卖/服务关系。

实践中，电商平台常兼有自营平台和第三方平台的性质，平台方既作为经营者销售自己的产品，也引入其他商户入驻平台。这种情形下，平台方既需要承担经营者的责任，也需要承担第三方的责任。

（二）互联网医疗平台的主要模式及其法律关系

近年来，以互联网为载体、以信息技术为手段，与传统医疗健康服务融合而成的“互联网+医疗”行业蓬勃发展。互联网医疗平台通过互联网提供各类医疗服务以及延伸服务，如诊疗服务、药品销售、医药信息服务、医疗大数据处理，对于改进优化医疗服务流程，提升医疗服务质量，促进公共卫生管理、医药科学研究和医药商业发展起到积极作用。

1. 自营平台模式的互联网医疗平台

自营平台模式的互联网医疗平台中，平台方以自身名义通过自有网站平台向用户提供医疗产品和服务。例如，医院等实体医疗机构以自身名义搭建和运营互联网医疗平台，向用户提供本医疗机构挂号预约、网络问诊、电子处方和电子病历查询、检验报告查询等医疗活动相关的服务。又如，实体药房以自身名义搭建和运营互联网医疗平台，向用户提供医药信息咨询、药方审核等服务并销售药品。

2. 第三方交易平台模式的互联网医疗平台

第三方交易平台模式的互联网医疗平台中，平台方将其搭建和运营的互联网医疗平台提供给医疗产品、服务提供方和需求方使用，使供需双方通过互联网医疗平台进行相关医疗活动。平台方本身并非医疗服务和产品交易的参与方，而是为互联网医疗服务各参与方提供服务场所（互联网平台）以及信息中介、交易结算等平台服务。例如，互联网挂号服务平台与各医疗机构合作，在平台上发布门诊挂号信息，患者通过平台进行挂号预约，平台为医疗机构和患者提供预约挂号、挂号费结算等平台服务。又如，互联网药品交易平台为药品供需双方提供药品信息展示、交易结算等平台服务，使供需双方通过平台完成药品交易。

实践中，以自营平台模式和第三方交易平台模式兼营的方式开展业务的互联网医疗平台比较常见。例如，丁香医生①、春雨医生②、好大夫③、微医④等在其自有实体医院的基础上，搭建自营互联网医院，并通过互联网平台开展常见病、慢性病复诊等互联网诊疗服务；同时，该等平台也作为第三方交易平台，为与之合作的其他医疗机构和用户提供预约挂号、挂号费结算等第三方平台服务。

（三）互联网教育平台的主要模式及其法律关系

随着信息技术的发展和互联网的普及，互联网教育行业蓬勃发展。互联网教育平台利用互联网技术实施教育活动，突破了传统教育在时空、人力、物力方面的限制，给人们提供了随时、随地接受教育的机会。

1. 自营平台模式的互联网教育平台

自营平台模式下的互联网教育平台中，互联网教育平台方通过自有网站平台向用户提供有偿的教育内容服务。平台方是提供互联网教育内容服务的一方，用户通过互联网在线方式进行学习，平台方与用户之间构成服务关系。目前市场上采取自营平台模式的互联网教育平台有 VIPKID⑤、51Talk⑥、新

---

① 参见 http：//www. dxy. cn/，访问日期：2019 年 10 月 24 日。

② 参见 http：//www. chunyuyisheng. com/，访问日期：2019 年 10 月 24 日。

③ 参见 http：//www. haodf. com/，访问日期：2019 年 10 月 24 日。

④ 参见 http：//www. guahao. com/，访问日期：2019 年 10 月 24 日。

⑤ 参见 https：//www. vipkid. com. cn/，访问日期：2019 年 9 月 23 日。

⑥ 参见 https：//www. 51talk. com/，访问日期：2019 年 9 月 23 日。

东方在线[①]、学而思网校[②]等。

◇ 示例1-2 自营模式下的互联网教育平台

新东方在线是由北京新东方迅程网络科技股份有限公司（以下简称新东方讯程公司）运营的互联网教育平台。通过该网络平台，新东方讯程公司以自身名义向学员提供在线教育课程服务。相关课程内容由新东方讯程公司开发，并由新东方讯程的老师进行讲授，包括出国考试、国内考试、职业教育、英语学习、中小学课外辅导等培训课程。因此，新东方在线属于自营模式下的互联网教育平台。

2. 第三方交易平台模式的互联网教育平台

第三方交易平台模式下的互联网教育平台中，互联网教育平台方将其搭建的网站平台提供给从事教学活动的教师、教育机构（教育内容服务提供方）和学生用户（教育内容服务需求方）使用，供教育内容服务供需双方通过该平台进行互联网教学活动。互联网教育平台方并不向需求方提供教育内容服务，而是为供需双方提供场所（互联网平台）和平台服务，如在线教育活动所需的技术服务、达成在线教育服务交易所需的信息服务、结算服务。在此模式下，教师、教育机构等教育服务内容提供方与学生用户构成教育服务关系。目前市场上采取第三方交易平台模式的互联网教育平台有YY教育[③]、CCtalk[④]、小盒科技[⑤]等。

◇ 示例1-3 第三方交易平台模式下的互联网教育平台

CCtalk是上海享互网络科技有限公司（以下简称上海享互公司）运营的

---

① 参见https：//www.koolearn.com/，访问日期：2019年9月23日。
② 参见www.xueersi.com/，访问日期：2019年9月23日。
③ 参见http：//edu.yy.com/，访问日期：2019年9月23日。
④ 参见https：//www.cctalk.com/，访问日期：2019年9月23日。
⑤ 参见http：//www.knowbox.cn/，访问日期：2019年10月14日。

互联网教育平台。上海享互公司并不向用户提供教育内容服务，而是作为第三方，汇聚教师、教育机构和学生用户，为提供教育的教师、教育机构和接受教育的学生用户搭建在线教育平台（CCtalk）并提供相关平台服务。因此，CCtalk属于第三方交易平台模式下的互联网教育平台。

（四）网约车平台的主要模式及其法律关系

以APP为主要形式的网络预约出租汽车（网约车）平台为人们的出行提供了便利，网约车成为人们日常出行重要的方式之一。通过网约车平台，司机与乘客能够迅速完成出行供需配对、订单预约等环节，解决了传统出租车行业供需信息不对称带来的乘客打车难、司机载客难等问题。

按照平台方的角色，网约车平台可以分为自营模式平台和第三方交易模式平台。两者的主要区别为：自营平台模式下，平台方以自身名义作为承运人向乘客提供运载服务；而第三方交易平台模式下，平台方不向乘客提供运载服务。

1. 自营平台模式的网约车平台

目前市场上采用自营平台模式的网约车平台，如神州专车①、ReachNow即时出行②等。在自营平台模式下，网约车平台方以自身名义向乘客提供出行运载服务。乘客通过网约车平台向平台方提交出租汽车预约需求、支付费用，平台方根据乘客的需求派出与平台方建立劳动关系或劳务关系的司机为乘客提供出行运载服务。在此模式下，平台方与乘客建立运输服务关系，司机作为平台方的代理人将乘客运送到指定地点，其所使用的车辆通常为平台方提供的车辆。

2. 第三方交易平台模式的网约车平台

第三方交易平台模式是目前市场上网约车平台的主要经营模式，如滴滴

① 参见https：//www.10101111.com/，访问日期：2019年11月27日。

② 参见https：//reachnow.cn/，访问日期：2019年11月27日。

出行[①]、曹操出行[②]、嘀嗒出行[③]。在第三方交易平台模式下，平台方以互联网技术为依托构建信息服务平台，整合出租汽车供需信息，供进驻平台的司机与乘客使用。网约车平台方并不向乘客提供出租汽车运载服务，而是通过平台汇聚司机、汽车租赁服务企业等运载方，为有出行服务需求的乘客提供运载方信息，完成供需双方信息匹配、撮合双方达成交易，并为供需双方提供实时地图、即时交互、支付等相关平台服务。在此模式下，网约出租汽车司机使用自有或租赁车辆，将乘客运送到指定地点，与乘客建立运输服务关系。

（五）互联网金融平台的主要模式及其法律关系

互联网金融是传统金融机构与互联网企业利用互联网技术和信息通信技术实现资金融通、支付、投资和信息中介服务的新型金融业务模式。其中包括金融机构传统业务的互联网化，如网络银行、网络证券、网络保险、网络基金销售和网络消费金融等业务；也包括非金融机构（主要为互联网企业）利用互联网所进行的金融业务创新，如网络支付、网络借贷及其信息中介(P2P)、股权众筹融资、网络金融产品销售等业务。

1. 自营平台模式的互联网金融平台

自营平台模式是互联网金融平台的主要运营模式。自营平台模式下，平台方即为互联网金融业务的经营者，面向用户销售金融产品、提供服务。例如，消费金融公司以其自身名义运营消费金融平台，向用户发放消费贷款；保险公司以其自身名义运营互联网保险平台，向用户销售保险产品。平台运营者应当承担经营者责任。由于国家对于金融业务的监管较为严格、金融业务多为牌照业务，平台方作为互联网金融业务的经营者，需要取得相应的业

① 参见 https：//www. didiglobal. com/，访问日期：2019 年 11 月 27 日。

② 参见 https：//www. caocaokeji. cn/，访问日期：2019 年 11 月 27 日。

③ 参见 http：//www. didachuxing. com/static/h5/didahome/index. html，访问日期：2019 年 11 月 27 日。

务资质，并应当遵守监管机构在反洗钱、反恐怖融资、金融数据报送等方面对金融机构的要求，履行相应的合规管理义务。

◇ 案例1－4 中邮消费金融有限公司从事未经批准的业务受到行政处罚

经中国银行业监督管理委员会广东监管局查明，中邮消费金融有限公司违反规定从事未经批准或者未备案的业务活动。对此，中国银行业监督管理委员会广东监管局认为中邮消费金融有限公司的行为违反了《消费金融公司试点管理办法》第20条“经银监会批准，消费金融公司可以经营下列部分或者全部人民币业务：（一）发放个人消费贷款……”，以及《银行业监督管理法》第18条“银行业金融机构业务范围内的业务品种，应当按照规定经国务院银行业监督管理机构审查批准或者备案。需要审查批准或者备案的业务品种，由国务院银行业监督管理机构依照法律、行政法规作出规定并公布”的规定。对此，中国银行业监督管理委员会广东监管局对中邮消费金融有限公司作出罚款80万元的行政处罚。

2. 第三方交易平台模式的互联网金融平台

第三方交易平台模式下，互联网金融业务经营者在平台上面向用户销售金融产品，平台方为其提供交易中介、信息中介服务及平台相关技术服务。例如，某保险公司在天猫平台开设店铺、向用户销售保险产品；又如，网络借贷信息中介平台供出借人与借款人发布借款信息、达成借款交易。

实践中，互联网金融平台的业务模式和业务产品新颖、多变，各类业务关联主体之间的法律关系较为复杂，权利、义务、责任边界的认定存在一定难度。特别是在第三方交易平台模式下，平台方以平台之名、行经营者之实，在未取得互联网金融业务资质的情况下违规开展业务，引发了互联网金融行业的乱象。

◇ 案例1－5 P2P平台东方创投非法吸收公众存款

东方创投是深圳市誉东方投资管理有限公司于2013年6月设立的P2P平

台，该平台向社会公众推广其P2P信贷投资模式，以提供资金中介服务为名，承诺3%至4%月息的高额回报，通过网上平台非法吸收公众存款。截至2013年10月31日，东方创投网络投资平台共吸收公众存款126,736,562.39元。2014年4月，深圳市誉东方投资管理有限公司法人代表及公司负责人邓某、运营总监李某某被深圳市罗湖区人民检察院指控通过网上平台非法吸收公众存款。根据广东省深圳市罗湖区人民法院2014年7月15日对本案作出的判决，截至2013年10月31日，该平台投资参与人实际未归还本金为52,503,199.73元。

深圳市罗湖区人民法院判决认为，该平台两名主要负责人犯非法吸收公众存款罪，其中，被告人邓某犯非法吸收公众存款罪，判处有期徒刑三年，并处罚金人民币30万元；被告人李某某犯非法吸收公众存款罪，判处有期徒刑二年，缓刑三年，并处罚金人民币5万元；冻结在案相关银行账户，并对账户内资金和孳息予以追缴并按投资参与人未归还本金比例返还投资参与人。

第二章

互联网平台运营主体资格和业务资质

一、概述

平台方无论是通过互联网平台提供自营商品/服务，还是仅提供第三方平台服务，都是通过互联网空间进行经营活动。平台方应当遵守法律法规关于经营者的主体资格和业务资质的要求。

与实体经济不同的是，**通过互联网平台开展的经营活动，具有“互联网+行业”的双重属性。因此，对于平台方资格资质，可以从互联网管理和行业管理两个维度观察**。

在互联网监管方面，我国法律法规将通过互联网开展的经营活动纳入电信业务监管体系，并按照电信业务分类，对通过互联网开展的经营活动实行许可制度。因此，平台方通过互联网平台开展的经营活动，受电信业务相关法律法规的监管，应当符合电信业务经营者的主体资格和业务资质要求。

在行业监管方面，当平台方将其经营活动移至互联网空间，仍受法律法规对该行业经营活动的监管，平台方仍应当符合主体资格和资质要求。法律法规对不同行业的经营活动有不同的监管要求。例如，实体经济中，销售食品的经营者应当取得食品经营许可证，[①] 销售书刊的经营者应当取得出版物经营许可证，[②] 销售药品的经营者应当取得药品经营许可证。[③] 电子商务平台通过互联网销售食品、书刊、药品等的，也应当符合相应的主体资格要求并取得相应的食品经营许可证、出版物经营许可证、药品经营许可证。

◇ 示例 2－1 某综合性电商网站的资格和资质

A 网站是王某经常使用的综合性电商网站。某日，王某又访问了 A 网站，在网站上订购了如下商品：几包薯片，一瓶止咳药，一本英语单词书。订购完成后，A 网站向王某配送了商品。对于王某订购的上述商品，A 网站需要取得食品经营许可证、药品经营许可证、出版物经营许可证。

实务中，平台方不符合互联网监管规定或行业监管规定，未取得相应的主体资格或业务资质而被处罚的情形比较常见。

◇ 案例 2－1 互联网平台无证经营处罚若干案件

2019 年 8 月 28 日，上海莹嘉科技有限公司因未取得相关电信业务经营许可证违规开展电信业务经营活动，被上海市通信管理局依据《电信条例》第 7 条第 3 款及第 69 条责令立即停止违法行为，没收违法所得 105, 043, 296 元，处以违法所得三倍罚款 315, 129, 888 元，处罚金额高达 4. 2 亿元。[④]

---

① 《食品安全法》第 35 条规定："国家对食品生产经营实行许可制度。从事食品生产、食品销售、餐饮服务，应当依法取得许可。但是，销售食用农产品，不需要取得许可。县级以上地方人民政府食品安全监督管理部门应当依照《中华人民共和国行政许可法》的规定，审核申请人提交的本法第三十三条第一款第一项至第四项规定要求的相关资料，必要时对申请人的生产经营场所进行现场核查；对符合规定条件的，准予许可；对不符合规定条件的，不予许可并书面说明理由。"

② 《出版管理条例》第 35 条规定："单位从事出版物批发业务的，须经省、自治区、直辖市人民政府出版行政主管部门审核许可，取得《出版物经营许可证》。单位和个体工商户从事出版物零售业务的，须经县级人民政府出版行政主管部门审核许可，取得《出版物经营许可证》。"

③ 《药品管理法》第 51 条第 1 款规定："从事药品批发活动，应当经所在地省、自治区、直辖市人民政府药品监督管理部门批准，取得药品经营许可证。从事药品零售活动，应当经所在地县级以上地方人民政府药品监督管理部门批准，取得药品经营许可证。无药品经营许可证的，不得经营药品。"

④ 处罚决定书文号：沪通信罚 202019 第 0010 号。

2017年，成都最小一家餐饮管理有限公司旗下“最小一家烤肉饭”未取得食品经营许可即经营食品，并通过美团等外卖平台提供餐饮服务，引起数人食物中毒。2017年12月7日，重庆市食品药品监督管理局依据《食品安全法》第35条第1款及第122条第1款对该公司处以没收库存若干件，没收违法所得245,594元，处以货值金额20倍罚款，罚没款合计21,516,894元。①

美团外卖平台运营者厦门三快在线科技有限公司重庆分公司因未对入网食品经营者进行许可证审查，被重庆市食品药品监督管理局依据《食品安全法》第62条第1款及第131条第1款处以罚款17万元。②

本章将分别以互联网相关监管和行业相关监管为主线，结合自营平台模式和第三方交易平台模式的特点，介绍互联网平台运营的主体资格和业务资质要求。

二、互联网监管要求下平台方的主体资格和业务资质

不论是自营平台模式还是第三方交易平台模式，互联网平台开展的经营活动都会落入法律法规对电信业务的监管范围。

根据《电信条例》及相关法规，电信业务分为基础电信业务和增值电信业务。③ 其中，基础电信业务，是指提供公共网络基础设施、公共数据传送和基本话音通信服务的业务。例如，与人们日常生活息息相关的固定电话通信服务、移动电话通信服务、短信业务、宽带上网业务等均属于基础电信业务。增值电信业务，是指利用公共网络基础设施提供的电信与信息服务业务，如社交平台、搜索引擎、网络视频、网络游戏、电子商务。

---

① 处罚决定书文号：（渝）食罚［2017］18号。

② 处罚决定书文号：（渝）食罚［2017］29号。

③ 《电信条例》第8条规定：“电信业务分为基础电信业务和增值电信业务。基础电信业务，是指提供公共网络基础设施、公共数据传送和基本话音通信服务的业务。增值电信业务，是指利用公共网络基础设施提供的电信与信息服务的业务。电信业务分类的具体划分在本条例所附的《电信业务分类目录》中列出。国务院信息产业主管部门根据实际情况，可以对目录所列电信业务分类项目作局部调整，重新公布。”

《电信业务分类目录》（2015 年版，下同）分别将基础电信业务和增值电信业务分为 27 个子类。**互联网平台所涉及的电信业务类型主要为增值电信业务，且涉及不同类型的增值电信业务。平台方作为增值电信业务经营者，应当根据其业务类型，遵守相关法律法规对其主体资格和业务资质要求。**

（一）主体资格要求

在主体资格方面，《电信条例》《电信业务经营许可管理办法》等对增值电信业务经营者提出了一系列要求，平台方应当遵守。这些主体资格要求主要包括：经营者为依法设立的公司；有与开展经营活动相适应的资金和专业人员；有为用户提供长期服务的信誉或者能力；在省、自治区、直辖市范围内经营的，注册资本最低限额为 100 万元人民币；在全国或者跨省、自治区、直辖市范围经营的，注册资本最低限额为 1000 万元人民币；有必要的场地、设施及技术方案；公司及其主要投资者和主要经营管理人员未被列入电信业务经营失信名单；符合国家规定的其他条件。[①] 其中，国家规定的其他条件，如资本来源、[②] 业务发展计划、安全保障措施[③]等方面的要求，需视具体的业务类型而定。

---

① 《电信条例》第 13 条规定："经营增值电信业务，应当具备下列条件：（一）经营者为依法设立的公司；（二）有与开展经营活动相适应的资金和专业人员；（三）有为用户提供长期服务的信誉或者能力；（四）国家规定的其他条件。"

② 根据《外商投资准入特别管理措施（负面清单）》（2019 年版），境外投资者仅能在中国入世承诺开放的电信业务进行投资，增值电信业务的外资股比不超过 50%（电子商务、国内多方通信、存储转发类、呼叫中心除外），基础电信业务须由中方控股。此外，境外投资者还被禁止投资互联网新闻信息服务、网络出版服务、网络视听节目服务、互联网文化经营（音乐除外）和互联网公众发布信息服务（上述服务中，中国入世承诺中已开放的内容除外）。

③ 例如，根据《互联网信息服务管理办法》，从事经营性互联网信息服务的经营者，除应当符合《电信条例》规定的要求外，还应当具备下列资格条件：有业务发展计划及相关技术方案；有健全的网络与信息安全保障措施，包括网站安全保障措施、信息安全保密管理制度、用户信息安全管理制度；从事新闻、出版、教育、医疗保健、药品和医疗器械等互联网信息服务的，已取得有关主管部门同意的文件。

（二）业务资质要求

在业务资质方面，《电信条例》及其《电信业务分类目录》对不同类型的增值电信业务有不同的要求。本书梳理了实践中互联网平台常见的几类增值电信类型，如表2－1所示：

表2－1 互联网平台常见的增值电信业务类型①

业务	子类	内容描述	示例
B25信息服务业务②	信息发布平台和递送服务	建立信息平台，为其他单位或个人用户发布文本、图片、音视频、应用软件等信息提供平台服务。平台方可根据单位或个人用户需要向用户指定的终端、电子邮箱等递送、分发文本、图片、音视频、应用软件等信息	58同城、VIPKID、新浪网、花椒直播
	信息搜索查询服务	通过公用通信网或互联网，采取信息收集与检索、数据组织与存储、分类索引、整理排序等方式，为用户提供网页信息、文本、图片、音视频等信息检索查询服务	百度、搜狗等搜索引擎
	信息社区平台服务	在公用通信网或互联网上建立具有社会化特征的网络活动平台，可供注册或群聚用户同步或异步进行在线文本、图片、音视频交流的信息交互平台	新浪微博、QQ空间、人人网、微信朋友圈、豆瓣网、知乎等社交平台
	信息即时交互服务	利用公用通信网或互联网，并通过运行在计算机、智能终端等的客户端软件、浏览器等，为用户提供即时发送和接收消息（包括文本、图片、音视频）、文件等信息的服务。信息即时交互服务包括即时通讯、交互式语音服务（IVR），以及基于互联网的端到端双向实时话音业务（含视频话音业务）	QQ、微信等即时通讯工具

① 以《电信业务分类目录》为分类依据。

② 根据《移动互联网应用程序信息服务管理规定》第5条的规定，通过移动互联网应用程序提供信息服务，应当依法取得法律法规规定的相关资质。因此，通过移动互联网应用程序而非网站提供信息服务，也应当根据《电信条例》及其附件《电信业务分类目录》取得相应的电信业务资质。

续表

业务	子类	内容描述	示例
B25 信息服务业务	信息保护和处理服务	利用公用通信网或互联网，通过建设公共服务平台以及运行在计算机、智能终端等的客户端软件，面向用户提供终端病毒查询、删除，终端信息内容保护、加工处理以及垃圾信息拦截、免打扰等服务	360 在线杀毒、腾讯手机管家
B21 在线数据处理与交易处理业务	交易处理业务	利用各种与公用通信网或互联网相连的数据与交易/事务处理应用平台，通过公用通信网或互联网为用户提供在线数据处理和交易/事务处理的业务。在线数据处理与交易处理业务包括交易处理业务、电子数据交换业务和网络/电子设备数据处理业务	电商业务（淘宝、京东） 外卖业务（百度外卖） 众筹、P2P 网络借贷业务 证券交易业务
	电子数据交换业务（EDI）		海关、税务等处于国际标准数据格式的报表、保单业务
	网络/电子设备数据处理业务		M2M① 和消费电子设备、可穿戴设备等数据处理和管理平台，阿里智能、京东智能、华为智能
B11 互联网数据中心业务	基础设施服务	利用相应的机房设施，以外包出租的方式为用户的服务器等互联网或其他网络相关设备提供放置、代理维护、系统配置及管理服务，以及提供数据库系统或服务器等设备的出租及其存储空间的出租、通信线路和出口带宽的代理租用和其他应用服务	提供 IaaS 服务的经营者多数属于此类
	互联网资源协作服务业务	利用架设在数据中心之上的设备和资源，通过互联网或其他网络以随时获取、按需使用、随时扩展、协作共享等方式，为用户提供的数据存储、互联网应用开发环境、互联网应用部署和运行管理等服务	提供 PaaS 服务的经营者多数属于此类

① M2M 指机器对机器（Machine-To-Machine）通信。

互联网平台业务模式和技术部署方式的调整或改变，可能导致适用的规定和所需的电信业务资质要求发生改变。因此，**平台业务涉及何种电信业务资质，需要视具体业务模式和技术部署方式，根据《电信条例》和《电信业务分类目录》进行论证和甄别**。

以电子商务平台为例，电商平台通过互联网开展业务，就其所使用的互联网平台，应当符合电信业务资质的监管要求。其中，在自营平台模式中，平台方以自己的名义在互联网平台销售、提供自有商品和服务，属于自有业务在互联网渠道的延伸，一般而言，不需要特别取得包含“互联网信息服务”或“在线数据处理与交易处理”等项目的增值电信业务经营许可证，而需要进行非经营性互联网信息服务备案。[①] 但是，平台方在自营平台中兼营为其他方提供广告等其他业务的，则需要取得包含“互联网信息服务”项目的增值电信业务经营许可证。在第三方交易模式中，平台方搭建互联网平台供商户和消费者使用，提供信息中介、交易撮合、交易结算等平台服务。因此，平台方至少需要取得《电信业务分类目录》中的“互联网信息服务”和“在线数据处理与交易处理业务”项目的增值电信业务经营许可证。此外，还需要视具体平台服务内容确定是否还需要其他项目的增值电信业务许可证。

三、行业监管下平台方的主体资格和业务资质

实体经济中，法律法规对不同行业的经营活动有不同的监管要求。例如，根据《出版物市场管理规定》，经营者从事出版物批发、零售的，应当符合一定的资格条件并取得《出版物经营许可证》;[②] 根据《药品管理法》，经营者从

① 《商务部办公厅关于外商投资互联网、自动售货机方式销售项目审批管理有关问题的通知》（商贸字〔2010〕272号）规定，互联网销售是企业销售行为在互联网上的延伸，经依法批准、注册登记的外商投资生产性企业、商业企业，可以直接从事网上销售业务；外商投资企业利用自身网络平台为其他交易方提供网络服务的，应向工业和信息化部申请增值电信业务经营许可证；企业利用自身网络平台直接从事商品销售的，应向电信管理部门备案。

② 《出版物市场管理规定》第3条规定：“国家对出版物批发、零售依法实行许可制度。从事出版物批发、零售活动的单位和个人凭出版物经营许可证开展出版物批发、零售活动；未经许可，任何单位和个人不得从事出版物批发、零售活动。任何单位和个人不得委托非出版物批发、零售单位或者个人销售出版物或者代理出版物销售业务。”

事药品批发、零售的，应当符合一定的资格条件并取得《药品经营许可证》。[①]

当经营活动移至互联网空间，平台方也应当符合相关行业法律法规对经营者的主体资格要求，取得相应的业务资质。例如，电子商务平台通过互联网销售书刊、药品等，也应当符合相应的主体资格要求并取得相应的出版物经营许可证、药品经营许可证。

此外，法律法规对于一些特殊行业以互联网方式开展相关经营活动的，还有特殊的要求。例如，互联网医疗平台开展诊疗活动，平台方除应当符合医疗机构主体资格要求、取得《医疗机构执业许可证》外，还应当向主管卫生健康行政部门办理互联网诊疗活动的执业登记。[②] 又如，通过互联网平台开展网络预约出租汽车业务，法律法规要求平台方应当具备相应的资格条件并取得《网络预约出租汽车经营许可证》。[③] 再如，根据《网络借贷信息中介

---

① 《药品管理法》第51条规定："从事药品批发活动，应当经所在地省、自治区、直辖市人民政府药品监督管理部门批准，取得药品经营许可证。从事药品零售活动，应当经所在地县级以上地方人民政府药品监督管理部门批准，取得药品经营许可证。无药品经营许可证的，不得经营药品。药品经营许可证应当标明有效期和经营范围，到期重新审查发证。药品监督管理部门实施药品经营许可，除依据本法第五十二条规定的条件外，还应当遵循方便群众购药的原则。"

② 《互联网诊疗管理办法（试行）》第5条规定："互联网诊疗活动应当由取得《医疗机构执业许可证》的医疗机构提供。"第6条规定："新申请设置的医疗机构拟开展互联网诊疗活动，应当在设置申请书注明，并在设置可行性研究报告中写明开展互联网诊疗活动的有关情况。如果与第三方机构合作建立互联网诊疗服务信息系统，应当提交合作协议。"第7条规定："卫生健康行政部门受理申请后，依据《医疗机构管理条例》、《医疗机构管理条例实施细则》的有关规定进行审核，在规定时间内作出同意或者不同意的书面答复。批准设置并同意其开展互联网诊疗的，在《设置医疗机构批准书》中注明同意其开展互联网诊疗活动。医疗机构按照有关法律法规和规章申请执业登记。"第8条规定，"已经取得《医疗机构执业许可证》的医疗机构拟开展互联网诊疗活动，应当向其《医疗机构执业许可证》发证机关提出开展互联网诊疗活动的执业登记申请"。第9条规定，"执业登记机关按照有关法律法规和规章对医疗机构登记申请材料进行审核。审核合格的，予以登记，在《医疗机构执业许可证》副本服务方式中增加'互联网诊疗'"。

③ 《网络预约出租汽车经营服务管理暂行办法》第5条规定："申请从事网约车经营的，应当具备线上线下服务能力，符合下列条件：（一）具有企业法人资格；（二）具备开展网约车经营的互联网平台和与拟开展业务相适应的信息数据交互及处理能力，具备供交通、通信、公安、税务、网信等相关监管部门依法调取查询相关网络数据信息的条件，网络服务平台数据库接入出租汽车行政主管部门监管平台，服务器设置在中国内地，有符合规定的网络安全管理制度和安全保护技术措施；（三）使用电子支付的，应当与银行、非银行支付机构签订提供支付结算服务的协议；（四）有健全的经营管理制度、安全生产管理制度和服务质量保障制度；（五）在服务所在地有相应服务机构及服务能力；（六）法律法规规定的其他条件。外商投资网约车经营的，除符合上述条件外，还应当符合外商投资相关法律法规的规定。"第10条规定，"网约车平台公司应当在取得相应《网络预约出租汽车经营许可证》并向企业注册地省级通信主管部门申请互联网信息服务备案后，方可开展相关业务"。

机构业务活动管理暂行办法》，平台方通过互联网开展网络借贷（P2P）中介服务的，应当根据《网络借贷信息中介机构业务活动管理暂行办法》在领取营业执照后向注册地地方金融监管部门申请备案登记。

因此，平台方通过互联网进行的经营活动，也应当遵守其行业相关法律法规对其主体资格和业务资质要求。

四、平台资格和资质行业应用实例

下面以互联网医疗平台、互联网教育平台、网约车平台、云服务平台四类平台为例，介绍其各自的资格和资质问题。

（一）互联网医疗平台的主体资格和业务资质

1. 概述

近年来，以互联网为载体、以信息技术为手段，与传统医疗健康服务融合而成的“互联网+医疗”行业蓬勃发展。互联网医疗平台通过互联网提供各类医疗服务以及延伸服务，如诊疗服务、药品销售、医药信息服务、医疗大数据处理，对于改进优化医疗服务流程、提升医疗服务质量，促进公共卫生管理、医药科学研究和医药商业发展起到积极的作用。

互联网医疗平台具有“互联网+医疗”的双重属性。从平台的“互联网”属性看，互联网医疗平台应当符合增值电信业务相关法律法规的主体资格和业务资质要求；从平台的“医疗”属性看，互联网医疗平台业务应当符合医药行业相关法律法规的主体资格和业务资质要求。

互联网医疗平台开展业务，需要根据其平台模式和业务类型，判断平台方应当取得的主体资格和业务资质。

下面选取互联网医疗平台常见的几种业务类型，分别介绍其在互联网和医药行业方面应当遵守的主体资格和资质要求。

2. 网络问诊服务的主体资格和业务资质

网络问诊是互联网医疗平台常见的业务之一。实践中，按照平台方的角色，网络问诊业务可以分为互联网医院模式和第三方交易平台模式。两种模式下平台方的主体资格和业务资质要求不同。

(1) 互联网医院模式。

互联网医院模式，是指实体医疗机构通过搭建、运营互联网平台，以自身名义向用户提供预约挂号，病历和医疗证明查询，电子处方查询，诊疗报告查询，以及常见病、慢性病的网络问诊、远程诊疗等服务。

在增值电信业务监管方面，互联网医院模式中，作为平台方的实体医疗机构在互联网上开展的业务属于其线下活动在互联网渠道的延伸。因此，平台方一般不需要特别取得包含“互联网信息服务”或“在线数据处理与交易处理”等项目的增值电信业务经营许可证，而是应当办理非经营性互联网信息服务业务备案手续。①

在医药行业监管方面，我国法律法规明确规定，互联网诊疗活动应当由取得《医疗机构执业许可证》的医疗机构提供。② 实体医疗机构开设互联网医院的，应当符合《互联网医院管理办法（试行)》以及相关法律法规规定的准入条件，并经医疗机构执业登记机关批准。③ 因此，互联网医院模式下，

① 《互联网信息服务管理办法》第3条规定：“互联网信息服务分为经营性和非经营性两类。经营性互联网信息服务，是指通过互联网向上网用户有偿提供信息或者网页制作等服务活动。非经营性互联网信息服务，是指通过互联网向上网用户无偿提供具有公开性、共享性信息的服务活动。”第8条规定：“从事非经营性互联网信息服务，应当向省、自治区、直辖市电信管理机构或者国务院信息产业主管部门办理备案手续。办理备案时，应当提交下列材料：（一）主办单位和网站负责人的基本情况；（二）网站网址和服务项目；（三）服务项目属于本办法第五条规定范围的，已取得有关主管部门的同意文件。省、自治区、直辖市电信管理机构对备案材料齐全的，应当予以备案并编号。”

② 《医疗机构管理条例》第24条规定：“任何单位或者个人，未取得《医疗机构执业许可证》，不得开展诊疗活动。”《互联网诊疗管理办法（试行)》第5条规定：“互联网诊疗活动应当由取得《医疗机构执业许可证》的医疗机构提供。”

③ 《互联网医院管理办法（试行)》第7条规定，申请设置互联网医院，应当向其依托的实体医疗机构执业登记机关提出设置申请。第9条规定：“卫生健康行政部门受理设置申请后，依据《医疗机构管理条例》、《医疗机构管理条例实施细则》的有关规定进行审核，在规定时间内作出同意或者不同意的书面答复。批准设置并同意其将互联网医院作为第二名称的，在《设置医疗机构批准书》中注明；批准第三方机构申请设置互联网医院的，发给《设置医疗机构批准书》。医疗机构按照有关法律法规和规章申请执业登记。”第10条规定，已经取得《医疗机构执业许可证》的实体医疗机构拟建立互联网医院，将互联网医院作为第二名称的，应当向其《医疗机构执业许可证》发证机关提出增加互联网医院作为第二名称的申请。第11条规定：“执业登记机关按照有关法律法规和规章对互联网医院登记申请材料进行审核。审核合格的，予以登记。审核不合格的，将审核结果以书面形式通知申请人。”

平台方应当符合设立医疗机构的资格条件，取得《医疗机构执业许可证》，并经其《医疗机构执业许可证》发证机关批准后，方可开展互联网诊疗活动。

（2）第三方交易平台模式。

第三方交易平台模式下的网络问诊业务，是指平台方将其搭建和运营的互联网医疗平台提供给医疗机构和用户使用，使医疗机构和用户通过互联网医疗平台进行相关网络问诊活动。在此模式下，平台方本身并非提供诊疗服务的一方，而是作为第三方为医疗机构和用户提供网络诊疗服务所需的场所（互联网平台）和信息中介、即时交互技术、交易结算等平台服务。

在增值电信业务监管方面，平台方为医疗机构和用户提供信息中介、即时交互技术、交易结算等，一般至少需要特别取得包含“互联网信息服务”和“在线数据处理与交易处理”等项目的增值电信业务经营许可证。①

在医疗行业监管方面，由于平台方不提供诊疗服务，不需要取得医疗机构执业许可，但是应当确保通过其平台提供的诊疗服务的主体系已依法取得互联网诊疗活动执业许可的医疗机构，② 并具备满足互联网技术要求的设备设施、信息系统、技术人员以及信息安全系统，实施第三级信息安全等级保护。③

---

① 《电信业务分类目录》规定：“在线数据处理与交易处理业务是指利用各种与公用通信网或互联网相连的数据与交易/事务处理应用平台，通过公用通信网或互联网为用户提供在线数据处理和交易/事务处理的业务。在线数据处理与交易处理业务包括交易处理业务、电子数据交换业务和网络/电子设备数据处理业务。……信息服务业务是指通过信息采集、开发、处理和信息平台的建设，通过公用通信网或互联网向用户提供信息服务的业务。信息服务的类型按照信息组织、传递等技术服务方式，主要包括信息发布平台和递送服务、信息搜索查询服务、信息社区平台服务、信息即时交互服务、信息保护和处理服务等。”

② 《医疗机构管理条例》第24条，《互联网诊疗管理办法（试行）》第5条。

③ 《互联网诊疗管理办法（试行）》第10条规定：“医疗机构与第三方机构的合作协议应当明确各方在医疗服务、信息安全、隐私保护等方面的责权利。”第13条规定：“医疗机构开展互联网诊疗活动，应当具备满足互联网技术要求的设备设施、信息系统、技术人员以及信息安全系统，并实施第三级信息安全等级保护。”

3. 网络预约挂号服务的主体资格和业务资质

网络预约挂号是典型的互联网医疗业务之一。平台方与医疗机构合作，取得医疗机构号源信息、对接医疗机构挂号系统，在平台上发布医疗机构的科室出诊信息和号源信息，用户通过互联网医疗平台进行预约挂号。

在增值电信业务监管方面，如果平台方就其所提供的网络预约挂号服务从医疗机构或用户收取费用，则应当取得包含“互联网信息服务”项目的增值电信业务经营许可证;① 如果平台方就其所提供的网络预约服务不收取任何费用，则需要办理非经营性互联网信息服务业务备案手续。② 此外，如果平台方向用户与医疗机构提供挂号费交易结算业务，平台方还应当取得包含“在线数据处理与交易处理”项目的增值电信业务经营许可证。③

在医药行业监管方面，由于网络预约挂号服务属于信息中介服务，不涉及平台方向用户提供诊疗服务或药品经营，平台方不需要取得特别的主体资格和业务资质。

4. 互联网医药信息服务的主体资格和业务资质

互联网医疗信息服务，是指通过互联网平台向用户提供诊疗活动之外的医疗健康信息服务，如专业医学信息和文献数据库检索服务、医药健康信息科普服务、医药信息检索和查询服务、医疗/药品/医疗器械广告服务等。

在增值电信业务监管方面，如果平台方就其所提供的医药信息服务收取费用，包括从医药信息需求方收取费用的情形和从医药信息发布方收取费用的，则平台方应当取得包含“互联网信息服务”项目的增值电信业务经营许可证。④ 如果平台方就其所提供的医药信息服务不收取任何费用，则需要办理非经营性互联网信息服务业务备案手续。⑤

---

① 《电信业务分类目录》的相关规定。

② 《互联网信息服务管理办法》第3条、第8条。

③ 《电信业务分类目录》的相关规定。

④ 《电信业务分类目录》的相关规定。

⑤ 《互联网信息服务管理办法》第3条、第8条。

在医药行业监管方面，如果平台方提供医疗、药品或医疗器械广告服务，相关广告应当按照《广告法》《药品管理法》《药品广告审查办法》《医疗器械广告审查办法》等相关法律法规的要求，经广告审查机关批准后方可发布。

5. 互联网药品销售的主体资格和业务资质

互联网药品销售也是互联网医疗平台常见的业务类型之一。根据现行法律法规，互联网药品销售业务仅限于销售非处方药，法律法规明确禁止通过互联网向公众销售处方药。① 平台方从事互联网药品销售业务，应当关注此禁止性规定。

按照平台方的角色，互联网药品销售业务可分为自营平台模式和第三方交易平台模式。两种模式下平台方所需要关注的主体资格和业务资质要求不同。

（1）自营平台模式。

在自营平台模式下，平台方以自身名义通过互联网平台销售药品。

在电信业务监管方面，平台方以自身名义向用户销售药品，属于其自有实体业务在互联网渠道的延伸，一般不需要特别取得包含“互联网信息服务”或“在线数据处理与交易处理”等项目在内的增值电信业务经营许可证，而是需要办理非经营性互联网信息服务业务备案手续。②

在医药行业监管方面，根据《药品管理办法》，经营者从事药品销售、批发等经营活动的，应当取得药品经营许可。平台方以自身名义通过互联网销售药品的，应当取得药品经营许可。③

---

① 《互联网药品交易服务审批暂行规定》第21条规定：“向个人消费者提供互联网药品交易服务的企业只能在网上销售本企业经营的非处方药，不得向其他企业或者医疗机构销售药品。”《药品流通监督管理办法》第21条规定：“药品生产、经营企业不得采用邮售、互联网交易等方式直接向公众销售处方药。”

② 《互联网信息服务管理办法》第3条、第8条。

③ 《药品管理法》第51条规定：“从事药品批发活动，应当经所在地省、自治区、直辖市人民政府药品监督管理部门批准，取得药品经营许可证。从事药品零售活动，应当经所在地县级以上地方人民政府药品监督管理部门批准，取得药品经营许可证。无药品经营许可证的，不得经营药品。”

（2）第三方交易平台模式。

在第三方交易平台模式下，平台方将其自有的互联网平台提供给药品供应方和需求方使用，供药品供需方通过该平台达成药品交易活动。

在电信业务监管方面，平台方与药房合作，通过互联网医疗平台展示药房信息和药品信息，用户通过互联网医疗平台检索、浏览药房信息和药品价格，向药房提出用药需求、进行用药咨询或达成药品交易。如果平台方从药房或用户收取平台服务费用，则平台方应当取得包含“互联网信息服务”项目的增值电信业务许可；[①] 如果平台方不从药房或用户收取平台服务费用，则平台方需要办理非经营性信息服务业务备案。[②] 如果平台方为药房与用户之间的药品销售和配送提供交易处理、费用结算等服务，则平台方应当取得包含“在线数据处理与交易处理业务”项目的增值电信业务经营许可证。[③]

在医药行业监管方面，平台方不是药品交易的参与方，而是为药品交易供需方提供互联网交易场所（互联网平台）和相关平台服务。根据《药品管理法》，互联网药品交易平台方应当就其提供的互联网药品交易平台服务，向主管药品监督管理部门备案。互联网药品交易平台方应当审查在其平台上经营的药品经营者的资质，以确保平台上的药品经营行为符合法律规定。[④]

---

① 《电信业务分类目录》规定，信息服务业务是指通过信息采集、开发、处理和信息平台的建设，通过公用通信网或互联网向用户提供信息服务的业务。信息服务的类型按照信息组织、传递等技术服务方式，主要包括信息发布平台和递送服务、信息搜索查询服务、信息社区平台服务、信息即时交互服务、信息保护和处理服务等。

② 《互联网信息服务管理办法》第3条、第8条。

③ 《电信业务分类目录》规定，在线数据处理与交易处理业务是指利用各种与公用通信网或互联网相连的数据与交易/事务处理应用平台，通过公用通信网或互联网为用户提供在线数据处理和交易/事务处理的业务。在线数据处理与交易处理业务包括交易处理业务、电子数据交换业务和网络/电子设备数据处理业务。

④ 《药品管理法》第62条规定：“药品网络交易第三方平台提供者应当按照国务院药品监督管理部门的规定，向所在地省、自治区、直辖市人民政府药品监督管理部门备案。第三方平台提供者应当依法对申请进入平台经营的药品上市许可持有人、药品经营企业的资质等进行审核，保证其符合法定要求，并对发生在平台的药品经营行为进行管理。第三方平台提供者发现进入平台经营的药品上市许可持有人、药品经营企业有违反本法规定行为的，应当及时制止并立即报告所在地县级人民政府药品监督管理部门；发现严重违法行为的，应当立即停止提供网络交易平台服务。”

（二）互联网教育平台的主体资格和业务资质

1. 概述

随着信息技术的发展和互联网的普及，互联网教育行业蓬勃发展。互联网教育平台利用互联网技术实施教育活动，突破了传统教育在时空、人力、物力方面的限制，给人们提供了随时、随地接受教育的机会。

互联网教育平台兼具“互联网”和“教育”双重属性。从平台的“互联网”属性看，互联网教育平台应当符合电信业务方面的监管要求。从平台的“教育”属性看，互联网教育平台实施的教育活动，涉及通过互联网向用户授课、提供文化作品、网络出版物和传播音视频内容等行为，落入法律法规对教育、文化、出版、广播活动方面的监管范围，平台方应当遵守相关法律法规对其主体资格和业务资质要求。

实践中，互联网教育平台以自营平台模式为主，平台方通过自有网站平台向用户提供有偿的教育内容服务。下面以自营平台模式为例，介绍平台方所需关注的主体资格和业务资质要求。

2. 电信业务监管

自营平台模式下，平台方是提供互联网教育内容服务的一方，用户通过互联网在线方式进行学习，平台方与用户之间构成服务关系。平台方通过互联网向用户提供教育内容服务，属于信息服务。因此，平台方应当具备增值电信业务经营者的主体资格，并至少需要取得包含“互联网信息服务”项目的增值电信业务经营许可证。[①] 此外，还需要视平台开展的具体业务内容，确认平台方是否还需要其他增值电信业务资质。

3. 教育活动监管

视教育活动的具体内容，对应的监管有以下几类：

---

① 《电信业务分类目录》的相关规定。

(1) 教育网站、教育学校的监管。

我国专门关于互联网教育业务的监管规定最早见于2000年7月由教育部颁发的《教育网站和网校暂行管理办法》。其中要求，通过互联网开办教育网站和网校，必须向主管教育行政部门申请，经审查批准后方可开办。[①] 但是，2016年2月，《国务院关于第二批取消152项中央指定地方实施行政审批事项的决定》取消了《教育网站和网校暂行管理办法》中对教育网站及教育网校的设立批准。

根据现行有效的法律法规，面向中小学生开展学科类校外培训活动的互联网教育平台应当办理相应的业务备案要求。[②] 除此之外，其他类型的互联网教育平台是否需要取得教育相关业务经营许可或者办理相关备案，尚未明确。[③]

---

① 《教育网站和网校暂行管理办法》将互联网教育平台分为教育网站和教育网校。其中，教育网站是指通过收集、加工、存储教育信息等方式建立信息库或者同时建立网上教育用平台与信息获取及搜索等工具，通过互联网服务提供单位（ISP）接入互联网或者教育电视台，向上网用户提供教学和其他有关教育公共信息服务的机构。教育网校是指进行各级各类学历学位教育，或者通过培训颁发各种证书的教育网站。该办法规定，凡在中华人民共和国境内申报开办教育网站和网校，必须向主管教育行政部门申请，经审查批准后方可开办。已开办的教育网站和网校，如未经主管教育行政部门批准，应当及时补办申请、批准手续。未经主管教育行政部门批准，不得擅自开办教育网站和网校。同时，《教育网站和网校暂行管理办法》对开办教育网站和教育网校提出了一定的设立要求。

② 教育部、中共中央网络安全和信息化委员会办公室、工业和信息化部、公安部、国家广播电视总局、全国“扫黄打非”工作小组办公室于2019年7月12日联合颁布《关于规范校外线上培训的实施意见》，专门针对面向中小学生的校外互联网培训活动的互联网网教育平台提出明确的资质要求，要求互联网教育平台在取得增值电信业务许可、网络安全等级保护定级备案的证明、等级测评报告后，向互联网教育平台方住所地的省级教育行政部门提交相关材料，申请备案。

③ 按照教育机构举办的主体和资金来源的不同，我国教育法律体系将教育机构区分为公办教育机构和民办教育机构。其中，公办教育机构是指国家机构使用政府财政拨款举办的教育机构；民办教育机构是指国家机构以外的社会组织或者个人，利用非国家财政性经费，面向社会举办学校及其他教育机构的活动。对于民办教育机构的教育业务资质，法律法规有特别的要求，例如，民办学校应当取得办学许可证。此外，对民办教育机构通过互联网开展的教学活动，2018年8月10日司法部公布的《民办教育促进法实施条例》（修订草案）（送审稿）（以下简称《送审稿》）也提出了专门要求。《送审稿》第16条规定：“利用互联网技术在线实施学历教育的民办学校，应当取得同级同类学历教育的办学许可和互联网经营许可。利用互联网技术在线实施培训教育活动、实施职业资格培训或者职业技能培训活动的机构，或者为在线实施前述活动提供服务的互联网技术服务平台，应当取得相应的互联网经营许可，并向机构住所地的省级人民政府教育行政部门、人力资源社会保障部门备案，并不得实施需要取得办学许可的教育教学活动。实施培训教育活动的互联网技术平台，应当对申请进入平台的机构或者个人的主体身份信息进行审核和登记。”截至目前，《送审稿》尚未通过审议最终出台。

因此，互联网教育平台方需要密切关注关于互联网教育平台经营的法律法规动态，以及时应对监管要求，降低合规风险。

（2）互联网文化经营的监管。

为增加教育活动的趣味性，增强教学效果，互联网教育平台往往涉及对动画、漫画、游戏、音乐等文化元素的使用。例如，某互联网英语教育平台通过互联网向3~7岁儿童提供英语启蒙教育课程。为提高儿童学习兴趣，该平台通过各类动画短片、歌曲、小游戏等向儿童教授英语。由此，可能落入《互联网文化管理暂行规定》所监管的互联网文化活动范畴。

根据《互联网文化管理暂行规定》，互联网文化活动是指提供互联网文化产品及其服务的活动。通过互联网制作、复制、进口、发行、播放文化产品，将文化产品登载在互联网上供用户浏览、欣赏、使用或者下载等行为都属于互联网文化活动。① 其中，互联网文化产品包括网络音乐娱乐、网络游戏、网络演出剧（节）目、网络表演、网络艺术品、网络动漫等。②

其中，以营利为目的，通过向上网用户收费或者以电子商务、广告、赞助等方式获取利益，提供互联网文化产品及其服务的活动，属于经营性互联网文化活动，互联网信息服务提供者从事经营性互联网文化活动，应当取得

---

① 《互联网文化管理暂行规定》第2条规定："本规定所称互联网文化产品是指通过互联网生产、传播和流通的文化产品，主要包括：（一）专门为互联网而生产的网络音乐娱乐、网络游戏、网络演出剧（节）目、网络表演、网络艺术品、网络动漫等互联网文化产品；（二）将音乐娱乐、游戏、演出剧（节）目、表演、艺术品、动漫等文化产品以一定的技术手段制作、复制到互联网上传播的互联网文化产品。"

北京市文化和旅游局2020年3月10日在《关于电商类、教育类、医疗类、培训类、金融类、旅游类、美食类、体育类、聊天类不需要申请办理〈网络文化经营许可证〉的特别提示》中说明："需要提示的是，网络表演是指以网络表演者以现场进行的文艺表演活动等为主要内容，通过互联网、移动通讯网、移动互联网等信息网络，实时传播或者以音视频形式上载传播而形成的互联网文化产品。……"所列九类直播不属于网络表演，不需要申请办理《网络文化经营许可证》。关于直播内容，参见下文"（4）互联网直播、录制内容服务的监管"。

② 《互联网文化管理暂行规定》第3条第1款规定："本规定所称互联网文化活动是指提供互联网文化产品及其服务的活动，主要包括：（一）互联网文化产品的制作、复制、进口、发行、播放等活动；（二）将文化产品登载在互联网上，或者通过互联网、移动通信网等信息网络发送到计算机、固定电话机、移动电话机、电视机、游戏机等用户端以及网吧等互联网上网服务营业场所，供用户浏览、欣赏、使用或者下载的在线传播行为；（三）互联网文化产品的展览、比赛等活动。"

互联网文化经营许可;[①] 不以营利为目的向上网用户提供互联网文化产品及其服务的活动，属于非营利性互联网文化活动,[②] 互联网信息服务提供者从事非经营性互联网文化活动，应当办理互联网文化经营备案。[③]

如果平台方提供的教育内容服务包含网络音乐娱乐、网络游戏、网络演出剧（节）目、网络表演、网络艺术品、网络动漫等形式的文化产品，并从中获取利益的，则平台方应当取得互联网文化经营许可；如果平台方所提供的教育内容服务虽包含文化产品，但是平台方不以任何方式获取利益的，则需要办理互联网文化经营备案。

（3）互联网出版、发行的监管。

互联网教育平台业务往往涉及通过互联网向用户提供电子教辅资料。例如，具有知识性、思想性的文字、图片、地图、游戏、动漫、音视频的原创电子读物，与已出版的图书、报纸、期刊、音像制品、电子出版物等内容相同的电子资料等。这些电子教辅资料通过信息网络向用户提供，具有编辑、制作、加工等出版特征，构成网络出版物。[④] 又如，某互联网法律职业资格考试培训

---

① 《互联网文化管理暂行规定》第8条规定："申请从事经营性互联网文化活动，应当向所在地省、自治区、直辖市人民政府文化行政部门提出申请，由省、自治区、直辖市人民政府文化行政部门审核批准。"

② 《互联网文化管理暂行规定》第3条第2款规定："互联网文化活动分为经营性和非经营性两类。经营性互联网文化活动是指以营利为目的，通过向上网用户收费或者以电子商务、广告、赞助等方式获取利益，提供互联网文化产品及其服务的活动。非经营性互联网文化活动是指不以营利为目的向上网用户提供互联网文化产品及其服务的活动。"

③ 《互联网文化管理暂行规定》第10条规定："非经营性互联网文化单位，应当自设立之日起60日内向所在地省、自治区、直辖市人民政府文化行政部门备案，并提交下列文件：（一）备案表；（二）章程；（三）法定代表人或者主要负责人的身份证明文件；（四）域名登记证明；（五）依法需要提交的其他文件。"

④ 《网络出版服务管理规定》第2条规定："中华人民共和国境内从事网络出版服务，适用本规定。本规定所称网络出版服务，是指通过信息网络向公众提供网络出版物。本规定所称网络出版物，是指通过信息网络向公众提供的，具有编辑、制作、加工等出版特征的数字化作品，范围主要包括：（一）文学、艺术、科学等领域内具有知识性、思想性的文字、图片、地图、游戏、动漫、音视频读物等原创数字化作品；（二）与已出版的图书、报纸、期刊、音像制品、电子出版物等内容相一致的数字化作品；（三）将上述作品通过选择、编排、汇集等方式形成的网络文献数据库等数字化作品；（四）国家新闻出版广电总局认定的其他类型的数字化作品。网络出版服务的具体业务分类另行制定。"

平台向用户提供法律职业资格考试复习课程，并向用户提供与复习课程配套的电子版讲义、练习题等资料。这些电子版讲义、练习题等资料属于网络出版物。

根据《网络出版服务管理规定》，经营者通过互联网向用户提供前述出版物，构成网络出版服务，[①] 应当取得网络出版服务许可。[②]

根据《出版物市场管理规定》，单位、个人通过互联网等信息网络从事出版物发行业务，包括出版物的批发、零售以及出租、展销等，[③] 应当取得出版物经营许可。[④] 据此，互联网教育平台通过互联网向用户提供电子教辅材料，不论是有偿提供还是无偿提供，均应当取得网络出版服务许可或通过具有网络出版服务许可的单位对该等电子教辅材料进行出版后再向用户提供。互联网教育平台向用户单独销售、与相关课程服务配套销售或以有偿订阅的方式供用户限期使用电子教辅材料的，也应当取得出版物经营许可。

（4）互联网直播、录播内容服务的监管。

直播和录播课是常见的互联网教育活动形式。在直播课场景下，教师通过互联网教育平台，实时向平台另一端的学生授课，师生之间可在授课期间进行实时交流互动。在录播课场景下，教师事先录制好课堂音视频文件并投放在平台上，学生以播放课堂音视频文件的方式学习。例如，某互联网英语培训平台向用户提供一对一的直播课堂和录播课堂服务。直播课堂上，教师通过平台向学生进行实时授课，并与学生进行交流互动。录播课堂上，教师预先录制课堂视频，学生通过平台播放视频进行学习，且学生可根据自身的

---

① 《网络出版服务管理规定》第 2 条。

② 《网络出版服务管理规定》第 7 条规定："从事网络出版服务，必须依法经过出版行政主管部门批准，取得《网络出版服务许可证》。"

③ 《出版物市场管理规定》第 2 条第 3 ~ 6 款规定："批发是指供货商向其他出版物经营者销售出版物。零售是指经营者直接向消费者销售出版物。出租是指经营者以收取租金的形式向消费者提供出版物。展销是指主办者在一定场所、时间内组织出版物经营者集中展览、销售、订购出版物。"

④ 《出版物市场管理规定》第 15 条规定："单位、个人通过互联网等信息网络从事出版物发行业务的，应当依照本规定第七条至第十条的规定取得出版物经营许可证。已经取得出版物经营许可证的单位、个人在批准的经营范围内通过互联网等信息网络从事出版物发行业务的，应自开展网络发行业务后 15 日内到原批准的出版行政主管部门备案。"

学习进度，重播课堂视频或调节视频的播放速度。

对于通过互联网以直播或录播方式向公众提供内容服务的活动，法律法规有一系列的监管要求。

根据《互联网视听节目服务管理规定》，从事互联网视听节目服务，即制作、编辑、集成并通过互联网向公众提供音视频节目，以及为他人提供上传传播视听节目服务的活动，应当取得信息网络传播视听节目许可或履行备案手续。① 根据《互联网视听节目服务业务分类目录（试行）》，教育等专业类视听节目的制作（不含采访）、汇集、播出服务属于第二类互联网视听节目服务。特别地，根据《互联网视听节目服务管理规定》，从事互联网视听节目服务的单位须为国有独资或国有控股单位。②

法律法规对互联网直播活动也有专门的监管规定。《互联网直播服务管理规定》规定，互联网直播，是指基于互联网，以视频、音频、图文等形式向公众持续发布实时信息的活动；互联网直播服务提供者，是指提供互联网直播平台服务的主体；互联网直播服务使用者，包括互联网直播发布者和用户。此外，《互联网直播服务管理规定》规定了互联网直播服务提供者的平台责任。例如，要求互联网直播服务提供者建立直播内容审核平台，根据互

---

① 《互联网视听节目服务管理规定》第2条规定："在中华人民共和国境内向公众提供互联网（含移动互联网，以下简称互联网）视听节目服务活动，适用本规定。本规定所称互联网视听节目服务，是指制作、编辑、集成并通过互联网向公众提供视音频节目，以及为他人提供上载传播视听节目服务的活动。"《互联网视听节目服务管理规定》第7条规定："从事互联网视听节目服务，应当依照本规定取得广播电影电视主管部门颁发的《信息网络传播视听节目许可证》（以下简称《许可证》）或履行备案手续。未按照本规定取得广播电影电视主管部门颁发的《许可证》或履行备案手续，任何单位和个人不得从事互联网视听节目服务。互联网视听节目服务业务指导目录由国务院广播电影电视主管部门商国务院信息产业主管部门制定。"

② 《互联网视听节目服务管理规定》第8条规定："申请从事互联网视听节目服务的，应当同时具备以下条件：（一）具备法人资格，为国有独资或国有控股单位，且在申请之日前三年内无违法违规记录；（二）有健全的节目安全传播管理制度和安全保护技术措施；（三）有与其业务相适应并符合国家规定的视听节目资源；（四）有与其业务相适应的技术能力、网络资源；（五）有与其业务相适应的专业人员，且主要出资者和经营者在申请之日前三年内无违法违规记录；（六）技术方案符合国家标准、行业标准和技术规范；（七）符合国务院广播电影电视主管部门确定的互联网视听节目服务总体规划、布局和业务指导目录；（八）符合法律、行政法规和国家有关规定的条件。"

联网直播的内容类别、用户规模等实施分级分类管理，对图文、视频、音频等直播内容加注或播报平台标识信息，对互联网新闻信息直播及其互动内容实施先审后发管理；又如，要求互联网直播服务提供者应当具备与其服务相适应的技术条件，具备即时阻断互联网直播的技术能力，技术方案应符合国家相关标准；再如，要求互联网直播服务提供者应当加强对评论、弹幕等直播互动环节的实时管理，配备相应管理人员。

因此，互联网教育平台以直播或录播方式向用户提供音视频节目形式的教学内容服务，属于互联网视听节目服务，需要取得信息网络传播视听节目许可。在以直播方式向用户提供教学内容服务的情况下，还需要履行《互联网直播服务管理规定》规定的平台责任。

对未取得信息网络传播视听节目许可的互联网教育平台方而言，平台以直播或录播方式传播教学音视频节目的行为，存在违法风险。① 为此，建议传播教学音视频节目的平台取得信息网络传播视听节目许可。对因不符合规定要求无法取得许可的平台方，可以考虑与具备合法许可的平台合作，合法依托具备合法许可的平台开展互联网教育服务，以降低合规风险。

（三）网约车平台的主体资格和业务资质

1. 概述

近年来，网约车成为人们日常出行重要的方式之一。不论是自营平台模式还是第三方交易平台模式，网约车平台方均涉及为用户预约出租汽车，向用户推介或指派出租汽车及驾驶员，以及提供相关的信息技术服务，如驾驶

① 尽管实践中，有些地方人民政府的广播电影电视主管部门倾向于认为，互联网教育平台所传播的教学音视频，属于教学类内容而不属于节目类内容，互联网教育平台不需要因此而取得信息网络传播视听节目许可。但是，从《互联网视听节目服务管理规定》关于互联网视听节目服务的定义以及《互联网视听节目服务业务分类目录（试行）》中关于视听节目服务的分类描述来看，互联网教育平台向用户提供直播或录播课的行为，不能被排除在互联网视听节目服务范围之外。《互联网视听节目服务管理规定》第24条规定，擅自从事互联网视听节目服务的，由县级以上广播电影电视主管部门予以警告、责令改正，可并处3万元以下罚款；情节严重的，根据《广播电视管理条例》第47条的规定予以处罚。

员与用户之间的即时通讯服务、用车交易数据处理服务、结算服务。两种模式下平台方的主体资格和资质要求基本相同。

2. 电信业务监管

在电信业务监管方面，平台方往往涉及向用户提供可预约的出租汽车及驾驶员信息，构建和运营驾驶员与用户之间沟通的即时通讯平台，处理出租汽车行驶里程数据及进行相关费用结算。因此，平台方应当取得包含“互联网信息服务”和“在线数据处理与交易处理”等项目的增值电信业务经营许可证。[①]

3. 网约车行业监管

在行业监管方面，法律法规对网约车平台的主体资格和业务资质有明确规定。其中，《网络预约出租汽车经营服务管理暂行办法》要求，网约车平台应当具备线上线下服务能力，并符合一系列的主体资格条件，主要包括：具有企业法人资格；具备开展网约车经营的互联网平台和与拟开展业务相适应的信息数据交互及处理能力，具备供交通、通信、公安、税务、网信等相关监管部门依法调取查询相关网络数据信息的条件，网络服务平台数据库接入出租汽车行政主管部门监管平台，服务器设置在中国内地，有符合规定的网络安全管理制度和安全保护技术措施；使用电子支付的，应当与银行、非银行支付机构签订提供支付结算服务的协议；有健全的经营管理制度、安全生产管理制度和服务质量保障制度；在服务所在地有相应服务机构及服务能力等。[②] 该办法还要求网约车平台应当根据经营区域向相应的出租汽车行政

---

① 《电信业务分类目录》的相关规定。

② 《网络预约出租汽车经营服务管理暂行办法》第5条第1款规定：“申请从事网约车经营的，应当具备线上线下服务能力，符合下列条件：（一）具有企业法人资格；（二）具备开展网约车经营的互联网平台和与拟开展业务相适应的信息数据交互及处理能力，具备供交通、通信、公安、税务、网信等相关监管部门依法调取查询相关网络数据信息的条件，网络服务平台数据库接入出租汽车行政主管部门监管平台，服务器设置在中国内地，有符合规定的网络安全管理制度和安全保护技术措施；（三）使用电子支付的，应当与银行、非银行支付机构签订提供支付结算服务的协议；（四）有健全的经营管理制度、安全生产管理制度和服务质量保障制度；（五）在服务所在地有相应服务机构及服务能力；（六）法律法规规定的其他条件。”外商投资网约车经营的，除符合上述条件外，还应当符合外商投资相关法律法规的规定。”

主管部门提出申请，取得《网络预约出租汽车经营许可证》，并向企业注册地省级通信主管部门申请互联网信息服务备案后，方可开展相关业务，并在自网络正式联通之日起30日内，到其管理运营机构所在地的省级人民政府公安机关指定的受理机关办理备案手续。①

因此，不论是自营平台模式还是第三方交易平台模式，网约车平台方均应当遵守上述要求。

（四）云服务平台经营的主体资格和业务资质

云计算服务（云服务）是一种新的资源配置和利用方式，通过网络为用户提供方便的、可随时获取的、动态的计算资源，具有“随时获取、按需使用、随时扩展、协作共享”的特征，越来越成为各类互联网业务运营不可或缺的底层服务、基础服务，有着广阔的需求市场，因此也吸引了许多互联网平台方投入其中。

法律法规对云服务平台经营的资格和资质要求，主要为电信业务相关的监管要求。根据云服务提供的资源或服务类型，云服务的主要模式有SaaS、PaaS、IaaS三类。这三种模式所涉及的电信业务资质各不相同。下面分别介绍不同模式的云服务所涉及的电信业务资质要求。

1. SaaS模式下平台经营的主体资格和业务资质

SaaS（软件即服务）模式中，云服务提供商通过网络向用户提供各类软件、应用程序服务。这一软件提供服务不同于传统的软件许可（如Windows

---

① 《网络预约出租汽车经营服务管理暂行办法》第6条规定：“申请从事网约车经营的，应当根据经营区域向相应的出租汽车行政主管部门提出申请，并提交以下材料……”第8条规定：“出租汽车行政主管部门对于网约车经营申请作出行政许可决定的，应当明确经营范围、经营区域、经营期限等，并发放《网络预约出租汽车经营许可证》。”第10条规定：“网约车平台公司应当在取得相应《网络预约出租汽车经营许可证》并向企业注册地省级通信主管部门申请互联网信息服务备案后，方可开展相关业务。备案内容包括经营者真实身份信息、接入信息、出租汽车行政主管部门核发的《网络预约出租汽车经营许可证》等。涉及经营电信业务的，还应当符合电信管理的相关规定。网约车平台公司应当自网络正式联通之日起30日内，到网约车平台公司管理运营机构所在地的省级人民政府公安机关指定的受理机关办理备案手续。”

系统的License），而是具有“云计算”的特性——云服务提供商通过“网络”的方式提供软件服务，且提供的软件服务是可扩展的，能够满足用户“按需自助、随时使用”的需求。典型的SaaS有在线办公软件（免费在线Office、协同OA）及在线杀毒软件等。

从SaaS的基本特点来看，SaaS服务的提供商通常需要通过某种形式的网络平台（如网站、APP）向用户提供信息服务，这也是SaaS与传统软件许可方式的重要区别。SaaS的这种服务方式符合《电信业务分类目录》关于“B25信息服务业务”的界定。

信息服务业务，是指通过信息采集、开发、处理和信息平台的建设，通过公用通信网或互联网向用户提供信息服务的业务。信息服务的类型按照信息组织、传递等技术服务方式，主要包括信息发布平台和递送服务、信息搜索查询服务、信息社区平台服务、信息即时交互服务、信息保护和处理服务等。常见的SaaS服务可能涉及信息发布平台和递送服务（如在线办公软件）、信息保护和处理服务（如在线杀毒软件）等。

SaaS服务提供商就其提供信息服务的经营行为，应当依法取得相应的增值电信业务经营资质。由于《电信业务分类目录》所列的“互联网信息服务”包含五种业务子类,[①] 涉及不同的服务方式，而每一SaaS服务所具备的功能和运行方式千差万别，故对于其应当归属的业务子类，仍需要根据业务实际情况进行判断。

2. PaaS模式下平台经营的主体资格和业务资质

PaaS（平台即服务）模式中，云服务提供商提供的是“平台”，包括数据存储、Web服务、开发工具和操作系统等资源，供客户进行软件开发、测试、部署、管理等。该平台也是通过网络提供给客户，由客户按照需求随时获取和使用并可随时扩展。

---

① 指《电信业务分类目录》B25信息服务业务所列的信息发布平台和递送服务、信息搜索查询服务、信息社区平台服务、信息即时交互服务、信息保护和处理服务等。

例如，谷歌应用服务引擎（Google App Engine）是典型的 PaaS 服务。服务引擎为传统网站的应用程序提供了一个平台，既提供自己的数据库系统（MegaStore），也提供应用服务器集群（包括文件系统、编程模式等）。客户可以在服务引擎上开发和发布主机的网上应用系统。谷歌能根据客户调用的云服务的资源需求，动态分配平台资源给客户，并按照周期来收费。

《电信业务分类目录》之“B11 互联网数据中心业务”中的“互联网资源协作服务业务”，是指“利用架设在数据中心之上的设备和资源，通过互联网或其他网络以随时获取、按需使用、随时扩展、协作共享等方式，为用户提供的数据存储、互联网应用开发环境、互联网应用部署和运行管理等服务”。其中的“随时获取、按需使用、随时扩展、协作共享”与云服务的特征非常相似。互联网资源协作服务业务是为适应云计算业务的发展趋势而增加的业务。其中的“通过网络为用户提供数据存储、互联网应用开发环境、互联网应用部署等服务”的内容，与 PaaS 模式的业务内容基本吻合。一般理解，提供 PaaS 模式云服务的企业，需要取得《电信业务分类目录》之“B11 互联网数据中心业务”（IDC）的电信业务资质（具体指“互联网资源协作服务业务类”）。

此外，如果云服务提供商提供 PaaS 服务也涉及通过网络平台提供信息处理等服务，还需要取得“B25 信息服务业务”等其他类别的电信业务资质。

3. IaaS 模式下平台经营的主体资格和业务资质

IaaS（基础设施即服务）模式中，云服务提供商提供虚拟计算机、存储、网络等计算资源，客户利用该等资源可以部署或运行操作系统、数据库和引用软件等，而无须再购买 IT 硬件。从这个角度来说，IaaS 允许客户使用的软硬件规模最大，客户通过 IaaS 能够控制自己部署的操作系统、存储和应用，也能够部分控制使用的网络组件。

各大云服务商提供的虚拟云主机、云存储服务是典型的 IaaS 服务，使用者可以利用虚拟服务器运行任何自己想要的软件或应用程式，使用可调整的云计算能力。

考虑到 IaaS 模式的基本内容是向客户提供服务器、数据库系统、存储空间等资源，这与传统 IDC 业务有较高的同质性，因此一般认为，提供 IaaS 模式云计算服务需要取得《电信业务分类目录》之“B11 互联网数据中心业务”（IDC）的电信业务资质。

同时，如果经营 IaaS 云服务涉及提供互联网接入服务业务，则需要取得“B14 互联网接入服务业务”的电信业务资质；如果涉及通过网络平台提供信息处理等服务的，还需要取得“B25 信息服务业务”的电信业务资质。

4. 私有云的特殊性

根据云计算平台的客户范围不同，云计算可以分为公有云、私有云、混合云、社区云等部署模式。其中，私有云是云服务提供商为某特定客户提供的定制化服务，根据客户的要求搭建相应软件资源后，可能根据客户要求提供进一步的存储等云服务。基于私有云的“客户定制性”这一特点，云服务提供商通过私有云提供的服务内容是多样的。

如果云服务提供商仅仅通过私有云向客户提供了软件、硬件资源以及平台/系统的搭建等服务，而没有涉及上述 SaaS、PaaS、IaaS 所涉任何一项电信服务（如未提供云存储、平台处理服务），此时，云服务提供商实际上只是向客户提供了技术服务，而不涉及电信服务，因此也不需要取得相应的电信业务资质。需要注意的是，由于私有云“客户定制性”的特性以及云服务内容的不同，对于云服务提供商提供私有云服务是否涉及电信业务资质监管，还需要具体甄别、判断。

第三章

互联网平台文件的效力

一、互联网平台中的文件与合同

实体经济活动中，交易各方往往需要签订各类合同文件以明确其权利、义务。在互联网平台经济活动中，用户注册协议、个人信息保护政策（隐私政策）、服务条款、平台规则、网站声明等也是各类平台常见的文件（详见图3－1、图3－2、图3－3）。

◇ 示例3－1 在某电子商务平台上注册账号时，用户需要同意其注册协议和隐私政策

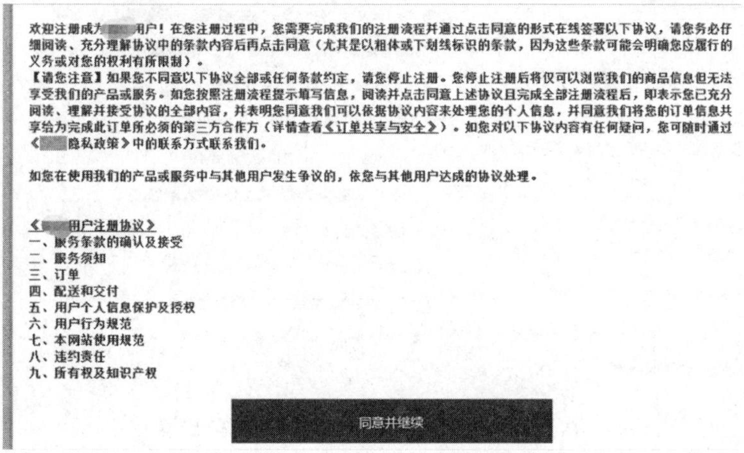
欢迎注册成为[redacted]用户！在您注册过程中，您需要完成我们的注册流程并通过点击同意的形式在线签署以下协议，请您务必仔细阅读、充分理解协议中的条款内容后再点击同意（尤其是以粗体或下划线标识的条款，因为这些条款可能会明确您应履行的义务或对您的权利有所限制）。
【请您注意】如果您不同意以下协议全部或任何条款约定，请您停止注册。您停止注册后将仅可以浏览我们的商品信息但无法享受我们的产品或服务。如您按照注册流程提示填写信息，阅读并点击同意上述协议且完成全部注册流程后，即表示您已充分阅读、理解并接受协议的全部内容，并表明您同意我们可以依据协议内容来处理您的个人信息，并同意我们将您的订单信息共享给为完成此订单所必须的第三方合作方（详情查看《订单共享与安全》）。如您对以下协议内容有任何疑问，您可随时通过《[redacted]隐私政策》中的联系方式联系我们。

如您在使用我们的产品或服务中与其他用户发生争议的，依您与其他用户达成的协议处理。

《[redacted]用户注册协议》
一、服务条款的确认及接受
二、服务须知
三、订单
四、配送和交付
五、用户个人信息保护及授权
六、用户行为规范
七、本网站使用规范
八、违约责任
九、所有权及知识产权

同意并继续

图3－1 某电子商务平台的注册协议

目录

一、我们如何收集和使用您的个人信息

个人信息是指以电子或者其他方式记录的能够单独或者与其他信息结合识别特定自然人身份或者反映特定自然人活动情况的各种信息。本隐私政策中涉及的个人信息包括：基本信息（包括个人姓名、生日、性别、住址、个人电话号码、电子邮箱）；个人身份信息（包括身份证、军官证、护照、驾驶证等）；面部特征；网络身份标识信息（包括系统账号、IP地址、邮箱地址及与前述有关的密码、口令、口令保护答案）；个人财产信息（交易和消费记录、以及余额、[redacted]、优惠券、[redacted]游戏类兑换码等虚拟财产信息）；通讯录；个人上网记录（包括网站浏览记录、软件使用记录、点击记录）；个人常用设备信息（包括硬件型号、设备MAC地址、操作系统类型、软件列表唯一设备识别码（如IMEI/android ID/IDFA/OPENUDID/GUID、SIM卡IMSI信息等在内的描述个人常用设备基本情况的信息））；个人位置信息（包括行程信息、精准定位信息、住宿信息、经纬度等）；

个人敏感信息是指一旦泄露、非法提供或滥用可能危害人身和财产安全，极易导致个人名誉、身心健康受到损害或歧视性待遇等的个人信息，本隐私政策中涉及的个人敏感信息包括：您的财产信息（包括交易记录及[redacted]余额、[redacted]优惠券、[redacted]等虚拟财产信息）；面部识别特征；个人身份信息（包括身份证、军官证、护照、驾驶证、户口本）；网络身份识别信息（包括账号、邮箱地址及与前述有关的密码口令的组合）；其他信息（包括通讯录、行程信息、网页浏览记录、住宿信息、精准定位信息）。

我们仅会出于以下目的，收集和使用您的个人信息：

图 3－2　某电子商务平台的隐私政策

◇ 示例 3－2 某智能手机销售平台向用户公示了其服务政策

服务政策

售后机的服务规定

移动电话机商品修理更换退货责任规定

微型计算机商品修理更换退货责任规定

部分商品修理更换退货责任

消费者权益保护法

包修期外维修费用基准

售后机的服务规定

不接收由于顾客自行改装或加装其他功能或设备后出现故障的机器。

包修卡及购买发票一经涂改，包修即行失效。

每次维修时由维修中心负责人员核对机器制造编号及包修证书。

请顾客妥善保存购机发票和包修证书一同作为包修凭证，遗失不补。

属于下列情况之一者，实行收费修理。

消费者因使用、维护、保管不当造成损坏的；

非[redacted]授权维修中心人员拆动造成损坏的；

包修凭证上的型号与修理产品型号不符或者涂改的；

因不可抗拒力造成损坏的；

未按说明书的要求操作机器所引起的故障；

因移动或跌落而造成的故障、划伤或破损。

图 3－3　某智能手机销售平台的服务政策

这些平台文件，从内容上看，有的侧重于交易安排，如用户注册协议，约定交易步骤和平台的各参与方以及各自的权利、义务；有的侧重于平台管理，如平台规则，规定各主体在平台上进行活动应当遵守的行为准则和规范。从名称上看，有的文件合同属性明显，如用户注册协议；有的文件可能不会被认为是合同。**但是，这些协议、规则、条款、声明等文件，一旦由平台发布并由经营者、用户等各方接受，其本质上可能都属于合同或者对平台有约束力的文件**。

因此，**平台方在准备和使用这些文件时，应当将其作为合同对待**。平台方需要关注这些文件的内容是否合法、清晰、明确，以确保能无异议地约定相关方的权利和义务，有效地为互联网平台经济活动各方目的服务。特别是，与实体经济活动不同，互联网平台文件往往由平台方事先拟订，以网络在线方式签订，供用户在使用平台相关服务和功能前确认、接受。因此，这些平台文件不仅具有合同属性，而且符合格式条款合同的特征。

同时，区别于传统线下交易中的口头合同和以纸质文件为载体的书面合同，这些通过互联网签订的合同以数据电文为载体，是电子合同。由于电子合同在签订方式、使用的签名/印章、形成的合同文本的外观等方面与传统线下合同有明显的区别，电子合同的可靠性、有效性也是需要关注的重点。

本章结合互联网平台的特点，讨论电子合同涉及的格式条款、合同订立及其效力认定、证据的效力等法律实务问题。

二、含有格式条款的电子合同

格式条款是当事人预先拟订，并在订立合同时未与对方协商的条款。与互联网平台经济方便快捷、开放共享的特点相适应，含有格式条款的电子合同在互联网平台交易活动中被平台方广泛运用。用户在使用平台相关服务和功能时，没有与平台方协商的机会，基于“要么全部接受，要么全部拒绝”而接受平台方事先拟订的电子合同，这些电子合同几乎都属于格式条款合同。

法律对格式条款的效力有明确规定，也规定了提供格式条款的一方在使用格式条款时的特别义务。作为提供格式条款的一方，平台方在拟订这些平台文件时应当关注以下几方面事项。

（一）格式条款的内容

作为提供格式条款的一方，平台方应当关注格式条款的内容，避免格式条款无效的风险，并确保格式条款的内容清楚、明确，以免与用户对格式条款的理解发生争议时，相关格式条款被作出不利于平台方的解释。

1. 关于格式条款约定事项的要求

格式条款不合理地免除或减轻提供格式条款一方的责任、加重对方责任、限制对方主要权利或排除对方权利的，该格式条款无效。因此，作为提供格式条款的一方，平台方应当关注电子合同的内容是否存在上述格式条款而存在无效的风险。

◇ 案例3－1 袁某某与长春亿美商贸有限公司、浙江天猫网络有限公司网络购物合同纠纷[①]

【基本案情】

袁某某因在浙江天猫网络有限公司经营的天猫商城上购买长春亿美商贸有限公司销售的产品而产生纠纷。袁某某向合同履行地法院湖南省绥宁县人民法院起诉。被告长春亿美商贸有限公司在提交答辩状期间，对管辖权提出异议，认为袁某某购买产品时购物合同约定，“如因产品及其描述产生纠纷，则由双方协商解决或提交临沂市兰山区人民法院解决；如不同意本约定则请勿购买，所有购买者视为已同意本约定”，因此，本案应当由临沂市兰山区人民法院管辖。

【裁判要点】

本案一审法院经审查认为，本案系网络购物合同纠纷，被告长春亿美商贸有限公司使用格式条款与消费者订立管辖协议时用粗体字“购买特别约定”“各位亲们”提请消费者注意发生争议时由买卖双方协商解决或提交卖

---

① 民事裁定书文号：（2019）湘05民辖终80号。

方产品发货地兰山区人民法院诉讼解决。被告长春亿美商贸有限公司已采取合理方式明确提请原告袁某某注意本案的管辖。因此，一审法院裁定移送山东省临沂市兰山区人民法院处理。袁某某不服一审裁定，提起上诉。

本案二审法院经审查认为，虽然被上诉人长春亿美商贸有限公司在网页上用粗体字标注发生消费争议时提交卖方产品发货地兰山区人民法院诉讼解决。但对于原告来说，其居住地与被告发货地往往相隔甚远，如果要到被告住所地起诉，原告就要负担大量额外的、相比货物价格明显不合理的差旅费用和时间，这不仅会使原告的诉讼成本大大增加，甚至会导致诉讼权利无法正常实现。《合同法》第40条规定，“格式条款具有本法第五十二条和第五十三条规定情形的，或者提供格式条款一方免除其责任、加重对方责任、排除对方主要权利的，该条款无效”。因此，二审法院认为袁某某关于“长春亿美商贸有限公司的格式条款因加重对方责任，排除对方主要权利，应当认定无效条款”的上诉理由成立，二审法院予以支持。因此，二审法院撤销一审裁定，裁定本案由湖南省绥宁县人民法院管辖。

【案例评析】

本案中，袁某某与长春亿美商贸有限公司签订的购物合同中的仲裁条款属于格式条款。长春亿美商贸有限公司是提供格式条款的一方，其提供的仲裁条款加重了袁某某的责任，排除袁某某主要权利，因此被人民法院认定为无效条款。

2. 格式条款约定明确、无歧义

平台方提供电子合同时，还应当确保相关条款的内容意思明确、没有歧义。如果格式条款的意思不明确，平台方与用户对其理解发生争议、对格式条款有两种以上解释时，相关格式条款可能被人民法院或仲裁机构作出不利于提供格式条款一方的解释，从而给平台方带来风险。

◇ 示例3－3 对某电信运营商《入网协议》的审查

某电信运营商拟在其网上商城公示相关电信业务的《入网协议》，要求用户在网上商城办理相关电信业务入网时签订。

《入网协议》的“用户承诺”部分约定：“用户承诺在网24个月。协议期为激活次月生效，至24个月结束。协议期内，用户不可降低入网时所选套餐档位，99元套餐可变更为199元套餐，但不允许变更为其他套餐。”

律师在审查上述合同时，发现协议条款有多处约定不明和存在理解歧义的地方。例如，“在网24个月”是指连续在网24个月，还是累计在网24个月而不论该期间是否连续？“协议期为激活次月生效”中的“激活”是指什么？“99元套餐”“199元套餐”的具体内容是什么？然而，《入网协议》未对上述内容做进一步明确。

经向该电信运营商进一步了解后，律师对上述条款做进一步修改：“用户订购本协议约定的业务套餐的，应当自号卡激活次月起连续在网24个月（以下简称‘协议期’）。协议期内，用户不可降低入网时所选套餐档位。用户订购99元套餐的，协议期内可变更为199元套餐，但不得变更为本规则99元套餐、199元套餐以外的其他套餐”，并增加了关于“99元套餐”“199元套餐”的定义及简称约定。

平台方在制定、发布、更新各类业务经营相关的电子合同时，应当确保不同电子合同之间就同一事项的约定相统一或者协调，避免冲突。如合同版本更新调整，平台方应当通知合同相对方、经合同相对方同意，并保留其已履行通知或取得合同相对方同意的证据。

◇ 案例3-2 东润（唐山）网络科技有限公司与北京百度网讯科技有限公司、唐山泉明科技有限公司网络购物合同纠纷[①]

【基本案情】

案外人陶某向北京百度网讯科技有限公司（以下简称百度公司）网购了购物卡四张，总面值1930元。但因被告唐山泉明科技有限公司（以下简称泉

① 判决书文号：(2017) 冀0225民初10238号。

明公司）与被告百度公司之间发生争议，泉明公司拒绝向陶某供货。后陶某与原告东润（唐山）网络科技有限公司（以下简称东润公司）签订《债权转让协议》，约定陶某将因网购和谐购物卡未能实际取得所购商品而对百度公司享有的上述债权一并转让给东润公司。东润公司诉至法院，要求百度公司返还1930元货款。

百度公司辩称，百度公司制定了《团购交易服务规则》等规则并在平台上进行了公示。其中，《团购交易服务规则》第3.2条约定，“若团购交易涉及验证后商户另行发货（包括但不限于到店自取、邮寄送达、商户发送兑换码等）的，百度糯米电子凭证验证成功即视为百度糯米已履行全部义务。如因商户未提供商品或服务等义务，或因提供的商品或服务等与用户发生争议，用户应在第一时间联系商户解决，百度糯米不对商户本身的经营行为承担法律责任”；第3.3条约定，“发生以下情况时，经百度糯米确认情况属实的，百度糯米将代商家向用户退款：3.3.1.3、用户团购成功后，因商户原因未能在团购有效期内验证糯米券……”百度公司辩称，原告主张的购物卡已经实际兑付，不存在商户拒绝消费者使用购物卡、商户提供的产品与承诺不符或者存在质量问题等情形，泉明公司拒绝交付陶某使用购物卡购买的商品与陶某通过第三方平台百度糯米购买和使用购物卡无关，相关事实并不符合百度糯米承诺“先行赔付”的条件，原告以此要求百度公司退还货款并支付利息缺乏事实和法律依据。

而原告东润公司提供的《团购交易服务规则》中售后保障一条规定，“发生以下情况时，百度糯米将代商家向用户退款：c、用户团购成功后，因商户原因未能在团购有效期内提供服务或拒绝提供服务的……”因此原告东润公司认为，在泉明公司拒绝交付陶某使用购物卡购买的商品时，百度公司应当退还货款。

【裁判要点】

对原告与被告提供的《团购交易服务规则》中的差异相关条款，法院认为，被告百度公司未能提供有效证据证明合同条款发生变更且变更发生于陶某与百度公司交易之前，同时被告百度公司作为合同格式条款的提供方，应承担对其不利的解释，故被告百度公司应依据合同在商户拒绝提供服务时承担退款责任，并在商户拒绝提供服务时即2016年2月15日起按中国人民银行确定的同期贷款利率支付相应的利息至款付清日止。

因此，本案法院判决被告百度公司、泉明公司在本判决生效之日起10日内向原告东润公司返还购物款1930元并支付相应的利息，利息自2016年2月15日起按中国人民银行确定的同期同类贷款利率计算至款付清日止。

【案例评析】

本案中，原告与被告所提供的涉案电子合同均为百度公司制定的格式条款，百度公司在关于同一事宜的电子合同更迭时，没有约定清楚新旧文件的效力关系，从而导致不同的电子合同条款对同一情形下百度公司的责任作出了不同的规定。在此情况下，人民法院作出不利于提供格式条款一方（百度公司）的解释，要求百度公司依据合同约定承担退款责任。

（二）平台方的提示和说明义务

除了关注格式条款内容外，为避免平台方提供的电子合同无效或被撤销，平台方还需要注意在使用相关电子合同时履行相应的提示和说明义务。

平台方采用格式条款订立合同的，应当遵循公平原则确定当事人之间的权利和义务，并采取合理的方式提请对方注意免除或者限制其责任等与对方有重大利害关系的条款，按照对方的要求，对该条款予以说明。如果平台方没有遵守上述提示和说明义务，导致对方没有注意免除或者限制其责任等与对方有重大利害关系的条款，对方当事人可以主张该格式条款无效或撤销该格式条款，从而使该格式条款无法成为合同的内容。因此，平台方作为提供格式条款的一方，应当“采取合理方式”提请用户注意和向用户说明相关免责条款。

在传统的以纸质文件为载体的书面合同的签订场景中，平台方在合同订立时采用足以引起对方注意的文字、符号、字体等特别标识，并按照对方要求对格式条款予以说明，一般都可以被视为已“采取合理方式”履行提示和说明义务。

然而，通过互联网在线签约的场景下，平台方所提供的电子合同几乎全文均为格式条款。在此情况下，平台方仅通过文字、符号、字体等特别标识突出格式条款的，未必能符合前述“采取合理方式”履行提示和说明义务的要求。

◇ 案例3－3 孙某某与江苏苏宁易购电子商务有限公司管辖纠纷[①]

【基本案情】

因在苏宁易购网站购买彩色激光打印机产生纠纷，孙某某将苏宁易购运营者江苏苏宁易购电子商务有限公司（以下简称苏宁易购公司）诉至法院。苏宁易购公司对本案管辖权提出异议。苏宁易购公司认为，孙某某注册苏宁易购账户时在线签署的《网站会员章程》第13条规定，“若就会员章程的订立和履行等事宜产生争议的，双方均一致同意将相关争议提交江苏苏宁易购电子商务有限公司所在地相应级别的法院管辖”；该条文已加粗提醒孙某某且符合《民事诉讼法》第34条[②]有关规定，因此本案应当由南京市玄武区人民法院管辖。

【裁判要点】

一审法院认为，《网站会员章程》中关于以苏宁易购公司所在地相应级别的法院管辖的规定，排除了以合同履行地即本案中孙某某住所地法院管辖，一定程度上加大了孙某某主张诉讼权利的成本，对其而言无法谓之公平、合理。苏宁易购公司以自行制定规则、网站对外公示的方式，对其中协议管辖条款作出的规定，有赖于相对方必须准确地查阅到现行规则，并在大量信息

---

① 民事裁定书文号：（2015）苏中民辖终字第00253号。

② 《民事诉讼法》第34条规定，合同或者其他财产权益纠纷的当事人可以书面协议选择被告住所地、合同履行地、合同签订地、原告住所地、标的物所在地等与争议有实际联系的地点的人民法院管辖。

中予以检视获悉，而无法直观并显而易见知晓。因此，一审法院认为，涉案条文加粗方式不足以认定苏宁易购公司已采取合理方式提请孙某某注意，故本案协议管辖条款对孙某某不具有法律约束力，驳回苏宁易购公司提出的管辖异议。

苏宁易购公司不服一审法院判决，提出上诉。

二审法院认为，苏宁易购公司尚未尽到合理提请消费者注意的义务。首先，字体加黑方式能够引起消费者合理注意的前提是与其他条款字体明显不同，而根据苏宁易购公司提供的经过公证的《网站会员章程》网页打印件，《网站会员章程》内容共计12页，每一页均有多条黑体标示条款，其中共达6页中的黑体标示条款明显多于非黑体字条款。因此，经过字体加黑的管辖权条款与其他条款并无明显区别，未起到提请消费者合理注意的作用。其次，由于网站页面与纸质介质存在差异，纸质介质通过加黑或字体变化方式容易引起消费者注意，但网站页面本身内容丰富，消费者浏览时注意力容易被分散，故在网站页面上字体加黑方式的提示注意功能降低。网站经营者有更多更有效的提请注意方式如弹出式页面等可供选择，理应根据实际情况采用合理的提请注意方式。综上所述，苏宁易购公司在《网站会员章程》中载明的管辖权条款，因苏宁易购公司未能采取合理方式提请消费者注意，对本案当事人不具有法律约束力。因此，二审法院驳回苏宁易购公司的上诉，维持原裁定。

从上述案例可以看出，即使提供格式条款的平台方已经采取特别的文字、符号、字体等特别标识突出相关格式条款，但是，如果该等标识未实际起到足以引起对方注意的效果的，则不足以证明平台方已履行提示和说明义务。如果该格式条款存在免除平台方责任、加重对方责任、排除对方主要权利的，该条款无效。

因此，**平台方提供免除或者限制平台方责任的格式条款时，需要从用户体验角度审查相关格式条款的呈现方式是否实际起到足以引起对方注意的效**

果。否则，平台方存在被认定为未尽提示和说明义务，从而导致相关格式条款被撤销或被认定为无效的风险。

三、平台电子合同的订立及效力认定

互联网平台运营中涉及多方主体，各主体之间通常通过互联网在线签约方式签订合同等一系列法律文件，以明确各自的权利义务关系。由于在线签约的签约方式、所使用的签名/印章、所形成的合同文本的外观等方面与传统线下签约有明显的区别，与线下签约相比，通过互联网订立的电子合同[①]的可靠性、有效性是合同主体普遍关心的问题。

（一）电子合同的订立

合同订立，是指缔约人作出意思表示并达成合意的状态，[②] 包括为订立合同进行接触及洽商（如发出要约邀请、要约、承诺）的动态行为过程，以及达成合意、订立合同（如经当事人签署而形成合同书）这一静态结果。对于电子合同而言，订立合同的动态行为一般通过电子数据交换、电子邮件等方式进行，所形成的合同书等静态结果以数据电文的形式存在。

与传统纸质合同相比，电子合同是对合同外在形式的改变，但并不改变合同订立和成立、生效和有效的条件。以下就对电子合同涉及的要约、承诺、合同效力等问题进行具体分析。

合同的订立，可以采取要约、承诺方式。要约是希望和他人订立合同的意思表示，该意思表示应当内容具体确定，并表明经受要约人承诺后要约人即受该意思表示约束。容易与要约这一概念混淆的是要约邀请。要约邀请是希望他人向自己发出要约的意思表示，如寄送价目表、拍卖公告、招标公告、

① 一般理解的电子合同是指以数据电文形式订立的合同。根据《电子签名法》第2条第2款的规定，数据电文是指“以电子、光学、磁或者类似手段生成、发送、接收或者储存的信息”。本书中“电子合同”特指通过互联网订立的合同。

② 崔建远著：《合同法》（第3版），北京大学出版社2016年版，第36页。

招股说明书、证券募集说明书、基金招募说明书、商业广告，但是，商业广告和宣传的内容符合要约规定的，视为要约。

要约邀请、要约、承诺的区分本身就比较复杂，在电子订约环境下就更具难度。例如，开放的互联网网站上的网页广告和商品展示信息属于要约邀请还是要约？网站数据电文系统、应用程序自动提供的信息是否构成要约、承诺？在电子合同项下，要约邀请、要约、承诺的区分对确定合同是否成立及表意人是否受其约束仍然有重要的意义。

我们可以通过示例3－4这样一个常见的订立电子合同的场景进行讨论。

◇ 示例3－4 一个常见的订立电子合同的场景

王某想购买一件外套，于是登录A电商网站选购。王某点击进入某冲锋衣外套商品页面，A网站运营者在页面上张贴了几种不同颜色冲锋衣的图片和尺码等信息（步骤一），王某看后很满意，决定购买；王某点击页面上的"购买"按钮，屏幕上弹出页面，要求王某选择颜色、尺码、件数，王某一一选择后，页面显示有货且一件外套的价格为299元（步骤二）；王某点击"确认订单"，页面跳转至B支付平台，王某按照指示支付299元（步骤三）；支付完成后，页面跳转回A电商网站，王某可以看到自己刚刚支付完成的这笔订单的所有订购和支付信息（步骤四）。王某可以静待这件外套的到来。

在以上场景中，步骤一的页面内容是向不特定的网站用户展示的商品信息，其中不包括确定的数量、价款等信息。步骤二中，王某选择需要订购的商品的颜色、尺码、数量，属于要约邀请，网站系统接受王某的选择后显示有货并显示具体价格，则构成对王某的要约。步骤三中，王某点击"确认订单"应视为接受要约、作出承诺。在王某点击"确认订单"（作出承诺）时，王某和A网站运营者之间的买卖合同订立。王某的付款行为是在履行合同义务。步骤四中页面显示的订单信息为双方之间的合同内容。

从对交易步骤的分析可见，在步骤三完成后，合同成立并生效，如果A网站运营者以缺货等原因拒绝向王某配送商品，则构成对王某的违约。

对于要约邀请、要约、承诺，相关法律规定中亦有区分。例如，《联合国国际合同使用电子通信公约》（UECIC）第 11 条规定："通过一项或多项电子通信提出的订立合同提议，凡不是向一个或多个特定当事人提出，而是可供使用信息系统的当事人一般查询的，包括使用交互式应用程序通过这类信息系统发出订单的提议，应当视作要约邀请，但明确指明提议的当事人打算在提议获承诺时受其约束的除外。"我国《电子商务法》第 49 条规定："电子商务经营者发布的商品或者服务信息符合要约条件的，用户选择该商品或者服务并提交订单成功，合同成立。当事人另有约定的，从其约定。电子商务经营者不得以格式条款等方式约定消费者支付价款后合同不成立；格式条款等含有该内容的，其内容无效。"

当然，互联网平台运营有各种各样的方式和可能，具体业务流程的差别可能会影响关于电子合同是否订立、何时订立以及哪些内容构成合同内容的判断。对此，可以结合相关规定具体分析。

（二）电子合同形式对合同效力的影响

以数据电文形式订立的电子合同符合合同的法定形式，属于以书面形式订立的合同，并不因其采用数据电文形式而当然无效。电子合同是否有效[①]需要根据法律关于合同效力的一般性要求具体判断。

1. 电子合同生效的一般要件

与传统纸质合同相比，电子合同是对合同外在形式的改变，但并未改变合同生效的实质条件。在缔约主体方面，订立电子合同的当事人应当具有相应的民事能力；在缔约程序方面，如无特殊生效条件，电子合同的订立采取要约、承诺方式的，承诺生效时合同成立暨生效，采取合同书形式的，合同自各方当事人签字或盖章时成立暨生效；在合同内容方面，如不存在合同法

① 严格来说，"合同生效"和"合同有效"的含义并不等同，但由于二者的差异与本书的讨论无关，本书对二者不做区分。

定无效的情形，则合同合法有效。

与传统纸质合同相比，电子合同在当事人是否具有民事能力，要约、承诺的作出或者合同书中的签字盖章是否是当事人本人的真实意思表示等问题上有其特性。

2. 对“本人”的认定以及对订立电子合同民事能力的判断

当事人通过互联网作出的签订电子合同等行为需要受到法律约束，这一点与在实体经济中并无不同。但是，在网络虚拟空间中确定用户的真实身份和法律资格的方式，则与实体空间存在很大不同。

实践中，互联网平台一般会要求用户通过注册账户的方式使用网络服务，网络账户成为用户在网络虚拟空间中的身份代表。早期，用户在网上注册账户使用的用户名通常为自定义的昵称或者电子邮箱地址，互联网平台并不要求用户提供其真实身份信息。当用户与平台发生纠纷时，用户真实身份的确认存在困难。随着相关法律法规的完善，要求用户使用互联网服务时提供真实身份信息。例如，《网络安全法》第 24 条第 1 款规定：“网络运营者为用户办理网络接入、域名注册服务，办理固定电话、移动电话等入网手续，或者为用户提供信息发布、即时通讯等服务，在与用户签订协议或者确认提供服务时，应当要求用户提供真实身份信息。用户不提供真实身份信息的，网络运营者不得为其提供相关服务。”

对于通过身份验证的用户，平台可以确认其身份以及是否具有民事能力，是否可以使用平台服务、与平台方签署服务协议并达成交易。实践中，平台方对用户进行真实身份信息验证的方式有所不同。一种常见的方式是要求用户使用手机号码注册。由于我国移动电话入网实行真实身份信息登记制度，手机号码与用户身份的对应性较高。而另一种更为严格的身份验证方式则是要求用户提供身份证号码等具有唯一性的身份信息进行比对。

但是，身份验证并不能完全排除账号使用过程中被他人使用、行为人不是当事人本人或者不具备相应民事能力的可能性。例如，不具备或不完全具备民事能力的未成年人使用父母的手机和网络账户进行购物、转账等操作，事后，父母对子女的行为不予承认，并向互联网平台要求返还子女支出的款项。

对此，我国立法机关已经关注到互联网环境下确认当事人身份和民事能力的现实困难，《电子商务法》特别规定，除有相反证据足以推翻外，在电子商务中推定当事人具有相应的民事行为能力。[①]

实务操作中，平台方可以借助更多的技术手段，采取措施（如通过人脸识别方式将用户面部特征与身份证照片进行比对）降低相关风险。

◇ 案例3-4 严某某与重庆市阿里巴巴小额贷款有限公司小额借款合同纠纷[②]

【基本案情】

2014年3月至2015年3月，原告重庆市阿里巴巴小额贷款有限公司（以下简称阿里巴巴公司）为出借人，被告严某某为借款人，双方网络在线签订数份贷款金额不等的《淘宝信用贷款合同》，2014年3月8日至2015年3月1日，阿里巴巴公司按约向严某某支付宝账户内汇入相应贷款金额。至合同约定的期限均已届满时，严某某仍拖欠原告869,224.69元及利息49,870.46元、罚息等。

严某某主张，自己跟阿里巴巴公司之间未形成小额借款合同关系。理由如下：(1) 阿里巴巴公司提供的所谓涉案支付宝账户的实名认证信息存在作假。(2) 阿里巴巴公司提供的证据显示涉案支付宝账户现在绑定的手机号码不是严某某的手机号码。(3) 即使涉案支付宝账户系由严某某申请，但申请人和实际使用人并没有必然的一致性。支付宝账户毕竟只是一个网络用户名和密码，网络账户存在极大的不真实性和随意性，支付宝账户的实际使用者与申请者完全可能存在不一致的可能性，阿里巴巴公司作为金融机构，完全有能

---

① 《电子商务法》第48条。

② 一审民事判决书文号：(2016) 浙0108民初1346号；二审民事判决书文号：(2016) 浙01民终6465号。

力也有义务在发放贷款时对贷款申请人的真实身份及资质进行真实性审核，但阿里巴巴公司并未提供任何证据表明其对贷款申请人的身份进行过核实。

【裁判要点】

一审法院认为，根据法院查明的事实，贷款合同的签订需要通过实名认证的支付宝账户，并输入支付宝密码的方式进行申请。而本案贷款账户为ID：20××××42的支付宝账户，该支付宝账户户名为严某某，通过了支付宝（中国）网络技术有限公司的实名认证。账户的实名认证方式为，“银行卡与支付宝账户绑定，需要通过银行卡预留的手机号码收到验证信息，并在支付宝中登录验证信息”，严某某一直掌握尾号9454手机号码，上述绑定的操作行为，应当被认定为严某某本人或者由严某某本人授权申请。在严某某本人或者由严某某本人授权支配下的支付宝账户向阿里巴巴公司申请贷款，自应当由严某某本人负责，或者是由严某某本人授权下的案外人的行为，法律后果归授权人即严某某承受。阿里巴巴公司请求严某某承担归还贷款的法律责任，于法有据，该院予以支持。判决严某某于判决生效之日起10日内归还阿里巴巴公司借款本金869,224.69元，支付利息49,870.46元，支付罚息。

二审法院认为，案涉贷款账户为通过了支付宝（中国）网络技术有限公司实名认证的严某某的账户。该账户注册登录的账户信息为严某某的个人信息，绑定的手机号为严某某的手机号，账户绑定及实名验证使用的银行账户为严某某的招商银行账户，故案涉贷款应认定为系由严某某本人或者由严某某本人授权支配下的支付宝账户向阿里巴巴公司申请，该行为后果应由严某某承担。判决驳回上诉，维持原判。

【案例评析】

法院判决认为，严某某通过认证了其个人信息的账户签订贷款合同、申请贷款，应认定为严某某本人或者经严某某本人授权的行为，即认可了经身份认证的网络账户与当事人身份及应承担的法律责任之间的对应关系。严某某未能提出相反的证据证明签订贷款合同、申请贷款的行为非其本人作出。判决结果亦体现了《电子商务法》第48条的原则：“电子商务当事人使用自动信息系统订立或者履行合同的行为对使用该系统的当事人具有法律效力。在电子商务中推定当事人具有相应的民事行为能力。但是，有相反证据足以推翻的除外。”

3. 电子签名与真实意思表示的认定

“合同须有特定性，在以纸质为载体的书面合同场合，其特定性通过当事人双方的签名或盖章来体现。签名，通常是指签署者在文件上手写签字。手写签名或盖公章有三种功能：一是表明合同各方的身份，二是表明接受合法约束的意愿，三是在发生纠纷时作为证据，保证交易的安全。”① 在电子订约环境下，当事人不在纸质文件上签字、盖章，而是通过各种电子形式、数据电文形式（电子签名）② 作出要约、承诺或签署合同书。

常见的互联网电子签名方式有点击/勾选同意，密码/密钥，在智能设备上手写签名、生物识别技术（指纹信息、面部信息），经认证的数字签名等。电子签名是否可靠、有效是影响电子合同效力的关键因素，电子签名是否能够达成上述表明身份、作出意思表示并作为证据留存的功能，是人们普遍关心的问题。

（1）可靠的电子签名与手写签名或者盖章具有同等法律效力。

可靠的电子签名与手写签名或者盖章具有同等法律效力，③ 可以视为代表当事人的真实意思表示。根据《电子签名法》第 13 条，可靠的电子签名应当符合以下条件：①电子签名制作数据用于电子签名时，属于电子签名人专有；②签署时电子签名制作数据仅由电子签名人控制；③签署后对电子签名的任何改动能够被发现；④签署后对数据电文内容和形式的任何改动能够被发现。

---

① 崔建远著：《合同法》（第 3 版），北京大学出版社 2016 年版，第 77 页。

② 《电子签名法》第 2 条规定：“本法所称电子签名，是指数据电文中以电子形式所含、所附用于识别签名人身份并表明签名人认可其中内容的数据。本法所称数据电文，是指以电子、光学、磁或者类似手段生成、发送、接收或者储存的信息。”

③ 《电子签名法》第 14 条。

在网络环境下，用户通过网络账户作出电子签名、签署电子合同等相关操作一般视为用户本人行为。例如，杭州互联网法院十大典型案例之一的杭州市某某小额贷款股份有限公司诉李某某小额借款合同纠纷案中，法院认可借款人、贷款人在某贷款 APP 通过点击同意等方式作出意思表示、达成贷款协议的效力。

但是，实践中并不能完全排除用户账户被不当使用的可能性。因此，不能完全排除用户作出的电子签名不属于用户专有专用、不由用户控制等非正常情形，这些非正常的情形将影响电子签名的可靠性、用户意思表示的真实性，进而影响电子合同的效力。

◇ 案例 3－5 刘某与李某某民间借贷纠纷[①]

【基本案情】

借贷宝平台为平台上的用户提供投融资信息发布及交易服务。李某某、刘某均系借贷宝平台的注册用户。2016 年，刘某的借贷宝账户发起借款要约，李某某在借贷宝平台上阅读并同意相关要约内容，通过自己的借贷宝账户向刘某的借贷宝账户分数次转账若干元。后刘某逾期未还款，被李某某诉至法院。

刘某辩称，自己是被诈骗，借款不是其本人操作，故其与李某某之间无借款合同关系。刘某向公安机关报案称：刘某因案外人何某谎称其姐姐在做网络贷款业务，可获得五年的免息网络贷款，于是将自己的手机、借贷宝账号密码、绑定银行卡账号密码、实名认证的手机 SIM 卡、身份证及本人手持身份证自拍照片一张交给了何某。过了几天，刘某一直没有得到贷款，后来发现自己被骗。杭州市公安局经济技术开发区分局正对其报案立案侦查。

【裁判要点】

一审法院认为，刘某的借贷宝账户是其本人注册，在注册账户时该平台会提示妥善保管账号、密码及相应的后果，刘某作为完全民事行为能力人应当知道借贷宝账户密码及其他验证资料的重要性，即使刘某是将其账号及密

① 一审判决书文号：（2017）渝 0240 民初 3300 号；二审判决书文号：（2018）渝 04 民终 1173 号。

码告知他人，委托办理相关业务，但都是以刘某的名义在进行操作借贷宝账户，无论该账户借入或是借出都应视为刘某的行为，刘某应承担以上行为的法律后果。至于受托人是否给刘某造成了损失属于另一层法律关系，刘某可以另行起诉，但并不影响本案李某某与刘某借款关系的成立。根据借贷宝注册协议和借款流程以及交易习惯，一般推定借贷宝账户的借款操作为本人作出，故出借人有理由相信是刘某本人在操作刘某借贷宝账户向其借款。关于刘某称其没有在合同上签字的抗辩意见，借款协议已经明确双方同意相关条款才进行后续借款操作，借款协议中明确载明了采用电子文本形式，故该协议视为双方同意采用电子文本形式订立借款合同。一审判决刘某在判决生效之日起20日内偿还李某某借款本金95,890元，并以95,890元为计算基数，按年利率24%支付从2016年9月10日起至实际付清之日止的逾期利息。

二审法院认为，本案是刘某、李某某通过借贷宝网络平台形成的借贷关系，刘某在注册借贷宝账户时已同意遵守借贷宝规则，双方在网络上签订借款协议时，借款协议明确双方同意相关条款才进行后续借款网络操作，借款协议还明确载明采取电子文本形式。刘某将手机、账户以及个人信息资料等交给何某在网络上操作，是经刘某授意，完成的是刘某的意思表示，应当认定为刘某完成借款在网络上的操作，刘某应当承担借款合同约定的相关义务。判决刘某在判决生效后10日内偿还李某某借款本金89,890元，并以89,890元为基数，按年利率24%计算利息，从2016年9月10日起支付至付清借款本息时止。

【案例评析】

本案中，两审法院均认为用户将个人信息、网络账户信息提供给他人，他人通过用户网络账户进行借款操作，代表用户本人的意思表示，用户应承担其法律后果。

（2）电子签名认证。

用户和平台方可以采取电子签名认证的方式提升电子签名的可靠性。电子认证服务提供者“通常称为CA（Certificate Authority），此种认证也就被称为CA认证”。[①] 电子认证服务提供者需要取得主管部门下发的业务许可方可提供服务。电子认证的基本流程和要求如下：

①电子签名人向电子认证服务提供者申请电子签名认证证书，应当提供真实、完整和准确的信息。电子认证服务提供者收到电子签名认证证书申请后，应当对申请人的身份进行查验，并对有关材料进行审查。

②电子认证服务提供者签发的电子签名认证证书应当准确无误，并应当载明下列内容：电子认证服务提供者名称，证书持有人名称，证书序列号，证书有效期，证书持有人的电子签名验证数据，电子认证服务提供者的电子签名，主管部门规定的其他内容。

③电子认证服务提供者应当保证电子签名认证证书内容在有效期内完整、准确，并保证电子签名依赖方能够证实或者了解电子签名认证证书所载内容及其他有关事项。

虽然电子认证服务是有资质的第三方机构依赖专业技术提供的认证服务，能够大大提升电子签名的可靠性；但是，需要说明的是，电子认证所采用的密码技术存在被破解的可能性，[②] 并且，通过网络账户申请和使用电子认证及经认证的数字签名，也无法完全避免网络账户被不当使用的特殊情形。

下面以作者处理过的某互联网担保平台的实例对电子合同、电子签名相关问题进行说明。

◇ 示例3－5 某互联网担保平台用户注册、真实身份认证和签署法律文件操作流程

A公司通过互联网平台开展担保业务，为保函申请人（企业用户）在线开具电子保函，并接受自然人作为反担保人（个人用户，与企业用户统称用户）

① 孙占利著：《电子订约法研究》，法律出版社2008年版，第39页。

② 根据《未来科学大奖迎首位女性得主：密码学家王小云获百万美元奖金》（澎湃新闻2019年9月7日，载https：//www. thepaper. cn/newsDetail_ forward_ 4368735，访问日期2019年11月15日），中国科学院院士王小云对MD5密码、SHA－1密码的研究“导致工业界几乎所有软件系统中MD5和SHA－1哈希函数的逐步淘汰”。MD5、SHA－1曾是数字签名广泛使用的密码技术。

为保函申请人在线提供反担保。就用户注册、真实身份认证和签署法律文件，A公司在其用于业务运营的应用程序（APP）设置了操作流程（详见表3-1）：

表3-1 某互联网平台操作流程

用户注册	企业	填写企业名称、统一社会信用代码、经办人姓名、手机号码及短信动态验证码，并以**勾选**方式签署《企业用户注册协议》完成注册
	个人	填写姓名、手机号码及短信动态验证码，并以**勾选**方式签署《个人用户注册协议》《隐私政策》进行注册
真实身份认证	企业	企业用户提供企业营业执照扫描件、企业出具的对经办人的授权委托书、经办人身份证件信息，A公司将企业信息与工商登记信息进行核对，将经办人信息提交给合法保存公民信息的机构进行核验
	个人	个人用户提供身份证件信息，APP采集个人用户的面部特征信息，并将身份证件信息和面部特征信息提交给合法保存公民信息的机构进行核验
签署法律文件	企业	（1）企业用户通过APP**向电子签名认证机构B公司申请电子印章**用于签署《保函申请书》，与B公司签署《电子认证服务协议》，B公司接受企业用户申请后为其生成电子印章； （2）《保函申请书》为A公司提供的格式文本，企业用户点击“合同签章”以及弹窗“确定要签章合同吗”中的“确定”，签署《保函申请书》； （3）APP系统自动在《保函申请书》中加盖企业用户的电子印章、生成签署后的《保函申请书》，由企业用户下载
	个人	（1）个人用户在APP查看《反担保函》文本，该文本为A公司提供的格式文本； （2）个人用户点击“签署”，APP要求采集个人用户的面部特征信息，将该面部特征信息与其预留信息比对，对其进行身份核验； （3）身份核验通过的个人用户**在手机屏幕上手写签名**、签署《反担保函》

从上述示例中的操作流程可以看出，A公司对用户真实身份和法律资格的确认、用户电子签名的有效性两方面的问题均予以关注。

在用户真实身份和法律资格的确认方面，A公司通过将企业信息与公开信息比对、将个人信息提交给合法保存公民信息的机构进行核验的方式确保用户的真实身份。在电子签名的有效性方面，A公司在不同的业务环节、结合所签署法律文件的重要性和特点，分别选择了勾选同意、电子签名认证、在智能设备上手写签名等不同的电子签名方式。

四、电子合同形式对其证据效力的影响

“在电子环境下，电文的原件与复制品无法区分，它不带有手写的签字，而且也不在纸上，欺诈的潜在可能性很大，因为很容易在不被发现的情况下截获和篡改电子形式的信息。”[①] 电子合同以数据电文形式订立，属于电子数据。[②] 电子数据易篡改、原件与复制件难以区分的特点使其作为证据的效力受到挑战。在互联网交易纠纷愈渐频发的情况下，如何判断电子合同等相关电子数据是否为原件、是否有证据效力，以及如何管理电子合同使其满足作为证据的要求，是互联网平台方需要关注的问题。

◇ 案例3－6 电子合同证据效力争议案件

2018年8月，杭州互联网法院发布了涉互联网领域的十大典型案例，其中包括关于电子合同成立与生效认定问题的案例：杭州市某某小额贷款股份有限公司诉李某小额借款合同纠纷案。2016年8月2日，被告李某手机下载注册了某信息技术有限公司运营的APP，购买该公司某车载娱乐系统产品，价款8999元。李某注册认证后进入产品分期购页面，分期购详情为：分期购业务是由某信息技术有限公司联合杭州某某互联网金融服务公司开发的分期消费服务。点击进入分期购买确认申请信息页面、确认提交进入审核状态，审核通过并安装该产品后，产品页面显示包括同意《金融还款协议》在内的信息，用户点击“提交绑定”按钮，显示“绑定成功”。其中，《金融还款协议》载明，贷款人为杭州市某某小额贷款股份有限公司。此后，被告李某共

① 孙占利著：《电子订约法研究》，法律出版社2008年版，第193页。

② 根据《最高人民法院关于适用〈中华人民共和国民事诉讼法〉的解释》（法释〔2015〕5号）第116条第2款的规定，电子数据是指通过电子邮件、电子数据交换、网上聊天记录、博客、微博客、手机短信、电子签名、域名等形成或者存储在电子介质中的信息。存储在电子介质中的录音资料和影像资料，适用电子数据的规定。

归还分期购贷款本金1499.84元，剩余本金及利息一直没有支付，遂被杭州市某某小额贷款股份有限公司诉至法院。被告李某称其未在案涉合同上签字，也没有在案涉APP上面点击确认。对此，受诉杭州互联网法院认为，借款人点击APP上设置的申请贷款等环节后提交绑定该协议，可视为其确认并接受该贷款协议。

（一）电子合同的原件要求

电子合同符合以下条件可以视为满足法律、法规规定的原件形式要求：（1）能够有效地表现所载内容并可供随时调取查用；（2）能够可靠地保证自最终形成时起，内容保持完整、未被更改。但是，在数据电文上增加背书以及数据交换、储存和显示过程中发生的形式变化不影响数据电文的完整性。①

上述条件的要点在于电子合同作为电子数据的真实性、完整性。

1. 电子数据的真实性

关于电子数据的真实性，可以考虑以下因素：（1）生成、储存或者传递数据电文方法的可靠性；（2）保持内容完整性方法的可靠性；（3）用以鉴别发件人方法的可靠性；（4）其他相关因素。②

关于在司法实践中如何审查电子数据的真实性，《最高人民法院关于互联网法院审理案件若干问题的规定》第11条进一步明确，可以着重审查以下内容：（1）电子数据生成、收集、存储、传输所依赖的计算机系统等硬件、软件环境是否安全、可靠；（2）电子数据的生成主体和时间是否明确，表现内容是否清晰、客观、准确；（3）电子数据的存储、保管介质是否明确，保管方式和手段是否妥当；（4）电子数据提取和固定的主体、工具和方式是否可靠，提取过程是否可以重现；（5）电子数据的内容是否存在增加、删除、修改及不完整等情形；（6）电子数据是否可以通过特定形式得到验证。除上

---

① 《电子签名法》第5条。

② 《电子签名法》第8条。

述内容外，当事人提交的电子数据，通过电子签名、可信时间戳、哈希值校验、区块链等证据收集、固定和防篡改的技术手段，或者通过电子取证存证平台认证，能够证明其真实性的，互联网法院应当确认。

2. 电子数据的完整性

关于电子数据的完整性的保护和审查，可以参照《关于办理刑事案件收集提取和审查判断电子数据若干问题的规定》第5条，“对作为证据使用的电子数据，应当采取以下一种或者几种方法保护电子数据的完整性：（一）扣押、封存电子数据原始存储介质；（二）计算电子数据完整性校验值；（三）制作、封存电子数据备份；（四）冻结电子数据；（五）对收集、提取电子数据的相关活动进行录像；（六）其他保护电子数据完整性的方法”。

综上所述，电子合同等相关电子数据是否能够被视为原件，需要根据电子数据的具体情况逐一甄别、判断。平台运营者对电子合同等电子数据进行保存、管理时，可以参照相关法律规定中列举的措施保障电子数据的真实性、完整性，如采取电子签名、可信时间戳、哈希值校验、区块链等技术手段，或者通过电子取证存证平台认证、对电子数据进行公证等。

实务操作中，基于内部合同管理或外部应对诉讼纠纷的需要，平台方对于电子合同的保存及其真实性、完整性往往比较关注。下面以作者处理过的某互联网金融公司案例进行说明。

◇ 示例3－6 某互联网金融公司通过第三方平台与用户签订交易文件的证据留存问题

从事互联网金融业务的A公司入驻第三方平台B平台，用户在B平台与A公司签订交易文件，相关交易数据（包括但不限于电子合同及其他交易信息，即“初始数据”）在B平台生成和保存。A公司通过数据接口方式与B平台对接，可以通过数据接口实时获得并保存B平台向其传输的交易数据（传输数据）。同时，为合同、档案管理之需，A公司会将交易文件打印后再扫描形成扫描件，在公司档案系统中保存。

就上述操作流程，A 公司咨询：(1) 扫描件能否被视为原件及其作为证据的效力；(2) 传输数据能否被视为原件及其作为证据的效力。

对此，我们认为应当根据《电子签名法》等相关规定，结合扫描件、传输数据是否具有真实性、完整性具体判断其是否属于原件，并结合其是否符合证据的真实性、合法性、关联性要求判断其证据效力。

（二）电子合同的证据效力

可以作为认定案件事实的根据的证据，应当具有真实性（能够反映案件真实情况）、关联性（与待证事实相关联）、合法性（来源和形式符合法律规定）。[①] 如果不能证明电子合同的真实性，则不能作为认定案件事实的依据。[②] 如果电子证据具有真实性、完整性、可以被视为原件（或者与原件比对一致的复制件），其作为民事诉讼证据还需要满足关于证据合法性、关联性的要求，方可被作为认定案件事实的依据。

◇ 案例 3－7 东方置业房地产有限公司与安徽省外经建设（集团）有限公司、哥斯达黎加银行、中国建设银行股份有限公司安徽省分行保函欺诈纠纷[③]

【基本案情】

2010 年 1 月，东方置业房地产有限公司（以下简称东方置业公司）作为开发方，与作为承包方的安徽省外经建设（集团）有限公司（以下简称外经集团公司）、作为施工方的中国安徽外经中美洲公司（以下简称外经中美洲

---

① 《最高人民法院关于适用〈中华人民共和国民事诉讼法〉的解释》（法释〔2015〕5 号）第 104 条。

② 《最高人民法院关于民事诉讼证据的若干规定》第 90 条规定："下列证据不能单独作为认定案件事实的根据：……（五）无法与原件、原物核对的复制件、复制品。"

③ 一审判决书文号：(2012) 合民四初字第 00005 号；二审判决书文号：(2014) 皖民二终字第 00389 号。

公司）签订了《哥斯达黎加湖畔华府项目施工合同》。

合同签订后，外经集团公司向中国建设银行股份有限公司安徽省分行（以下简称建行安徽分行）提出申请，并以哥斯达黎加银行作为转开行，向东方置业公司开立履约保函，保证事项为哥斯达黎加湖畔华府项目。随后，哥斯达黎加银行开立编号为 G051225 的履约保函，担保人为建行安徽分行，委托人为外经集团公司，受益人为东方置业公司，担保金额为 2,008,000 美元。建行安徽分行同时向哥斯达黎加银行开具编号为 34147020000289 的反担保函，承诺自收到哥斯达黎加银行通知后 20 日内支付保函项下的款项。

2012 年 2 月 7 日，因与东方置业公司产生纠纷，外经中美洲公司向哥斯达黎加建筑师和工程师联合协会争议解决中心提交仲裁请求。2 月 10 日，哥斯达黎加银行向建行安徽分行发出电文，称东方置业公司提出索赔，要求支付履约保函项下款项。

同年 2 月 23 日，外经集团公司向安徽省合肥市中级人民法院提起保函欺诈纠纷诉讼，该法院于 2 月 27 日裁定中止支付履约保函及反担保函项下款项。2 月 29 日，建行安徽分行向哥斯达黎加银行发送电文告知了原审法院已作出的裁定事由，并于当日向哥斯达黎加银行寄送了裁定书的复印件，哥斯达黎加银行于 3 月 5 日收到该裁定书复印件。

3 月 21 日，哥斯达黎加银行向东方置业公司支付了履约保函项下款项。

外经集团公司将东方置业公司诉至法院，认为其构成保函欺诈。外经集团公司于一审中提交了哥斯达黎加银行与建行安徽分行往来电文若干。对此，东方置业及哥斯达黎加银行对电文类证据的真实性提出异议，认为该数据电文存在被修改的可能。

【裁判要点】

法院认为，外经集团公司提交的上述数据电文属于 swift 电文，来源于环球同业银行金融电讯协会系统，swift 电文的密押比电传的密押安全性、保密性、可靠性更高，具有真实性、可监控性和权威性特征。同时，《电子签名法》第 5 条规定，能够有效地表现所载内容并可供随时调取查用、能够可靠地保证自最终形成时起内容保持完整、未被更改的数据电文，视为满足法律、法规规定的原件形式要求。上述数据电文储存于swift系统，可以随时查看、调取，并能以网页页面、纸质等形式进行展现，内容完整，未被人为修改，符合《电子签名法》关于数据电文可以视为证据原件的要求，且外经集团公司对涉案的swift数据电文资料进行了公证，该数据电文与待证案件事实联系紧密，具有真实性、合法性、关联性，法院予以采信。

【案例评析】

本案中，法院认可了经公证的swift电文的真实性，认为可以将其视为原件。同时，认可其作为证据的合法性、关联性，对该证据予以采信。

第四章

互联网平台的资金收付

用户在互联网平台上订购商品或服务（统称产品），电子支付是一种常见的付款方式。电子支付是指用户直接或授权他人通过电子终端发出支付指令，实现货币支付与资金转移的行为。电子支付的类型按电子支付指令发起方式分为网上支付、电话支付、移动支付、销售点终端交易、自动柜员机交易和其他电子支付。①

与一般的电子支付相比，平台方的加入使互联网平台中主体增加、模式多变、法律关系更为复杂。本章分别对自营平台模式和第三方交易平台模式下资金收付的法律问题进行讨论。

一、自营平台模式下的资金收付

（一）自营平台模式下资金收付的法律关系

自营平台模式下，平台方即商品销售者/服务提供者，其将从供应商采购的商品/服务，与自己的商品/服务整合，以自己的名义向用户销售。但

① 《电子支付指引（第一号）》第2条规定："电子支付是指单位、个人（以下简称客户）直接或授权他人通过电子终端发出支付指令，实现货币支付与资金转移的行为。电子支付的类型按电子支付指令发起方式分为网上支付、电话支付、移动支付、销售点终端交易、自动柜员机交易和其他电子支付。境内银行业金融机构（以下简称银行）开展电子支付业务，适用本指引。"

是，用户与平台方的供应商之间不存在合同关系和资金往来关系。从基础交易关系看，自营平台模式存在两个合同关系：一是供应商与平台方之间的合同关系，供应商向平台方收取交易款、开具交易款发票（合同关系1）；二是平台方与用户之间的合同关系，平台方向用户收取交易款、开具交易款发票（合同关系2）（详见图4－1）：

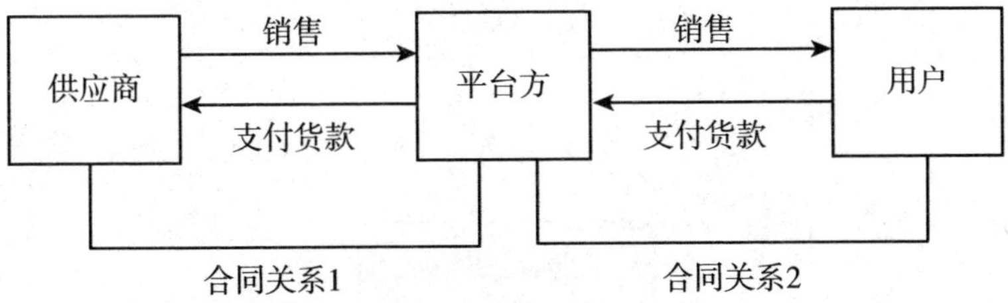

图4－1 自营平台模式下资金收付法律关系（以买卖为例）

电子支付服务的加入，在原有的基础交易关系上又叠加了电子支付关系。从电子支付关系看，主要有以下主体：一是支付服务的提供方，如非银行支付机构等第三方支付机构①（统称第三方支付机构）和银行，其中又以第三方支付机构的服务（第三方支付服务）为主，如生活中被广泛使用的支付宝、微信支付。二是支付服务的接受方，也就是基础交易的当事人，如自营平台模式下的平台方和用户，第三方交易平台模式下的经营者和用户。三是为支付服务提供辅助服务的各方，如银行、通信运营商（详见图4－2）：

---

① 银行提供电子支付服务是其金融业务的一部分，所适用的基本法律监管要求与其通过柜面等渠道提供金融服务是一致的，并非互联网平台环境中的特有问题，在此不展开介绍。第三方支付服务则是随着电子商务的发展和网络信息技术的进步逐渐发展出的独立于银行金融业务的支付结算服务，具有明显的互联网特性。例如，第三方电子支付属于电子支付，有着“无纸化”“虚拟化”“技术依赖性强”等特点，给合同法、票据法等传统法律带来了新的挑战。又如，第三方支付服务具有中介性。一方面第三方支付机构独立于基础交易的当事人，另一方面其独立于银行。特别需要关注的是，第三方支付机构并非金融机构。

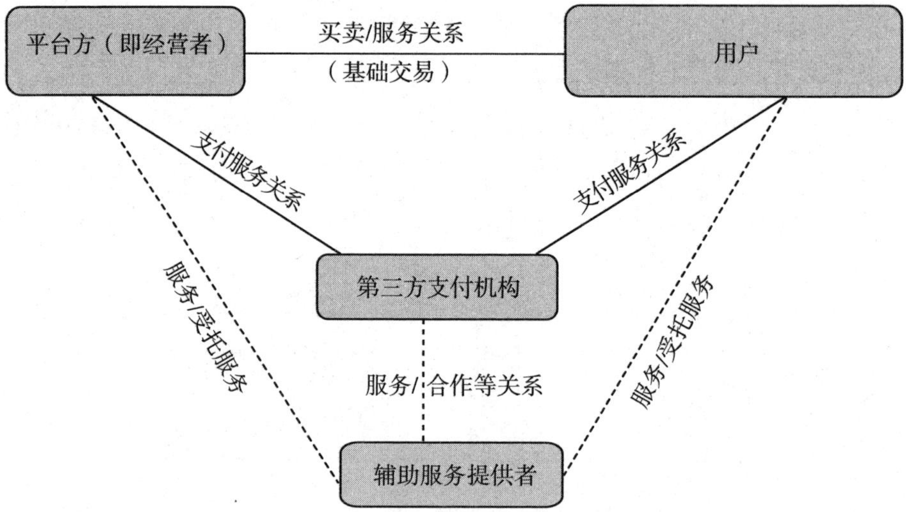

图4－2　自营平台模式下电子支付服务关系（以第三方支付机构为例）

（二）自营平台模式下资金收付的法律要点

1. 电子支付需要以存在真实、合法的基础交易为前提

电子支付的发生有赖于基础交易当事人之间交易关系的建立。如果当事人之间没有交易达成，则资金收付也就无从谈起；如果基础交易不真实、虚假，则可能影响资金收付的合法性；如果第三方支付机构不能清楚地了解基础交易的当事人、不能清楚地获得当事人发出的支付指令，则可能影响资金收付的准确性。为此，第三方支付机构通常会就基础交易的真实性向交易当事人提出要求（如示例4－1所示）。

◇ 示例4－1 某《支付服务协议》关于基础交易当事人真实交易背景的约定

个人用户张某拟于某自营电商平台购买商品，并使用B公司提供的第三方支付服务。在注册B公司账户时，张某需要与B公司签订《支付服务协议》，该协议为B公司在线提供的格式合同，其中B公司对张某与电商平台

（支付机构的商户）之间的交易真实性作出如下要求：

"用户与商户之间的交易应当具有真实的交易背景和目的。B公司如需对交易背景和目的进行了解、请用户提供相关信息或资料的，用户应当配合提供。用户与商户进行与其宣称的交易内容不符的交易或不真实的交易的，需要自行承担相关法律责任，如因此导致B公司或其他方受损的，用户需要承担赔偿责任。"

2. 第三方支付机构为基础交易各方提供支付服务应当符合法定要求

基础交易当事人作为资金的付款方和收款方，如果选择第三方支付机构的服务，则分别与第三方支付机构形成支付服务合同关系，同属于第三方支付机构的服务对象。第三方支付机构一般会与交易当事人签订服务协议，对于服务有关事项进行约定（如示例4－2所示）。

◇ 示例4－2 某《支付服务协议》关于第三方支付机构服务内容的约定

与示例4－1中的场景相同，张某与B公司签订的《支付服务协议》中有如下约定：

本协议中"支付服务"或"服务"是B公司（我们）向用户（您）提供的非金融机构支付服务，是受您委托代您收付款的资金转移服务，其中包括我们为您提供的代为收取或代为支付款项的服务。支付服务的功能有充值、提现、转账、担保交易、即时到账等。

我们可能同时为您及您的（交易）对手方提供服务，您同意对我们可能存在的该等行为予以明确豁免任何实际或潜在的利益冲突，并不得以此来主张我们在提供服务时存在法律上的瑕疵。

第三方支付机构为基础交易的各方当事人提供支付服务，应当根据《非金融机构支付服务管理办法》的要求具备相应条件[①]并依法取得《支付业务许可证》，并符合监管机构在支付机构的管理制度（用户实名制管理、支付账户开立与使用、差错争议和纠纷投诉处理、风险准备金和交易赔付、应急预案等），风控措施（用户风险评级管理、支付账户功能与限额管理、用户支付指令验证管理、交易和信息安全管理、交易监测系统等），信息披露，向监管机构的报告报送义务等方面的监管要求，履行相应的义务。否则，不排除受到监管机构处罚的风险。

◇ 案例4－1 迅付信息科技有限公司违反支付业务规定被处罚

2019年7月1日中国人民银行上海分行作出行政处罚，[②] 对迅付信息科技有限公司违反支付业务规定的行为给予警告，没收违法所得9,686,811.16元，并处罚款49,707,245.21元，合计罚没金额59,394,056.37元。对该公司相关责任人给予警告并处以罚款。

根据《中国经营报》报道，迅付信息科技有限公司成立于2000年7月，是中国一家第三方支付企业，在2011年获得中国人民银行首批《支付业务许可证》，此前曾多次因支付业务违规受到处罚。本次处罚罚没金额近6000万元，为支付行业接到过的最大金额罚单。

3. 第三方支付机构需要与银行建立业务合作关系并符合监管要求

"第三方电子支付机构由于不具有银行资格没有独立存款职能，必须依靠银行来构建自己的服务体系。"[③]

---

① 《非金融机构支付服务管理办法》第9条规定："申请人拟在全国范围内从事支付业务的，其注册资本最低限额为1亿元人民币；拟在省（自治区、直辖市）范围内从事支付业务的，其注册资本最低限额为3千万元人民币。注册资本最低限额为实缴货币资本。本办法所称在全国范围内从事支付业务，包括申请人跨省（自治区、直辖市）设立分支机构从事支付业务，或客户可跨省（自治区、直辖市）办理支付业务的情形。中国人民银行根据国家有关法律法规和政策规定，调整申请人的注册资本最低限额。外商投资支付机构的业务范围、境外出资人的资格条件和出资比例等，由中国人民银行另行规定，报国务院批准。"

② 行政处罚决定书文号：上海银罚字〔2019〕13号。

③ 李丽莎：《第三方电子支付法律问题研究》，法律出版社2014年版，第60页。

第三方支付机构与银行的合作是多方面的。例如，第三方支付机构必须且只能选择一家银行作为其备付金存款银行①（如示例4－3所示）。又如，部分用户使用第三方支付机构提供的服务是基于其银行存款账户。为此，监管机关对支付机构和银行建立业务关联所涉及的用户身份验证、技术风险控制、支付限额管理、用户赔付责任等方面均有具体要求。②

◇ 示例4－3 某第三方支付机构与某银行签订的《客户备付金存管协议》

第三方支付机构（甲方）与银行（乙方）签订《客户备付金存管协议》，对双方的合作内容约定如下：

1. 甲方选择乙方作为备付金存管银行，乙方按照监管规定，为甲方办理客户备付金的接收、存放、划转等业务，并提供相关配套服务。

2. 甲方应在乙方开立备付金专用存款账户，用于接收、存放客户备付金。甲方应当指定在乙方开立的一个自有资金账户用于办理客户备付金现金赎回、手续费收入结转等业务。

3. 备付金专用存款账户不得办理现金支取、不得购买支票等支付凭证、不得开通自助渠道的支付功能、不得与甲方指定自有资金账户以外的其他自有资金账户发生资金往来。

4. 第三方支付机构与支付服务辅助提供方之间的关系和法律责任

第三方支付机构提供支付服务过程中，还可能使用其他方的辅助服务。例如，用户进行支付过程中，支付机构使用短信动态验证码方式对用户身份

---

① 《非金融机构支付服务管理办法》第26条规定："支付机构接受客户备付金的，应当在商业银行开立备付金专用存款账户存放备付金。中国人民银行另有规定的除外。支付机构只能选择一家商业银行作为备付金存管银行，且在该商业银行的一个分支机构只能开立一个备付金专用存款账户。支付机构应当与商业银行的法人机构或授权的分支机构签订备付金存管协议，明确双方的权利、义务和责任。支付机构应当向所在地中国人民银行分支机构报送备付金存管协议和备付金专用存款账户的信息资料。"

② 参见《中国银监会、中国人民银行关于加强商业银行与第三方支付机构合作业务管理的通知》（银监发［2014］10号）。

进行二次验证，此时使用的是通信运营商提供的短信服务（如示例4－4所示）。这些辅助服务方提供的服务也可能对支付服务的及时性和准确性产生影响。

◇ 示例4－4 某第三方支付机构与某通信运营商签订的《行业短信服务合同》

第三方支付机构为用户提供服务过程中，使用短信发送动态验证码方式对用户身份进行验证。第三方支付机构（甲方）与通信运营商（乙方）签订《行业短信服务合同》，对服务内容约定如下：

“甲方按照本合同约定申请开通乙方行业短信业务，包括向乙方申请行业短信接入号码，通过乙方行业短信平台向本合同约定的用户发送短信，以满足甲方日常经营需要。本合同约定的用户为接受甲方提供的第三方支付服务的用户，甲方不得利用行业短信通道向该范围外用户提供行业短信服务。”

第三方支付机构与支付服务辅助提供方所构建的支付服务法律关系体系较为复杂，各方主体的法律责任也有多种可能性。例如，在不法分子获得用户支付账户账号、密码后进行非授权支付这种用户最为担心也最常见的情形中，“当一笔资金从持卡人账户中被提出并落入非预定接受者之手时，肯定性错误随之发生……这种错误的直接损失是从账户中被提走的资金……对于肯定性错误而言，损失金额很容易确定，问题是如何分配已知损失”。[①]

由于支付服务的各方主体均有其各自的义务，对于损失和责任的分配，不能一概而论，需要结合具体情况具体分析。

---

① 钟志勇：《电子支付服务监管法律问题研究》，中国政法大学出版社2018年版，第185页。

◇ 案例4-2 河南邦欣电子商务有限公司与国付宝信息科技有限公司服务合同纠纷[①]

【基本案情】

2013年1月8日，河南邦欣电子商务有限公司（以下简称邦欣公司）与国付宝信息科技有限公司（以下简称国付宝公司）签订了电子支付服务协议书，约定国付宝公司应向邦欣公司提供安全、稳定、便捷的电子支付服务。签订该协议书时，邦欣公司预留了邦欣公司的国付宝账户名、业务联系人、电子邮箱等信息，并加盖公章。签订电子支付服务协议书后，邦欣公司开通了国付宝账户，该账户的用户名、登录密码即为邦欣公司预留电子邮箱的地址和登录密码。该账户另设置有不同于登录密码的支付密码。此外，进行网络账户注册时，邦欣公司勾选接受了《国付宝用户注册协议》《国付宝用户注册隐私协议》《国付宝用户交易服务协议》，并约定了国付宝公司对于用户信息的保密义务。但关于网络支付密码重置的程序，上述协议中均没有相关约定。

2013年12月30日，邦欣公司网络账号的支付密码连续三次输入错误而被锁定，2013年12月31日，国付宝公司根据申请对涉案密码进行了重置操作，并将重置后的密码发送到邦欣公司电子信箱。随后，邦欣公司6万元款项非因邦欣公司授权而被转出。三次错误密码输入及款项转出时使用的IP地址均与邦欣公司正常使用的IP地址不同。

【裁判要点】

北京市第三中级人民法院经审理认为，邦欣公司与国付宝公司之间签订有电子支付服务协议书，邦欣公司以国付宝公司违约为由，要求国付宝公司对于未尽审查注意义务给邦欣公司造成的损失承担赔偿责任，该项争议为民商事纠纷，属于人民法院受案范围。由于本案不符合先刑后民原则的适用范围，国付宝公司关于本案应先由公安机关立案侦查的主张，不予支持。国付

① 二审判决书文号：(2015)三中民终字第11561号。

宝公司是提供支付业务的非金融机构，对于用户的支付密码重置申请进行审查，是其应尽的合同义务。因此，本案中，其对于邦欣公司的密码重置申请是否进行了审查以及进行了哪些审查，国付宝公司应承担举证责任。然而，由于国付宝公司对其审查行为未能提供任何证据，故而其审查行为是否符合注意义务的要求，无从判断，国付宝公司应承担举证不能的不利后果。故北京市第三中级人民法院认定国付宝公司未尽注意义务，构成违约，应对违约造成的损失承担违约责任。但邦欣公司对于损失的发生亦存在过错，故应相应减轻国付宝公司的责任。

【案例评析】

本案中，法院就举证责任的分配、第三方支付企业安全注意义务的确定、违约责任的范围等几个焦点问题进行了认定。

关于举证责任的分配，由于第三方支付企业与用户之间存在服务合同关系，违约之诉中仍然应适用“谁主张，谁举证”的原则，用户主张第三方支付企业构成违约，应就违约的基本事实承担举证责任。但是，考虑到网络支付的特性、举证所需要的专业知识、技术设备以及双方与证据的距离等因素，对于合同义务履行与否、子账号身份情况等事实问题的查明，最终确定由第三方支付企业即占有或接近证据材料且有能力提供的一方承担。

关于第三方支付企业安全注意义务的确定，考虑到第三方支付企业不仅仅是提供网络技术服务平台，更重要的是它还承担一定的资金保管功能，仅取得支付业务许可证并不能满足支付业务开展的需要，第三方支付企业还应当采取必要的管理措施、技术措施，以保障支付环境的安全、便捷和可靠，因此，认定第三方支付企业应当对密码重置的操作流程进行严格的、规范的内部管理。

关于违约责任的范围，法院根据过失相抵的原则认定，邦欣公司对于损失的发生亦存在过错，故应相应减轻国付宝公司的责任。

二、第三方交易平台模式下的资金收付

（一）典型的第三方交易平台模式下资金收付的法律关系

平台方将其自有平台提供给入驻平台的商品销售者/服务提供者（商户）及用户使用，供商户和用户通过该平台达成交易，平台方与商户、用户分别构成服务合同关系，收取平台服务费（一般是向商户收取）并开具平台服务费发票。商户通过平台与用户达成交易，商户与用户之间构成买卖/服务合同关系，商户向用户销售产品、收取货款或服务费（交易款）、开具交易款发票；商户和用户可以使用具有业务资质的银行或第三方支付机构提供的支付结算服务，即用户将自有银行/支付账户中的资金支付至商户银行/支付账户。这种安排下，交易款的收付与平台无关。如图4－3所示：

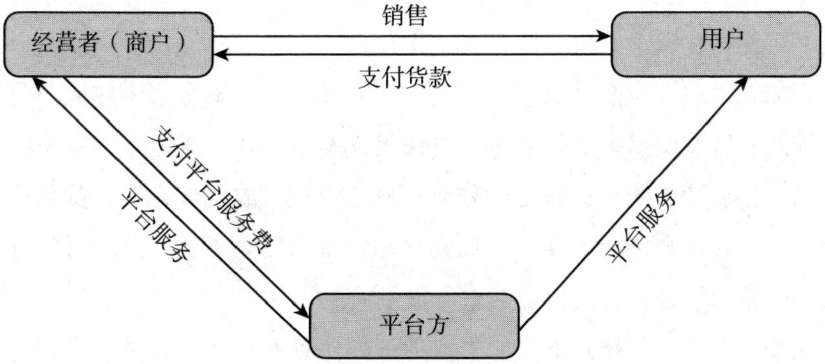

图4－3　典型的第三方交易平台模式下资金收付的法律关系（以买卖为例）

（二）非典型的第三方交易平台模式下的资金收付：平台收付模式

平台收付模式，即用户先将交易款支付至平台方的账户，再由平台方按照一定结算周期和结算金额（一般为交易款按比例扣减平台服务费后的金额）结算给商户；商户就用户支付的全部交易款向用户开具发票，平台方就交易款与结算金额的差额向商户开具平台服务费发票。这种资金收付安排是前述典型模式的变体，混合了第三方交易平台模式和自营平台模式中的操作，实践中也较为常见。如图4－4所示：

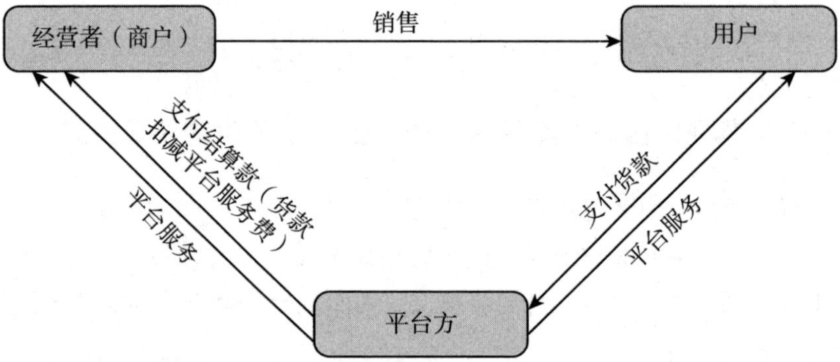

图 4－4　平台收付模式及各方关系

平台收付模式使交易款在平台留存和沉淀，可能会为平台方向商户收取平台服务费提供便利，或为平台方带来额外的利益，如资金沉淀的利息收入。但这一安排将各主体之间的法律关系混同，资金的收付、流转与合同关系不匹配，可能存在资金归集、经营支付业务的问题。

例如，平台方可能采取以下资金划转方式：一是资金集中转入、分散转出，涉及跨区域交易；二是资金快进快出，不留余额，或留下一定比例余额后转出，过渡性质明显；三是拆分交易痕迹明显，故意规避交易限额；四是资金转入、转出金额与实际经营规模、经营活动明显不符。这些行为都是监管机构在整治无证经营支付业务中所重点关注的。

又如，平台收付模式下可能采取的下列业务安排：一是采取平台对接或“大商户”模式，用户资金先划转至网络平台账户，再由网络平台结算给该平台二级商户；二是为用户开立的账户或提供的电子钱包等具有充值、消费、提现等支付功能。① 这些安排也存在被认定为无证经营支付业务的风险。

因此，如果资金收付采取平台收付模式，平台方的代收代付、资金归集行为符合《非金融机构支付服务管理办法》等规定的为收付款人提供货币资金转移服务、经营支付业务的业务特点，则需要依法取得支付业务许可。如果平台

① 参见《中国人民银行办公厅关于进一步加强无证经营支付业务整治工作的通知》（银办发〔2017〕217 号）。

方未取得支付业务许可，则可能存在被认定为无证经营支付业务的风险。示例4－5为作者在实务中处理过的企业关于平台收付模式的相关咨询：

◇ 示例4－5 某商户与某第三方电商平台拟采用平台收付模式的安排

A公司拟在第三方电商平台B平台开设店铺，通过该店铺向用户销售A公司商品。A公司（甲方）拟与B平台（乙方）签订《平台服务协议》，其中关于服务内容的约定如下：

“1. 甲方在乙方平台开设店铺，通过该店铺面向用户销售甲方商品。乙方为甲方店铺提供乙方平台相关服务。

2. 乙方为甲方开设店铺资金账户，该资金账户用于收取甲方通过甲方店铺销售商品所得的货款营业收入款项（以下简称‘营收款’）。甲方有权在T＋1天对资金账户下资金进行提现。相关资金在甲方未提取之前由乙方银行账户托管，甲方提现后，相关资金将转入甲方在乙方平台绑定的银行账户中。”

A公司要求我们对《平台服务协议》进行法律审查，就上述约定，我们提示A公司：根据《中国人民银行办公厅关于进一步加强无证经营支付业务整治工作的通知》（银办发〔2017〕217号）等相关规定，如果在未取得支付业务经营许可证的情况下开展以下业务“1. 采取平台对接或‘大商户’模式，即客户资金先划转至网络平台账户，再由网络平台结算给该平台二级商户。2. 为客户开立的账户或提供的电子钱包等具有充值、消费、提现等支付功能”，可能被监管机构认定为无证经营支付业务；由于《平台服务协议》项下开设虚拟资金账户的模式与前述模式相符，请核实确认B平台是否具有支付业务经营许可证，如没有，则不排除其开设虚拟资金账户的业务受到监管机关关注或处罚的可能性，不排除届时影响A公司资金正常提取的可能性。

◇ 案例4－3 拼多多涉嫌支付业务违规被举报

2019年7月，拼多多平台运营主体上海寻梦信息技术有限公司（以下简称寻梦公司）被举报涉嫌无证经营支付业务。2019年11月，中国人民银行上海分行答复称，已要求寻梦公司进行整改。

第五章

互联网平台的用户个人信息保护

网络和信息技术发展迅猛，已经深度融入经济社会的各个方面，极大地影响和改变了人们的生活。各类网络平台涌现、服务方式的多样化在带来便利的同时，引发的安全风险也受到人们的关注，其中最为凸显的就是各种各样的公民个人信息泄露事件。2012 年《全国人民代表大会常务委员会关于加强网络信息保护的决定》首次明确对公民个人信息进行保护的原则。此后，《刑法》《网络安全法》等先后进一步明确了个人信息保护的原则、规则和法律责任，我国公民个人信息保护的法律体系初步形成。

在互联网平台运营乃至网络运营安全的问题上，个人信息保护无疑是最受关注的内容之一。一方面，随着网络和信息技术的迅猛发展，以及大数据、云计算和移动互联网的广泛应用，平台方等网络运营者收集用户信息的范围扩大，具有收集信息功能的应用也越来越多。从近年出现的一系列数据安全事件来看，个人信息的过度收集、滥用、泄露问题越来越突出。另一方面，个人信息保护，从某种意义上说，是从个人权益角度考虑网络安全问题，而个人观点、立场等差异，以及个人信息用途的多样化，导致个人信息保护变得格外复杂，也促使对个人信息保护的治理手段趋向多元化。

本章就平台方（本章或称网络运营者）需要关注的用户个人信息保护问题展开讨论。

一、平台收集的用户个人信息与法律保护的公民个人信息

（一）互联网平台收集的用户个人信息

为平台运营、提供服务之需，平台方可能会收集各种各样的数据、信息（统称信息）。这些信息中大量的是与用户有关的信息。[①] 这些与用户有关的信息可能是由用户主动提供的（如用户在平台注册账户时提供的手机号码），也可能是用户在访问、使用平台过程中形成的（如用户的浏览记录）。各类平台收集的信息类型、范围、场景等也会因平台而异。

表5－1以一个简单的例子来展示平台可能收集哪些信息。

表5－1　某电信运营商经营的电子商务平台收集的用户信息

业务用途/功能	涉及的信息类型示例
用户注册及实名认证	姓名、手机号码、身份证件信息
订购产品、网络交易	收货地址、订单信息
电信业务入网	姓名、联系方式、身份证件信息、交费账号、拍照或在线视频方式获得的影像资料、服务账号及密码、密码保护答案
电信业务查询	流量使用情况、通话详单
个性化推送	网站、APP浏览记录，位置信息，cookie信息，终端设备信息

（二）法律保护的公民个人信息

平台收集的用户信息中大部分属于受法律保护的个人信息，[②] 如用户

① 平台收集的信息也可能是与用户无关的，如平台受到黑客攻击的数据记录即与用户并无直接关联。

② 我国关于个人信息的界定、认定，经历了从无到有、不断完善的过程。2009年，《刑法修正案（七）》增加了出售、非法提供公民个人信息罪，但是并未对公民个人信息进行定义。2012年以前，各类法律法规对公民个人信息有个别规定，但较为零散。2012年12月28日，全国人民代表大会常务委员会发布《关于加强网络信息保护的决定》，首次在法律层面对公民个人信息进行了原则性规定，国家保护能够识别公民个人身份和涉及公民个人隐私的电子信息。任何组织和个人不得窃取或者以其他非法方式获取公民个人电子信息，不得出售或者非法向他人提供公民个人电子信息。2017年实施的《网络安全法》将个人信息界定为“以电子或者其他方式记录的能够单独或者与其他信息

姓名、出生日期、身份证件号码、个人生物识别信息、住址、通信联系方式、通信记录和内容、账号密码、财产信息、征信信息、行踪轨迹、住宿信息、健康生理信息、交易信息。对此平台方需要严格遵循法律等相关规定收集、使用、保存和管理这些用户信息。

◇ 案例5－1 庞某某诉中国东方航空股份有限公司、北京趣拿信息技术有限公司隐私权纠纷①

【基本案情】

2014年10月11日，庞某某委托鲁某通过北京趣拿信息技术有限公司（以下简称趣拿公司）下辖网站去哪儿网平台（www. qunar. com）订购了中国东方航空股份有限公司（以下简称东航）机票1张，所选机票代理商为长沙星旅票务代理公司（以下简称星旅公司）。去哪儿网订单详情页面显示，该订单登记的乘机人信息为庞某某姓名及身份证号，联系人信息、报销信息均为鲁某及其尾号××58的手机号。2014年10月13日，庞某某尾号××49手机号收到来源不明号码发来短信称，由于机械故障，其所预订航班已经取消。该号码来源不明，且未向鲁某发送类似短信。鲁某拨打东航客服电话进行核实，客服人员确认该次航班正常，并提示庞某某收到的短信应属诈骗短信。2014年10月14日，东航客服电话向庞某某手机号码发送通知短信，告知该航

（接上页）结合识别自然人个人身份的各种信息，包括但不限于自然人的姓名、出生日期、身份证件号码、个人生物识别信息、住址、电话号码等”。

而实践中普遍采用的国家标准（推荐性）《信息安全技术　个人信息安全规范》（以下简称《个人信息安全规范》，该规范于2018年5月1日起实施，修订稿于2020年10月1日起实施，本书引用的均为修订稿内容）则将个人信息定义为“以电子或者其他方式记录的能够单独或者与其他信息结合识别特定自然人身份或者反映特定自然人活动情况的各种信息”。同时，《个人信息安全规范》所列举的个人信息类型也更为细化、丰富，包括姓名、出生日期、身份证件号码、个人生物识别信息、住址、通信联系方式、通信记录和内容、账号密码、财产信息、征信信息、行踪轨迹、住宿信息、健康生理信息、交易信息等。

总之，符合上述规定的信息类型均属于受法律保护的个人信息，应当依法予以保护。

① 一审判决书文号：（2015）海民初字第10634号；二审判决书文号：（2017）京01民终509号。

班时刻调整。当日19：43，鲁某再次拨打东航客服电话确认航班时刻，被告知该航班已取消。庭审中，鲁某证明其代庞某某购买本案机票并沟通后续事宜，认可购买本案机票时未留存庞某某手机号。东航称庞某某可能此前即为东航旅客，故东航掌握庞某某此前留存的号码。庞某某诉至法院，主张趣拿公司和东航泄露的隐私信息包括其姓名、尾号××49手机号及行程安排（包括起落时间、地点、航班信息），要求趣拿公司和东航承担连带责任。

【裁判要点】

北京市海淀区人民法院于2016年1月20日作出（2015）海民初字第10634号民事判决：驳回庞某某的全部诉讼请求。庞某某向北京市第一中级人民法院提出上诉。北京市第一中级人民法院于2017年3月27日作出（2017）京01民终509号民事判决：（1）撤销北京市海淀区人民法院（2015）海民初字第10634号民事判决；（2）北京趣拿信息技术有限公司于本判决生效后10日内在其官方网站首页以公告形式向庞某某赔礼道歉，赔礼道歉公告的持续时间为连续3天；（3）中国东方航空股份有限公司于本判决生效后十日内在其官方网站首页以公告形式向庞某某赔礼道歉，赔礼道歉公告的持续时间为连续3天；（4）驳回庞某某的其他诉讼请求。

【案例评析】

本案被选入最高人民法院第一批涉互联网典型案例，最高人民法院对本案的典型意义评价如下：

随着科技的飞速发展和信息的快速传播，现实生活中出现大量关于个人信息保护的问题，个人信息的不当扩散与不当利用已经逐渐发展成为危害公民民事权利的一个社会性问题。本案是由网络购票引发的涉及航空公司、网络购票平台侵犯公民隐私权的纠纷，各方当事人立场鲜明，涉及的焦点问题具有代表性和典型性。公民的姓名、电话号码及行程安排等事项属于个人信息。在大数据时代，信息的收集和匹配成本越来越低，原来单个的、孤立的、可以公示的个人信息一旦被收集、提取和综合，就完全可以与特定的个人相匹配，从而形成某一特定个人详细准确的整体信息。此时，这些全方位、系统性的整体信息，就不再是单个的可以任意公示的个人信息，这些整体信息一旦被泄露扩散，任何人都将没有自己的私人空间，个人的隐私将遭受威胁。因此，基于合理事由掌握上述整体信息的组织或个人应积极地、谨慎地采取有效措施防止信息泄露。任何人未经权利人允许，都不得扩散和不当利用能够指向特定个人的整体信息，而整体信息也因包含了隐私而整体上成为隐私信息，可以通过隐私权纠纷而寻求救济。

本案中，庞某某被泄露的信息包括姓名、尾号××49的手机号、行程安排等，其行程安排无疑属于私人活动信息，应该属于隐私信息，可以通过本案的隐私权纠纷主张救济。从收集证据的资金、技术等成本上看，作为普通人的庞某某根本不具备对东航、趣拿公司内部数据信息管理是否存在漏洞等情况进行举证证明的能力。因此，客观上，法律不能也不应要求庞某某证明必定是东航或趣拿公司泄露了其隐私信息。东航和趣拿公司均未证明涉案信息泄露归因于他人，或黑客攻击，抑或是庞某某本人。法院在排除其他泄露隐私信息可能性的前提下，结合本案证据认定上述两公司存在过错。东航和趣拿公司作为各自行业的知名企业，一方面因其经营性质掌握了大量的个人信息，另一方面亦有相应的能力保护好消费者的个人信息免受泄露，这既是其社会责任，也是其应尽的法律义务。本案泄露事件的发生，是由于航空公司、网络购票平台疏于防范，因而可以认定其具有过错，应承担侵权责任。综上所述，本案的审理对个人信息保护以及隐私权侵权的认定进行了充分论证，兼顾了隐私权保护及信息传播的衡平。

但是，并不是所有个人信息都是法律保护的个人信息。**平台收集的用户信息是否为法律保护的个人信息，取决于这些用户信息的法律属性。**

◇ 案例5－2 北京百度网讯科技有限公司与朱某隐私权纠纷[①]

【基本案情】

原告朱某诉称，2013年她在家中和单位上网浏览相关网站过程中，发现利用百度搜索引擎搜索相关关键词后，会在特定网站上出现与关键词相关的

① 二审判决书文号：(2014) 宁民终字第5028号。

广告。其后，朱某通过南京市钟山公证处对这一过程进行了公证并出具了公证书，证明朱某在通过百度网站搜索“减肥”“人工流产”“隆胸”关键字后，再进入“4816”网站和“500看影视”网站时，就会分别出现有关减肥、流产和隆胸的广告。

朱某认为，百度网讯科技有限公司（以下简称百度公司）未经其知情和选择，利用网络技术记录和跟踪朱某所搜索的关键词，将其兴趣爱好、生活学习工作特点等显露在相关网站上，并利用记录的关键词，对其浏览的网页进行广告投放，侵害了其隐私权，使其感到恐惧，精神高度紧张，影响了正常的工作和生活。

2013年5月6日，朱某向南京市鼓楼区人民法院起诉百度公司，请求判令立即停止侵害，赔偿精神损害抚慰金10,000元，承担公证费1000元。

【判决结果】

2014年10月13日，南京市鼓楼区人民法院对本案作出判决，认定百度公司利用cookie技术收集朱某信息，并在朱某不知情和不愿意的情形下进行商业利用，侵犯了朱某的隐私权，对朱某要求百度公司停止侵权的诉讼请求予以支持；由于朱某未能证明严重后果，法院对其要求赔偿精神抚慰金的诉讼请求不予支持。二审法院改判，驳回朱某诉讼请求，并对相关争议焦点作出如下认定：

首先，百度公司收集、利用的是未能与网络用户个人身份对应识别的数据信息，该数据信息的匿名化特征不符合“个人信息”的可识别性要求。百度个性化推荐服务收集和推送的信息终端是浏览器，没有定向识别该浏览器的网络用户身份。

其次，百度公司并未直接将数据向第三方或向公众展示，没有任何的公开行为。百度利用cookie等网络技术向朱某使用的浏览器提供个性化推荐服务不属于《最高人民法院关于审理利用信息网络侵害人身权益民事纠纷案件适用法律若干规定》第12条规定的侵权行为。同时，个性化推荐服务客观上存在帮助网络用户过滤海量信息的便捷功能，网络用户在免费享受该服务便利性的同时，应对该服务的不便性持有一定的宽容度。

最后，针对原审法院认为百度公司没有尽到显著提醒说明义务的问题，二审法院认为，cookie 技术是当前互联网领域普遍采用的一种信息技术，基于此而产生的个性化推荐服务仅涉及匿名信息的收集、利用，网络服务提供者对此依法明示告知即可。百度在《使用百度前必读》中已经予以说明并为用户提供了退出机制，在此情况下，朱某仍然使用百度搜索引擎服务，应视默认许可。

综上所述，二审法院最终判定百度公司的个性化推荐行为不构成侵犯朱某的隐私权。

【案例评析】

本案中，二审法院认定百度公司使用 cookie 技术及信息进行个性化推荐，**所使用的信息为匿名信息、不具有可识别性、不属于个人信息**，未侵犯原告隐私权。

二、平台收集用户个人信息如何落实合法、正当、必要要求

（一）对收集用户个人信息行为合法、正当、必要的判断

平台方作为网络运营者收集个人信息，应当遵循合法、正当、必要的原则。下面将说明实务中如何判断收集的用户信息是否合法、是否正当、是否必要。

1. 收集用户个人信息的合法性、正当性判断

对于收集用户个人信息的合法性和正当性，需要从收集内容以及收集程序和手段两方面考量。

在收集内容方面，平台方不得收集法律法规明令禁止其收集的个人信息。例如，《征信业管理条例》第 14 条规定，“禁止征信机构采集个人的宗教信仰、基因、指纹、血型、疾病和病史信息以及法律、行政法规规定禁止采集的其他个人信息”。

在收集程序、手段方面，一方面，平台方应当履行法定程序，公开收集、使用规则，明示收集、使用信息的目的、方式和范围，并经个人信息主体同

意，不得欺诈、诱骗、强迫个人信息主体提供其个人信息，不得隐瞒产品或服务所具有的收集个人信息的功能，不得从非法渠道获取个人信息；另一方面，收集个人信息的手段、方式应当合法，例如，通过侵入他人计算机信息系统的方式获取的个人信息显然是不合法的。

◇ 案例5－3 北京淘友天下技术有限公司等与北京微梦创科网络技术有限公司不正当竞争纠纷①

【基本案情】

原告北京微梦创科网络技术有限公司（以下简称微梦公司）经营的新浪微博，既是社交媒体网络平台，也是向第三方应用软件提供接口的开放平台。被告北京淘友天下技术有限公司（以下简称淘友技术公司）、北京淘友天下科技发展有限公司（以下简称淘友科技公司）经营的脉脉是一款移动端的人脉社交应用。原被告双方曾通过微博平台 OpenAPI 进行合作。用户可以通过新浪微博账号和个人手机号注册登录脉脉，用户注册时还要向脉脉上传个人手机通讯录联系人。微梦公司后来发现，脉脉用户的一度人脉中，大量非脉脉用户直接显示有新浪微博用户头像、名称、职业、教育等信息。

后双方终止合作，微梦公司提起诉讼，主张二被告存在下列不正当竞争行为：非法抓取、使用新浪微博用户信息；非法获取并使用脉脉注册用户手机通讯录联系人与新浪微博用户的对应关系；模仿新浪微博加 V 认证机制及展现方式，以及发表言论诋毁微梦公司商誉。微梦公司为此主张停止不正当竞争行为、消除影响、赔偿1000万元经济损失等。二被告否认存在上述不正当竞争行为。

【裁判要点】

北京知识产权法院经审理认为，根据双方专家辅助人对技术的意见来看，从技术上讲，如果脉脉系通过 OpenAPI 开放接口获取数据，脉脉和新浪微博都可以保留调取数据的日志。淘友技术公司、淘友科技公司未能提交其通过 OpenAPI 开放接口调取数据的日志，理由为新浪微博已于2014年5月将“职

① 二审判决书文号：(2016) 京73民终588号。

业”和“教育”信息的获取接口关闭，且于2014年8月终止与脉脉合作后关闭了脉脉的所有接口，脉脉因服务器容量有限，没有保留之前通过OpenAPI接口调取数据的日志。微梦公司亦未能提交脉脉通过OpenAPI开放接口调取数据的日志。……因此，在案证据不能完整呈现脉脉通过OpenAPI获取微博用户数据的情况，亦不能以此证明脉脉并非通过OpenAPI获取微博用户相关数据。

在淘友技术公司、淘友科技公司提供初步证据证明其通过接口获得相关数据的情况下，法院根据“谁主张，谁举证”的举证责任分配的一般规则认定，微梦公司由于缺乏证据证明淘友技术公司、淘友科技公司系绕过OpenAPI接口非法抓取相关信息，故其应当承担举证不能的不利后果。因此，法院推定淘友技术公司、淘友科技公司是通过OpenAPI方式获取新浪微博用户的职业信息、教育信息。

本案中，微梦公司通过OpenAPI开放接口与淘友技术公司、淘友科技公司合作，虽然其对于OpenAPI开放接口权限管理、检测、维护等方面存在技术及管理等问题，导致淘友技术公司、淘友科技公司可以通过技术手段获取用户的职业信息和教育信息，但是，淘友技术公司、淘友科技公司并没有基于《开发者协议》在取得用户同意的情况下读取非脉脉用户的新浪微博信息，其获取前述信息的行为没有充分尊重《开发者协议》的内容，未能尊重用户的知情权及自由选择权，一定程度上破坏了OpenAPI合作开发模式。互联网技术飞速发展，各种新型的开发模式及应用不断涌现，这其中难免会出现技术的不足或管理的缺陷，当可能触及消费者利益时，诚实的网络经营者应当本着诚实信用的原则，遵守公认的商业道德，以保护消费者的利益为优先选择，而不是任凭技术的能力获得相关的数据信息或竞争优势。

法院认为，淘友技术公司、淘友科技公司获取新浪微博信息的行为存在主观过错，违背了在OpenAPI开发合作模式中，第三方通过OpenAPI获取用户信息时应坚持“用户授权”+“平台授权”+“用户授权”的三重授权原则，违反了诚实信用原则和互联网中的商业道德，故淘友技术公司、淘友科技公司获取并利用新浪微博用户信息的行为不具有正当性。

【案例评析】

本案中，**法院认定两被告通过技术手段直接收集合作方处的用户信息，未按照与合作方之间的《开发者协议》约定取得用户同意和合作方同意，其收集用户信息的行为不具有正当性**。

2. 收集用户个人信息的必要性判断

收集和使用用户个人信息的必要性要求主要在于，**平台所收集的用户个人信息系为满足平台方提供服务之必要，也就是按照最小化原则收集的信息**。实务中，这种最小化的原则可以从以下几个方面把握：

一是收集的个人信息的类型应当与实现产品或服务的业务功能有直接关联。直接关联，是指没有该信息的参与，产品或服务的功能无法实现。例如，电商平台为了向用户配送商品，必须收集用户的地址；但是，如果该电商平台收集用户的个人生物识别信息，则显然有违最小必要原则。

二是自动采集个人信息的频率应当是实现产品或服务的业务功能所必需的最低频率。例如，社交平台在用户发布动态时，可能需要自动采集用户地理位置信息以显示所在地；但是，如果该平台除了在用户需要显示位置时自动采集地理信息外，还在后台运行过程中采集相关信息（相当于是在记录用户行动轨迹），则显然有违最小必要原则。

三是间接获取个人信息的数量应当是实现产品或服务的业务功能所必需的最少数量。（详见示例5－1、表5－2～表5－11）

◇ 示例5－1 各类互联网平台的基本业务功能必要信息示例①

本部分内容仅为示例，对于平台涉及的必要信息还需要根据其实际业务功能具体确定。

---

① 本部分列示的各类主流互联网平台的基本业务功能及其所需必要信息来源于全国信息安全标准化技术委员会出台的《网络安全实践指南——移动互联网应用基本业务功能必要信息规范》（v1.0－201909）。

表 5-2 电子商务平台基本业务功能必要信息示例

业务功能	收集信息	使用要求
网上购物	1. 手机号码	仅用于用户注册，满足注册用户实名认证要求
	2. 账号信息 · 账号 · 口令	仅用于标识网上购物用户和保障账号信息安全
	3. 收货人信息 · 姓名 · 地址 · 手机号码	仅用于网上购物收货时识别收货人、送达货物和联系收货人
	4. 交易信息 · 订单价格 · 订单商品 · 下单时间 · 订单商户 · 订单编号 · 订单状态	仅用于实现网上购物的订单交易和处理用户纠纷，满足《电子商务法》相关要求
	5. 第三方支付信息 · 支付账号或交易流水号 · 支付状态	仅用于实现网上购物的订单支付功能，通常由网上购物业务功能调用第三方支付服务间接获取

表 5-3 互联网地图平台基本业务功能必要信息示例

业务功能	收集信息	使用要求
地图导航	位置信息 · 精准定位信息 · 行踪轨迹	精准定位信息仅用于确定用户位置，进行地图搜索展示和导航服务。 行踪轨迹仅用于在导航服务中判断实时路况及重新规划导航路线

表5-4 网约车平台基本业务功能必要信息示例

业务功能	收集信息	使用要求
网约车	1. 手机号码	仅用于满足注册用户实名认证要求，及司机与乘客联系
	2. 账号信息 · 账号 · 口令	仅用于标识网约车用户和保障账号信息安全
	3. 位置信息 · 精准定位信息 · 行踪轨迹	精准定位信息仅用于确定用户当前位置，推荐周围上车点，搜索显示附近车辆信息。 行踪轨迹仅用于保障行程安全及处理用户纠纷，满足《网络预约出租汽车经营服务管理暂行办法》要求
	4. 交易信息 · 订单出发地 · 订单到达地 · 订单金额 · 下单时间	仅用于处理用户纠纷，满足《网络预约出租汽车经营服务管理暂行办法》要求
	5. 第三方支付信息 · 支付方式 · 支付状态	仅用于用户使用第三方支付方式对叫车订单付款

表5-5 即时通讯平台基本业务功能必要信息示例

业务功能	收集信息	使用要求
即时通讯社交	1. 手机号码	仅用于用户注册，满足注册用户实名认证要求
	2. 账号信息 · 账号 · 口令 · 昵称 · 头像	仅用于标识即时通讯用户、保障账号信息安全和用户聊天交流
	3. 好友列表	仅用于建立和管理用户在即时通讯社交应用的联系人关系。 应允许用户在即时通讯社交应用中手动添加好友，而不应强制读取用户的通讯录

续表

业务功能	收集信息	使用要求
即时通讯社交	4. 好友信息 · 好友账号 · 好友昵称 · 好友头像	仅用于向用户展示好友基本信息，或经本人同意后授权第三方平台登录使用
	5. 群列表	仅用于实现群组聊天功能

表5－6　社交平台基本业务功能必要信息示例

业务功能	收集信息	使用要求
社区社交	1. 手机号码	仅用于用户注册，满足注册用户实名认证要求
	2. 账号信息 · 账号 · 口令 · 昵称 · 头像	仅用于标识社区社交用户，保障账号信息安全和用户社区互动交流
	3. 用户关注的内容	仅用于建立和管理用户和社区内容（如关注的栏目、关注的话题、关注的贴吧等）的关注关系，以及向用户展示和推送关注的内容
	4. 关注用户列表	仅用于建立和管理社区用户间的关注关系，以及向用户展示和推送关注的用户发布的图文资讯、音视频、链接等。 应允许用户在社区社交应用中手动设置关注用户，而不应强制读取用户的通讯录
	5. 公众账号用户信息（仅对公众账号用户收集） · 姓名 · 证件类型 · 证件号码	仅用于满足互联网用户公众账号相关管理规定要求，对公众账号用户进行真实身份信息的实名强认证

表 5－7　第三方支付平台基本业务功能必要信息示例

<table>
<tr><th>业务功能</th><th>收集信息</th><th>使用要求</th></tr>
<tr><td rowspan="6">网络支付</td><td>1. 手机号码</td><td>仅用于用户注册，满足注册用户实名认证要求</td></tr>
<tr><td>2. 账号信息
· 账号
· 口令</td><td>仅用于标识网络支付用户和保障账号信息安全</td></tr>
<tr><td>3. 身份信息
· 姓名
· 身份证件种类
· 身份证件号码
· 身份证件有效期限
· 身份证件复印件或影印件</td><td>仅用于对支付客户进行实名制管理，满足非银支付相关规范性文件要求</td></tr>
<tr><td>4. 银行账户信息
· 开户行名称
· 银行卡卡号
· 银行卡有效期限
· 银行预留手机号码</td><td>仅用于实现银行卡和支付账号绑卡、银行卡身份认证、充值、体现、转账功能</td></tr>
<tr><td>5. 交易信息
· 支付指令
· 交易金额
· 交易对象
· 交易商品
· 交易时间
· 交易渠道
· 交易类型
· 交易币种</td><td>仅用于实现收款、转账等支付功能，满足相关法律法规要求</td></tr>
<tr><td>6. 交易身份验证信息（用户支付时可任选一种）
· 静态密码
· 数字证书
· 电子签名
· 动态密码</td><td>仅用于对用户真实身份进行验证，以确保用户账户与资金安全</td></tr>
</table>

表5-8　互联网新闻信息平台基本业务功能必要信息示例

业务功能	收集信息	使用要求
新闻资讯	1. 关注的账号	仅用于向用户展示和推送关注的账号所发布的新闻资讯
	2. 自媒体用户信息（仅对自媒体用户收集） · 姓名 · 证件类型 · 证件号码	仅用于满足相关法律法规的实名认证要求，对自媒体用户进行真实身份信息的实名强认证

表5-9　互联网短视频平台基本业务功能必要信息示例

业务功能	收集信息	使用要求
短视频	1. 关注的账号	仅用于向用户展示和推送关注的账号所发布的短视频
	2. 自媒体用户信息（仅对自媒体用户收集） · 姓名 · 证件类型 · 证件号码	仅用于满足相关法律法规的实名认证要求，对自媒体用户进行真实身份信息的实名强认证

表5-10　外卖平台基本业务功能必要信息示例

业务功能	收集信息	使用要求
餐饮外卖	1. 手机号码	仅用于用户注册，满足注册用户实名认证要求
	2. 账号信息 · 账号 · 口令	仅用于标识餐饮外卖用户和保障账号信息安全
	3. 位置信息	仅用于向用户展示所在位置周边的外卖店铺信息，及便于用户选择外卖收货地址
	4. 联系人信息 · 姓名 · 手机号码 · 地址	仅用于商家和配送员与用户取得联系和配送员送餐，姓名可无须真实

续表

业务功能	收集信息	使用要求
餐饮外卖	5. 交易信息 · 订单商品 · 订单金额 · 订单时间 · 订单商户 · 订单编号 · 订单状态	仅用于餐饮外卖订单交易和处理用户纠纷，满足《电子商务法》相关要求
	6. 第三方支付信息 · 支付方式 · 支付状态	仅用于实现餐饮外卖订单支付

表 5-11　网络借贷平台基本业务功能必要信息示例

业务功能	收集信息	使用要求
金融借贷	1. 手机号码	仅用于用户注册，满足注册用户实名认证要求
	2. 账号信息 · 账号 · 口令	仅用于标识金融借贷用户和保障账号信息安全
	3. 身份信息 · 姓名 · 身份证件种类 · 身份证件号码 · 身份证件有效期限 · 身份证件复印件或影印件	仅用于对借贷用户进行身份识别和认证，满足相关法律法规要求
	4. 银行账户信息 · 开户行名称 · 银行卡卡号 · 银行卡有效期限 · 银行预留手机号码	仅用于实现银行卡和借贷账号绑卡、银行卡身份认证、借款、还款功能
	5. 个人征信信息 · 中国人民银行个人信用报告 · 第三方个人信用评分	仅用于对借贷用户的个人信用进行评估，确定授信额度。 个人征信信息须经用户授权查询

续表

业务功能	收集信息	使用要求
金融借贷	6. 紧急联系人信息 · 两位常用联系人的联系方式	仅用于金融机构在借贷人逾期不还时进行催款。应允许用户在金融借贷应用中手动输入紧急联系人信息，而不应强制读取用户的通讯录
	7. 借贷交易记录 · 订单号 · 还款方式 · 还款期数 · 还款金额 · 还款日期 · 借贷本金 · 利息 · 订单状态	仅用于实现用户借贷历史查询和处理用户纠纷

违反合法、正当、必要的原则收集、使用个人信息的，网络运营者将承担相应的法律责任。

◇ 案例5－4 支付宝不当收集用户信息受到行政处罚①

2018年3月22日，中国人民银行杭州中心支行向支付宝作出行政处罚。根据处罚决定书，在个人信息保护方面，支付宝存在的违法行为包括：(1) 个人金融信息收集不符合最少、必需原则；(2) 个人金融信息使用不当。对此，中国人民银行杭州中心支行根据《消费者权益保护法》，对支付宝有关个人信息保护的违法行为给予警告，并处罚款5万元。

（二）落实合法、正当、必要要求的重要方式——公开收集、使用规则

1. 公开收集、使用个人信息规则的意义

公开收集、使用个人信息的规则，是平台方落实合法、正当、必要原则要求的主要方式。

---

① 处罚决定书文号：杭银处罚字（2018）23号。

公开规则是要对个人信息主体（一般为用户本人）尽到告知、说明和提示的义务，并且以明确、易懂和适宜的方式如实向个人信息主体告知处理个人信息的目的、个人信息的收集和使用范围、个人信息保护措施等信息。

对用户来说，公开的意义在于，能够清晰明确地了解到个人信息的流向以及可能出现的风险，这对于用户作出是否同意收集的判断是必要且必须的。对作为信息收集者的平台方来说，公开收集、使用个人信息的规则是接受用户和社会监督的方式。

2. 个人信息保护政策——公开收集、使用个人信息规则的重要方式

目前，平台方普遍采取制定专门个人信息保护政策（或称隐私政策）的方式公开个人信息收集、使用规则。个人信息保护政策的内容通常以个人信息的收集、使用、存储、管理等数据处理流程为线索，以较长的篇幅完整、充分、清晰地描述平台以及平台上的产品或服务如何对用户个人信息进行处理。用户则通过签署个人信息保护政策的方式对平台作出个人信息授权。

示例5－2为《个人信息安全规范》所附的个人信息保护政策模板,[①] 该模板为平台方制定个人信息保护政策提供了有益的参考。

◇ 示例5－2《个人信息安全规范》个人信息保护政策模板目录

■ 业务功能一的个人信息收集使用规则

- 我们收集哪些您的个人信息。
- 我们如何使用您的个人信息。
- 我们如何委托处理、共享、转让、公开披露您的个人信息。

■ 业务功能二的个人信息收集使用规则

……

■ 我们如何保护您的个人信息。

---

① 《个人信息安全规范》由全国信息安全标准化技术委员会制定，首版于2018年5月1日起实施，该版本规定的用以公开个人信息收集、使用规则的文件称为“隐私政策”。2020年3月，全国信息安全标准在技术委员会发布修订后的《个人信息安全规范》(2020年10月1日起实施)，修订版将“隐私政策”的名称调整为“个人信息保护政策”。实务中，平台方参照《个人信息安全规范》制定的文件既可能名为“个人信息保护政策”，也可能名为“隐私政策”，本书选用的示例或案例亦是如此。

■ 您的权利。

■ 我们如何处理儿童的个人信息。

■ 您的个人信息如何在全球范围转移。

■ 本政策如何更新。

■ 如何联系我们。

虽然平台可以参照相关模板制定个人信息保护政策，但是，不同类型的互联网平台依其服务内容和功能、所收集个人信息类型的不同，对个人信息的处理方式也会不同，相应地，个人信息保护政策对这些事项的描述也应当不同。以下以几个例子对比展示不同类型平台的个人信息保护政策（见表5－12）。

表5－12 电子商务平台、旅游服务平台、少儿英语教育平台参照《个人信息安全规范》制定的个人信息保护政策的部分条款对比

个人信息保护政策条款	电商平台	旅游服务平台	少儿英语教育平台
我们如何收集和使用您的个人信息	我们会为实现本政策下述的各项功能，收集和使用您的个人信息： （1）帮助您成为我们的会员（对该功能所涉及个人信息的具体描述暂略，下同）； （2）为您提供商品或服务信息展示； （3）为您提供收藏、加购、关注与分享功能； （4）帮助您完成下单及订单管理； （5）帮助您完成支付； （6）帮助向您完成商品或服务的交付； （7）客服及争议处理	我们会为实现本政策下述的各项功能，收集和使用您的个人信息： （1）帮助您成为我们的用户； （2）预订、下单旅游产品； （3）配送、邮寄商品； （4）支付； （5）出行； （6）改进我们的产品和服务	我们会为实现本政策下述的各项功能，收集和使用您的个人信息： （1）用户注册； （2）课程服务； （3）在线课程； （4）客户服务； （5）寄送礼包； （6）个性化营销

续表

个人信息保护政策条款	电商平台	旅游服务平台	少儿英语教育平台
我们如何处理未成年人的信息	在电子商务活动中我们推定您具有相应的民事行为能力。如您为未成年人，我们要求您请您的父母或其他监护人仔细阅读本隐私权政策，并在征得您的父母或其他监护人同意的前提下使用我们的服务或向我们提供信息	我们的网站和服务主要面向成人。如您为未成年人，建议您请您的父母或监护人仔细阅读本隐私权政策，并在征得您的父母或监护人同意的前提下使用我们的服务或向我们提供信息	我们了解，我们所收集、处理的学员个人信息可能来自14周岁以下未成年人（儿童），我们非常重视对儿童个人信息的保护。对此，我们严格按照法律规定落实保护责任，并作出以下承诺： （1）未经监护人同意，儿童不得创建自己的用户账户； （2）在收集儿童个人信息前，我们将提醒儿童及其监护人阅读本《个人信息保护政策》，向其告知我们收集、处理儿童个人信息的场景，以及我们所采取的信息安全保护措施 ……
您的个人信息如何在全球范围转移	我们在中国境内（为本政策之目的，不含香港特别行政区、澳门特别行政区、台湾地区，下同）运营中收集和产生的个人信息，存储在中国境内	原则上，我们在中华人民共和国境内收集和产生的个人信息，将存储在中国境内，但您主动发起的跨境预订、下单、交易等个人行为（如购买国际机票、预订国际酒店）除外	我们在中国境内运营中收集和产生的个人信息，存储在中国境内

从上述示例可以看出，电子商务平台、旅游服务平台、少儿英语教育平台均参照示例5-2个人信息保护政策模板的结构制定了各自的个人信息保护政策，但是相关条款内容区别显著。例如，关于收集个人信息的用途，三类

平台的描述各不相同，特别是旅游服务平台的“出行”功能、少儿英语教育平台的“课程服务”功能与电子商务平台有明显的不同；关于未成年个人信息的处理，由于少儿英语教育平台面向儿童提供服务，收集的个人信息主要为儿童个人信息，因此该条款内容与其他平台有差异；关于个人信息的存储和跨境，由于旅游服务平台存在出境游业务，涉及个人信息跨境问题，因此这一条款的内容与其他两个平台明显不同。

因此，平台方应当根据平台所承载的业务、服务的实际情况制定个人信息保护政策，而不宜照搬照抄模板或者其他平台的政策，避免发生个人信息保护政策对本平台不适用从而引起争议的情况。

3. 平台不公示用户个人信息收集使用规则的法律后果

平台方等网络运营者不公示用户个人信息收集使用规则，将会承担相应的法律责任。**特别地，对于已经制定了专门个人信息保护政策的平台，以下情形也可能会被认定为“未公开收集使用规则”**：

（1）在 APP 首次运行时未通过弹窗等明显方式提示用户阅读个人信息保护政策等收集使用规则；

（2）个人信息保护政策等收集使用规则难以访问，如进入 APP 主界面后，需多于四次点击等操作才能访问；

（3）个人信息保护政策等收集使用规则难以阅读，如文字过小过密、颜色过淡、模糊不清，或未提供简体中文版。①

◇ 案例 5－5 同程艺龙公司因未公示用户个人信息收集使用规则等问题被约谈②

2018 年 12 月，工业和信息化部信息通信管理局针对网民反映的同程艺龙微信小程序中“12306 畅行会员”服务存在的默认开通会员协议等用户个

① 《App 违法违规收集使用个人信息行为认定方法》第 1 条。

② 载工信部网站：http：//www.miit.gov.cn/n1146290/n1146402/n1146440/c6524041/content.html，访问日期：2020 年 1 月 13 日。

人信息保护相关问题，组织进行了核查，并约谈了苏州同程艺龙网络科技有限公司（以下简称同程艺龙公司）。

信息通信管理局指出，对照《网络安全法》《全国人民代表大会常务委员会关于加强网络信息保护的决定》《电信和互联网用户个人信息保护规定》等有关规定，同程艺龙微信小程序存在未公示用户个人信息收集使用规则、默认开通12306畅行会员协议、未履行部分服务承诺的问题，同程艺龙公司应当本着充分保障用户知情权和选择权的原则立即进行整改，切实维护用户合法权益。

同程艺龙公司表示，将按照监管部门要求，全面排查存在的问题，立即进行整改，并举一反三，完善内部管理和产品设计，提升服务水平和能力，保障用户合法权益。今后，公司将继续严格遵守相关法律法规以及工业和信息化部的有关规定，进一步规范用户个人信息收集、使用和服务行为。

三、平台取得用户授权同意的方式

取得用户授权同意是收集、使用用户个人信息的一个重要环节。① 下面是关于授权同意的几个要点问题的分析。

（一）用户授权同意的环节

实践中，依平台的业务功能、业务流程不同，平台方对于取得用户授权同意的环节也有不同的设置。以下列举几种常见的获取授权的业务环节，平台方可以根据平台的实际情况作出安排。

◇ 示例5－3 用户注册时主动勾选适用于平台全业务的隐私政策

某少儿英语教育平台用户注册界面要求，用户需要主动勾选同意《用户协议》和《隐私政策》后方可进行注册（详见图5－1）。

---

① 《网络安全法》第41条规定："网络运营者收集、使用个人信息，应当遵循合法、正当、必要的原则，公开收集、使用规则，明示收集、使用信息的目的、方式和范围，并经被收集者同意。网络运营者不得收集与其提供的服务无关的个人信息，不得违反法律、行政法规的规定和双方的约定收集、使用个人信息，并应当依照法律、行政法规的规定和与用户的约定，处理其保存的个人信息。"

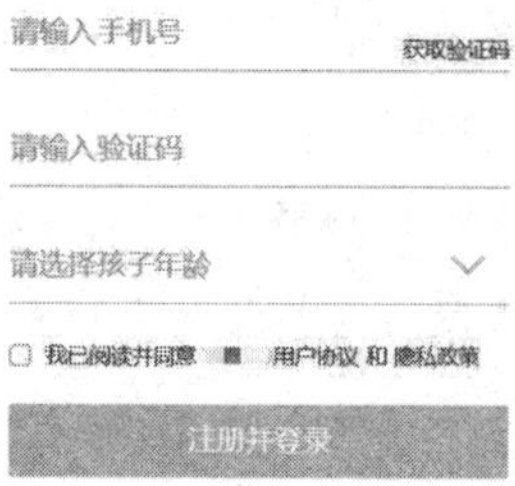

图 5－1　某少儿英语教育平台用户注册页面

◇ 示例 5－4　用户登录网站或打开 APP 时，平台以弹窗方式向用户推送隐私政策供用户主动勾选同意

某互联网平台修订《个人信息保护及隐私政策》后，在用户打开 APP 时向用户推送该隐私政策的最新版本，供用户阅读及授权同意（详见图 5－2）。

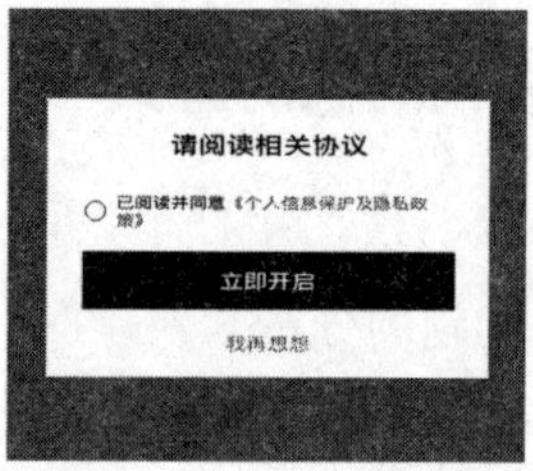

图 5－2　某互联网平台隐私政策页面

◇ 示例 5－5　用户使用某项业务功能时就该业务功能签署专项隐私政策

为保障用户乘车安全，某网约车平台设置了“行程录音保护”业务功能，用户开启该功能，可以对乘车过程进行录音。就该功能，平台方制定了专项隐私政策，供用户在使用该功能时签署（详见图 5－3）。

图 5－3　某网约车平台“行程录音保护”页面

◇ 示例5－6 平台收集个人信息涉及调用移动终端功能权限的，用户通过设置移动终端权限方式进行授权

用户使用某网约车平台时，平台方需要收集用户定位信息，以便为用户自动生成上车地点。平台方通过使用手机终端的“定位”功能收集用户定位信息，因此弹窗提示用户开启该功能。用户使用的某品牌手机在“设置—隐私”一栏中统一列明了涉及用户个人信息和隐私的终端权限，供用户进行授权管理。用户于是在“设置—隐私—定位服务”一栏中对该网约车平台授权(详见图5－4、图5－5)。

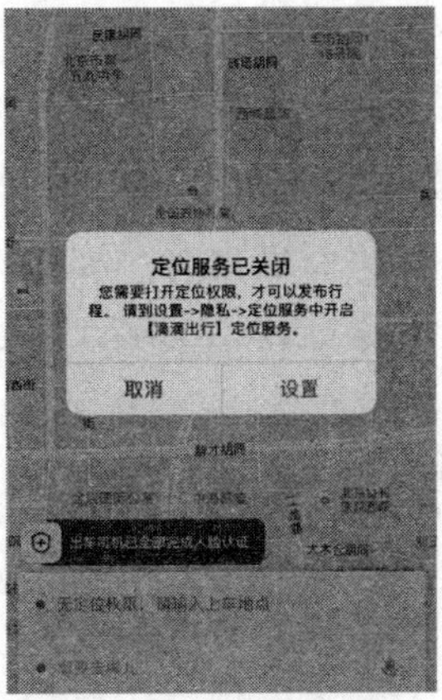

图5－4 平台方以弹窗方式提示用户打开“定位服务”权限

图5－5 用户使用的手机终端中涉及个人信息和隐私的权限列表，用户可以在“定位服务”中对于定位功能及其所收集信息进行授权管理

（二）用户授权同意的方式

用户授权同意的方式包括明示同意和默示同意。其中，明示同意是指个人信息主体通过书面声明或主动作出肯定性动作，对其个人信息进行特定处理作出明确授权的行为，包括个人信息主体主动作出声明（电子或纸质形式）、主动勾选、主动点击“同意”“注册”“发送”“拨打”等。默示同意是指个人信息主体未明示同意也未明确表示反对的情况下推定其同意。

《个人信息安全规范》要求，收集个人敏感信息[1]时，应当取得个人信息主体的明示同意。由于个人敏感信息包括身份证件号码、银行账号等常用信息，且《App 违法违规收集使用个人信息行为认定方法》将默示同意认定为违规收集行为，[2] 因此，无论是收集个人敏感信息还是其他个人信息，**平台方普遍采取用户明示同意的方式取得授权，例如，由用户阅读个人信息保护政策后以点击或勾选“同意”方式签署个人信息保护政策**。

四、平台使用用户个人信息的法律要点

与收集用户个人信息一样，平台方使用用户个人信息也应当遵守合法、正当、必要的原则，将其用于收集信息与用户约定的用途，以实现平台的基本业务功能（基本业务功能必要信息见示例 5 - 1），并不得超出与用户约定的用途使用已收集的个人信息。例如，电子商务平台甲公司在个人信息保护政策中告知用户，收集其手机号码、地址仅用于与其取得联系和配送商品，但是，操作中，甲公司却将用户手机号码和地址提供给经营英语培训业务的合作伙伴乙公司，供乙公司向电商平台用户发送推销乙公司培训课程的广告

---

① 根据《个人信息安全规范》，个人敏感信息是指一旦泄露、非法提供或滥用可能危害人身和财产安全，极易导致个人名誉、身心健康受到损害或歧视性待遇的个人信息，包括身份证件号码、个人生物识别信息、银行账号、通信记录和内容、财产信息、征信信息、行踪轨迹、住宿信息、健康生理信息、交易信息、14 岁以下（含）儿童的个人信息等。

② 《App 违法违规收集使用个人信息行为认定方法》第 3 条规定，“以默认选择同意隐私政策等非明示方式征求用户同意”可被认定为“未经用户同意收集使用个人信息”。

和宣传资料，这种情形下，甲公司对用户个人信息的使用显然超出了用户的授权范围，违反了合法、正当、必要的要求。

除了遵循上述基本要求外，平台方使用用户个人信息还需要特别关注自行使用个人信息和与他人共享个人信息的问题。下面区分这两种不同的使用方式说明其中的法律要点。

（一）平台方自行使用用户个人信息

如前所述，平台通常通过用户签署个人信息保护政策方式取得用户对个人信息的授权，被授权方为个人信息保护政策中载明的作为平台运营主体（平台方）的法律主体。

以该法律主体为具有独立法人地位、能够独立承担民事责任的公司为例，公司在其内部使用已获授权的信息，属于自行使用。[①] 例如，公司客服部门人员使用用户手机号码对其进行服务回访，公司技术部门人员对用户在平台的浏览记录进行数据分析，形成兴趣标签，向用户推荐符合其兴趣的产品。

（二）平台方向第三方提供用户个人信息

除自行使用外，为提供服务之需，平台方可能将用户个人信息提供给平台方之外的第三方使用，例如，将个人信息提供给外包服务商，用于外包服务商为用户提供物流、维修、客服等服务。又如，平台方与第三方进行业务合作，为向用户提供合作产品，而将用户个人信息提供给第三方。对于这些向第三方提供个人信息的安排，平台方均应当告知用户并取得用户授权同意。

◇ 示例5－7 某平台隐私政策中关于向第三方提供用户个人信息的内容

未经您事先同意，我们不会与本公司以外的任何公司、组织和个人分享

① （平台方）考虑到分公司不是独立的民事主体，不能独立承担民事责任，实际上属于公司的一部分，因此，公司将收集的用户信息提供给分公司使用，可以理解为自行使用。与之相对应的，对于平台方的子公司（无论是否为全资子公司）等独立民事主体，即使其与平台方隶属于同一企业集团或具有相同的投资人，即使是为了协同开展业务，平台方将收集的用户提供给子公司，也不属于平台方自用，而应当视为向第三方提供用户信息。

您的个人信息，但以下情况除外：

1. 在获取明确同意的情况下共享：获得您的事先明确同意后，我们会与其他方共享您的个人信息。

2. 我们可能会根据法律法规及监管政策要求，或按行政、司法机关的强制性要求，与第三方或者行政、司法机关共享您的个人信息。

3. 与我们的关联公司共享：您使用的部分服务由我们的关联公司提供，为此，我们可能会将您的个人信息与我们的关联公司共享。我们只会共享必要的个人信息，且受本隐私政策所声明目的的约束。关联公司如要改变个人信息的处理目的，将再次征求您的授权同意。我们的关联公司包括……

4. 与授权合作伙伴共享：仅为实现本政策中声明的目的，我们的某些服务将由授权合作伙伴提供。我们可能会与合作伙伴共享您的某些个人信息。例如，在您通过本平台购买商品或订购业务时，我们必须与物流服务提供商共享您的个人信息才能安排送货。在您的授权范围内，我们的授权合作伙伴可能会通过cookie或同类技术收集您的信息，包括您的设备信息、点击信息，并将该信息储存为日志信息，用于标记您的身份。我们仅会出于合法、正当、必要、特定、明确的目的共享您的个人信息，并且只会共享提供服务所必要的个人信息。我们的合作伙伴无权将共享的个人信息用于任何其他用途。

我们的授权合作伙伴包括以下三大类型：

（1）供应商、服务提供商和其他合作伙伴。我们将信息发送给支持我们业务的供应商、服务提供商和其他合作伙伴，这些支持包括提供技术基础设施服务、分析我们服务的使用方式、衡量广告和服务的有效性、提供客户服务、支付便利或进行学术研究和调查。

（2）第三方商家。我们需要将您的订单信息以及与交易有关的必要信息与第三方商家共享来实现您向其购买商品或服务的需求，并促使其可以完成后续的售后服务。

（3）广告、分析服务类的授权合作伙伴。除非得到您的许可，否则我们不会将您的个人身份信息（指可以识别您身份的信息）与提供广告、分析服务的合作伙伴共享。但我们可能会将使用您的信息而形成的用户画像与提供广告、分析服务的合作伙伴共享，在不识别您个人身份的前提下提升广告及服务信息的有效触达率。

对我们与之共享个人信息的公司、组织和个人，我们会与其签署相应的保密协议，要求他们按照我们的说明、隐私政策以及其他任何相关的保密和安全措施来处理个人信息。

五、平台管理用户个人信息的法律要点

（一）用户个人信息境内存储及跨境

1. 个人信息跨境流动的主要场景

对于所收集用户个人信息的存储地点，平台方可能会根据业务实际情况有不同的考量。例如，某旅游平台为用户境外旅游提供资讯服务，用户使用该平台时可能身处海外，为了用户在海外能够顺利、快速访问该旅游平台，平台方可能会将部分在境内运营汇总收集的用户个人信息和业务数据同步在位于境外的服务器上备份或存储。这种情况下，就涉及平台所收集个人信息和业务数据的跨境和境外存储问题。

互联网下数据跨境①在技术上十分容易实现，随着各类互联网服务的全球化，数据跨境的实际需求也在增长，数据跨境的情形十分普遍。

个人信息跨境流动可能在多种场景中发生。从互联网平台的角度看，个人信息跨境流动主要发生在平台提供跨境服务的业务场景下。② 例如，上述列举的中国互联网平台为用户提供海外旅游服务所引起的个人信息向境外传输。又如，境外互联网平台直接为中国境内用户提供服务，也可能会涉及中国境内用户将个人信息提供给境外主体、传输至境外服务器的情形。

---

① 此处所说的“跨境”是指数据跨境（或称数据跨境流动），即通过各种技术和方法，实现数据跨越国境（地理疆域）的流动。

② 在非业务场景下，如跨国企业对其全球员工档案、员工信息的管理，也会涉及个人信息的跨境流动，这类情形并非我们讨论的重点，因此未做展开。

2. 个人信息境内存储及跨境流动的监管要求

个人信息等数据在哪里存储、是否可以跨境流动，看似只是一个业务安排或者技术架构问题，但是随着对数据价值认识的提升，各国都趋向于将数据存储和跨境视为重要的网络安全问题，并通过立法予以规制，我国也不例外。因此，平台方对于个人信息和相关数据的境外存储和跨境的安排，需要考虑我国法律的要求。例如，是否允许这些数据向境外提供、在境外存储，如果允许，是否需要就数据出境履行一定的审批程序。

根据《网络安全法》的规定，关键信息基础设施的运营者①在中华人民共和国境内运营中收集和产生的个人信息和重要数据应当在境内存储；因业务需要，确需向境外提供的，应当按照国家网信部门会同国务院有关部门制定的办法进行安全评估；法律、行政法规另有规定的，依照其规定。②

除《网络安全法》的规定外，各行业关于其行业内个人信息境内存储也有相应要求。例如：

（1）个人信用信息：征信机构在中国境内采集的信息的整理、保存和加工，应当在中国境内进行。③

（2）个人金融信息：在中国境内收集的个人金融信息的储存、处理和分析应当在中国境内进行。除法律法规及中国人民银行另有规定外，银行业金融机构不得向境外提供境内个人金融信息。④

（3）人口健康信息：不得将人口健康信息在境外的服务器中存储，不得

---

① 《网络安全法》第31条规定："国家对公共通信和信息服务、能源、交通、水利、金融、公共服务、电子政务等重要行业和领域，以及其他一旦遭到破坏、丧失功能或者数据泄露，可能严重危害国家安全、国计民生、公共利益的关键信息基础设施，在网络安全等级保护制度的基础上，实行重点保护。关键信息基础设施的具体范围和安全保护办法由国务院制定。国家鼓励关键信息基础设施以外的网络运营者自愿参与关键信息基础设施保护体系。"

② 2019年6月13日，国家互联网信息办公室发布《个人信息出境安全评估办法（征求意见稿）》，该征求意见稿规定，网络运营者向境外提供在中华人民共和国境内运营中收集的个人信息，均应当进行安全评估。该规定尚未正式出台。

③ 《征信业管理条例》第24条。

④ 《人民银行关于银行业金融机构做好个人金融信息保护工作的通知》（银发〔2011〕17号）。《中国人民银行金融消费者权益保护实施办法》（银发〔2016〕314号）。《中国人民银行关于发布金融行业标准加强移动金融客户端应用软件安全管理的通知》（银发〔2019〕237号）。

托管、租赁在境外的服务器。①

（4）在中国境内收集的出借人与借款人信息的储存、处理和分析应当在中国境内进行。除法律法规另有规定外，网络借贷信息中介机构不得向境外提供境内出借人和借款人信息。②

如果违反个人信息境内存储与跨境的监管要求，可能受到主管部门的处罚。

◇ 案例5－6 华大基因、华山医院将人类遗传资源信息从网上传递出境，受到行政处罚③

中国人类遗传资源管理办公室对深圳华大基因科技服务有限公司（以下简称华大基因）、复旦大学附属华山医院（以下简称华山医院）开展的“中国女性单相抑郁症的大样本病例对照研究”国际科研合作情况进行调查发现：华大基因与华山医院未经许可与英国牛津大学开展中国人类遗传资源国际合作研究，华大基因与华山医院未经许可将部分人类遗传资源信息从网上传递出境。

科学技术部认为，上述行为违反了《人类遗传资源管理暂行办法》④ 第4条、第11条、第16条的规定，分别对华大基因及华山医院作出如下处罚：（1）立即停止该研究工作的执行。（2）销毁该研究工作中所有未出境的遗传资源材料及相关研究数据。（3）停止涉及我国人类遗传资源的国际合作，整改验收合格后，再行开展。

3. 个人信息出境应当取得用户授权同意

即使平台方将所收集的用户个人信息存储于境外或向境外提供该信息不为法律所禁止，平台方也应当将数据出境的相关安排明确告知用户并取得其同意，方可实施数据出境。

---

① 《人口健康信息管理办法（试行）》第10条。

② 《网络借贷信息中介机构业务活动管理暂行办法》第27条。

③ 处罚决定书文号：国科罚［2015］2号。

④ 《人类遗传资源管理条例》于2019年7月1日起实施，《人类遗传资源管理暂行办法》同时废止。

◇ 示例5－8 某旅游平台隐私政策关于数据出境的内容

四、我们如何保存和保护您的个人信息

（一）个人信息的保存

保存地域：原则上，我们在中华人民共和国境内收集和产生的个人信息，将存储在中国境内，但以下情形除外：

（1）法律法规有明确规定的；

（2）单独征得您授权同意的；

（3）您主动发起的跨境预订、下单、交易等个人行为（如购买国际机票、预订国际酒店）；

（4）在上述情形中，我们会要求数据接收方按照本隐私政策以及其他相关的安全保密措施来处理个人信息。

（二）用户个人信息的保存期限和删除

1. 用户个人信息的保存期限

基于用户个人信息收集、使用的必要性要求，平台方保存用户个人信息的期限应当为实现个人信息用途所必需的最短时间。超出保存期限后，平台方应当对个人信息进行删除或匿名化处理。

同时，平台方还需要结合不同行业的具体要求及诉讼时效来考虑用户个人信息的保存期限。例如，《电子商务法》要求电子商务平台经营者应当保存平台上发布的商品和服务信息、交易信息的期限为自交易完成之日起不少于三年。又如，一般诉讼时效为三年，而《保险法》规定的人寿保险的特殊诉讼时效为五年，则保险业务的平台方需要从留存诉讼证据的角度考虑个人信息的保存期限。

◇ 示例5－9 某电子商务平台《隐私政策》中关于个人信息保存期限的条款

四、我们如何保护您的个人信息

我们只会在达成本政策所述目的所需的期限内保留您的个人信息，除非法律有强制的存留要求，例如，《电子商务法》要求商品和服务信息、交易信息保存时间自交易完成之日起不少于三年。而我们判断前述期限的标准包括：

1. 完成与您相关的交易目的、维护相应交易及业务记录、应对您可能的查询或投诉；

2. 保证我们为您提供服务的安全和质量；

3. 您是否同意更长的保存期限；

4. 是否存在关于保存期限的其他特别约定。

在您的个人信息超出保存期限后，我们会删除您的个人信息，或对其进行匿名化处理。

2. 用户个人信息的删除要求

除超出保存期限后由平台方对用户个人信息进行主动删除外，个人信息主体如果发现平台方违反法律规定或者双方的约定收集、使用其个人信息的，有权要求平台方删除其个人信息。

◇ 示例5－10 某互联网平台《隐私政策》关于用户可以申请平台删除个人信息的条款

在以下情形中，您可以向我们提出删除个人信息的请求：

1. 如果我们处理个人信息的行为违反法律法规；
2. 如果我们收集、使用您的个人信息，却未征得您的明确同意；
3. 如果我们处理个人信息的行为严重违反了与您的约定；
4. 如果您不再使用我们的产品或服务，或您主动注销了账号；
5. 如果我们永久不再为您提供产品或服务。

六、用户个人信息保护行业应用实例

下面以电子商务平台（电商平台）、互联网教育平台、互联网医疗平台、互联网金融平台四类平台为例，介绍不同行业在用户个人信息保护方面的要点和注意事项。

（一）电商平台的用户个人信息保护

电商平台为个人用户提供平台服务，需要收集、使用大量个人信息。电商平台收集用户信息应当符合法律法规的一般性要求，收集实现其基本业务功能所需的必要信息（电商平台必要信息见本章示例5-1之表5-2）。而在使用和管理所收集用户信息方面，电商平台有其更为个性化的问题需要平台方予以关注。

1. 电商平台自行使用用户个人信息的主要场景或用途

（1）使用用户信息进行个性化推荐或精准营销。

电商平台可能使用用户年龄、地域等信息，以及用户浏览商品等使用行为记录进行用户画像，形成用户个人特征模型或其所属群体特征模型，为其进行个性化推荐或精准营销。

电商平台根据消费者的兴趣爱好、消费习惯等特征向其提供商品或者服务的搜索结果。对此安排，电商平台应当同时提供不针对其个人特征的选项，注意避免限制用户选择权的情形，以尊重和平等保护消费者合法权益。例如，为用户提供的产品搜索结果，不应当都是基于个性化推荐的结果，而没有其他一般搜索结果。

（2）使用用户个人信息发送商品推广信息等广告。

电商平台的商品上新快、营销活动多，电商有向用户发送商品信息和活动推广信息的需求。电商平台通过用户预留的电话号码、电子邮箱等发送的此类推广信息可能属于商业性电子信息，需要注意事先取得用户授权，为用户预留并告知用户拒绝接收、退订的途径。

◇ 案例5-7 上海禄跃电子商务有限公司非法使用消费者个人信息案①

上海禄跃电子商务有限公司（以下简称禄跃公司）为一家电子商务公司，主要通过天猫商城销售汽车用品。2019年4月，某消费者购买了禄跃公司在其天猫商城店铺内销售的“汽车抛光机打蜡机盘无线家用美容神器套装工具划痕修复打磨抛光机”，禄跃公司由此获得了消费者的姓名、联系方式、家庭住址等信息。2019年10月，消费者对上述产品追加评价，禄跃公司在该条评价下曝光了消费者的姓名、联系方式、家庭住址等信息。

① 处罚决定书文号：沪市监金处字〔2019〕第2802019003724号。

执法机关认为，禄跃公司曝光消费者姓名、联系方式、家庭住址等信息的行为违反了《消费者权益保护法》第29条第2款的规定，构成了侵害消费者个人信息依法得到保护的权利的行为，依据《消费者权益保护法》第56条第1款第9项、《行政处罚法》第27条第4款的规定，责令禄跃公司改正违法行为，并罚款人民币2万元整。

2. 电商平台向第三方服务商提供用户个人信息的常见用途和场景

电商平台向第三方提供用户信息的常见用途和场景主要有以下几种：

(1) 委托第三方服务商为用户提供服务。

电商平台为用户提供商品和服务时，可能将物流、客服等部分服务内容委托给第三方服务商。例如，电商平台或者平台内经营者委托第三方物流服务商向用户配送商品，需要向第三方服务商提供用户收货信息。对此，可以在个人信息保护政策中集中告知、取得用户授权。同时，电商平台经营者还应当对受托的第三方服务商提出数据保护要求。

◇ 示例5-11 某电商平台隐私政策中关于将个人信息提供给第三方服务商的内容

我们可能会将您的个人信息共享给支持我们功能的第三方。这些支持包括为我们供货或提供基础设施技术服务、物流配送服务、支付服务、数据处理等。我们共享这些信息的目的是实现我们产品与/或服务的核心购物功能，比如我们必须与物流服务提供商共享您的订单信息才能安排送货，或者我们需要将您的订单号和订单金额与第三方支付机构共享以实现其确认您的支付指令并完成支付等。

(2) 与第三方合作伙伴进行业务合作，共享用户个人信息。

目前，电商平台普遍存在与第三方平台合作、向用户销售第三方平台产品（以虚拟产品为主，如视频网站会员权益）的业务模式。用户购买第三方平台的虚拟产品，通常由电商平台向第三方平台共享、提供用户手机号码、账号信息进行账号关联，用户方可使用虚拟产品。对此安排，电商平台应当提前告知用户。如果用户接受的服务是在第三方平台，电商平台还应当提示用户，并通过业务流程和技术手段协助用户了解和签署第三方平台的用户协议、个人信息保护政策。同时，电商平台应当在与合作伙伴的协议中对其信息安全责任提出要求。

◇ 示例5－12 某电商平台与合作伙伴的协议中关于信息安全责任的约定

乙方（合作伙伴）应当对在业务合作过程中知悉的用户信息负有完全的保密义务，不得泄露、篡改或者毁损，不得出售或者非法向他人提供，不得用于提供服务之外的任何其他目的。乙方应当具备用户信息保护管理制度和风险管控机制，按照相关法律法规的规定和本协议约定承担用户信息保护责任。乙方应当设置安全负责人，负责本协议项下用户信息保护事项的管理和与甲方（某电商平台）的联络、沟通。甲方有权对乙方的用户信息保护能力及风险进行安全评审和核查，有权对乙方履行用户信息保护义务的情况进行监督，乙方应当配合甲方的核查，提供甲方为开展核查而合理请求的所有信息、资料。乙方如有违反法律规定或违反本协议约定的情形，应当承担相应责任。

3. 电商平台用户个人信息管理要点

《电子商务法》第24条明确规定，电子商务经营者应当明示用户信息查询、更正、删除以及用户注销的方式、程序，不得对用户信息查询、更正、删除以及用户注销设置不合理条件。电子商务经营者收到用户信息查询或者更正、删除申请的，应当在核实身份后及时提供查询或者更正、删除用户信息。用户注销的，应当立即删除该用户的信息；依照法律、行政法规的规定或者双方约定保存的，依照其规定。

目前，许多电商平台并未设置用户删除个人信息或注销账户的功能，需要结合上述规定调整。由于《电子商务法》同时规定，第三方电商平台上的商品和服务信息、交易信息保存时间自交易完成之日起不少于三年，删除个人信息还需要考虑符合该保存期限要求。

（二）互联网教育平台的用户个人信息保护

1. 互联网教育平台用户个人信息保护的特点

互联网教育平台在用户个人信息保护方面有其特点，主要有以下几个方面：

（1）信息主体多样化。

从信息主体来看，互联网教育平台所收集的个人信息主要为用户的个人信息，平台的用户除了学生以外，还可能涉及教师，因此平台所收集的个人信息包括学生个人信息和教师个人信息等。对于面向未成年人的互联网教育平台，其所收集的信息既有未成年人信息，也可能有学生家长信息。

（2）收集场景多样化。

从收集场景来看，互联网教育平台收集个人信息的场景具有多样化的特点。除了在用户注册平台账号环节收集个人信息以外，互联网教育平台在个性化课程设计、费用支付、直播授课等环节也涉及对个人信息的收集。例如，在用户注册平台账号环节，涉及对用户身份识别信息的收集；在个性化课程设计环节，涉及对学生成绩、学历等学力水平信息的收集；在费用支付环节，涉及对用户的银行卡号码、第三方支付平台账号等金融信息的收集；在直播授课环节，涉及对教师、学生等参与直播的个人的影像、肖像等信息的收集。

◇ 示例5－13 某互联网英语培训平台收集信息的场景

账户注册场景如图5－6所示：

图5－6 某互联网英语培训平台在账户注册阶段收集个人信息

注册后的账户设置场景如图 5－7 所示：

图 5－7　某互联网英语培训平台在注册后的账户设置阶段收集个人信息

购买课程场景如图 5－8 所示：

图 5－8　某互联网英语培训平台在课程购买阶段收集个人信息

（3）向其他方共享个人信息的常见情形。

在个人信息使用过程中，除了因网络教学需要而使用个人信息外，互联网教育平台出于其他商业需要向其他方共享用户个人信息的情况比较常见。例如，为促进学员之间的互动交流，平台方向其他用户共享用户个人信息；又如，为推广平台产品和服务，平台方通过用户提供的联系方式发送广告，或对收集的个人信息进行整理，制作成行业报告、教育成果报告等后向其他方推广；再如，为促进业务协同和资源共享，平台方向合作方或关联方共享用户个人信息。

（4）涉及未成年人信息的收集和使用。

互联网教育平台往往还涉及对未成年人信息进行收集和使用。为此，平台方应当注意采取措施对未成年人信息进行特别保护。

2. 互联网教育平台收集用户个人信息的注意事项

鉴于互联网教育平台收集用户个人信息涉及的主体和场景多样化，互联网教育平台在收集用户信息和获取用户授权的安排上，需要关注和考虑以下几个方面：

（1）取得用户明示的授权。

对于用户个人信息的收集和使用，互联网教育平台通常通过用户注册时签署用户协议、个人信息保护政策的方式集中取得用户授权。用户协议、个人信息保护政策应当以显著方式显示，由用户主动勾选、明示同意。

如果平台所收集的个人信息涉及收集未成年人个人信息的，平台方应当注意采取措施对未成年人信息进行特别保护，可以采取以下措施：收集和使用未成年人信息需要取得其法定监护人的同意，相关用户协议和个人信息保护政策应对未成年人信息和成年人信息的收集和使用行为进行区分约定，在个人信息保护政策中明确如未成年人的法定监护人发现未成年人信息在未经同意的情况下提供，该法定监护人联系互联网教育平台对相关信息进行删除、处理的途径等。

(2) 收集个人信息的正当性和必要性。

互联网教育平台收集、使用用户个人信息同样需要遵循合法、正当、必要的原则，其中特别需要关注所收集信息的必要性。通过用户协议、个人信息保护政策等文件集中取得用户授权时，需要关注其中关于所收集信息的范围及其所对应的业务功能的描述是否具有必要性。如果没有该信息的参与，并不影响该产品或服务功能的实现，则该信息不属于必要信息。

对于已经通过个人信息保护政策等文件集中取得用户授权的信息，在实际执行信息收集操作时，需要关注在哪一业务环节收集更符合必要性的要求。例如，在注册阶段即要求用户提供银行账号等金融信息则可能属于不必要的情形。又如，在不涉及向用户邮寄教材或其他文件资料的情况下要求用户提供住址信息，则属于不必要的情形。

就儿童个人信息收集，互联网教育平台的运营者应当先从具体业务内容出发，梳理出其可能涉及未成年人用户参与的业务场景并考虑该等场景下收集儿童个人信息的必要性。如无必要，则不予收集或使用。例如，某儿童英语在线教育平台涉及儿童参与的业务环节仅有在线授课环节，且教师在课堂上称呼该儿童学员时，只需要称呼该儿童的昵称而不需要使用该儿童的真实姓名。同时，该平台上其他涉及身份识别的环节，如注册平台用户、登录用户、购买课程、服务缴费、售后服务等，须由该儿童的监护人参与并使用该监护人的个人信息便能实现相关业务功能。在此情况下，如果该儿童英语在线教育平台仍收集儿童的真实姓名、身份证号码等儿童个人信息，则属不必要情形。

(3) 直播授课的个人信息收集行为的特殊性。

直播授课涉及对教师、学生等参与直播的个人的影像、肖像等信息的收集。与手动输入提交个人信息的场景不同，在直播视频授课场景中，信息收集行为伴随着视频录制过程而发生，因而该收集行为容易被忽视。在该场景下，除了个人肖像、影像等内容以外，直播过程中其他入镜人物的行为、场地环境等信息元素也会被收集，该等信息元素中可能包含参与直播者本不愿意提供的信息甚至隐私，如家人的肖像或影像、居家环境。对此，互联网教育平台需要重点关注，通过一系列措施强化管理。

3. 互联网教育平台使用用户个人信息的注意事项

与其他互联网平台使用用户信息同理，互联网教育平台在使用用户个人信息时，一方面不得超越其与信息提供方之间约定的范围，另一方面不得未经信息主体明示的同意，将信息提供、转让甚至出售给第三方。

互联网教育平台向其他方共享用户个人信息的情况比较常见，因此平台方在使用个人信息时需要关注和考虑以下几个方面：

（1）向其他用户共享用户个人信息。

互联网教育平台可能涉及向其他用户共享用户个人信息的场景。例如，在数名用户组成的班级、学习小组等组织范围内发布班内/组内用户的能力测评结果，以营造班内/组内积极的学习氛围、激发学生的学习兴趣；在用户交流区或论坛等用户间的交流场景中，显示用户基本情况，如用户 ID、头像、联系方式。就向其他用户显示、公示用户个人信息的行为，互联网教育平台应当在用户协议和个人信息保护政策等文件中明示并取得用户的同意。

（2）经营数据统计。

互联网教育平台往往会对其收集的用户个人信息进行数据统计、分析和处理，制作成业务或行业的分析、统计报告，以了解自身的经营情况或展示其教育成果。此外，互联网教育平台方有可能将相关报告提供给其他方，如投资者、合作伙伴、行业协会，甚至向社会进行公示，以便于相关方了解该平台方和该行业的经营情况，从而推广其产品和服务。

对此，互联网教育平台应当在用户协议和个人信息保护政策文件中明示该信息使用的用途和范围，并取得用户的同意。如果将数据统计、分析和处理工作交由第三方服务供应商完成而涉及向第三方提供个人信息的，平台方应当在用户协议和个人信息保护政策文件中明示该行为并取得用户明确的同意。互联网教育平台提供给其他方或公示的报告和数据，应当以不能还原识别特定自然人身份的脱敏信息呈现。

（3）向合作方共享用户信息。

为实现客户资源共享、置换和转化的需求，降低获客成本，互联网教育平台与其上下游合作伙伴共享、置换用户个人信息的情况比较常见。例如，从事外语培训的互联网教育平台方与留学中介相互置换、共享有意提升外语水平和出境留学的客户个人信息。

互联网教育平台涉及向其合作伙伴提供个人信息的，应当在用户协议、个人信息保护政策中明示该信息流转行为的目的、用途和范围并取得用户明确的同意，且不得超出授权或超范围使用。在信息转移的过程中，互联网教育平台方应当保证个人信息不被相应的合作伙伴之外的任何个人、组织和机构所获知，并对合作伙伴的数据保护义务提出要求。相应地，互联网教育平台从其合作伙伴获取个人信息的，也应当遵循上述原则。

（4）向关联方共享用户信息。

集团化经营的互联网教育平台方在集团内各关联主体之间共享流转个人信息的情况也比较常见。互联网教育平台与其子公司等关联企业①之间进行个人信息归集和共享时，应当取得用户明确的同意；相关关联主体对个人信息的调用也应当符合最少、够用原则，并应当对个人信息按照其敏感程度进行分级管理，例如，涉及用户的身份证信息、金融财产信息、个人肖像和影像等敏感的信息应当设置最严格的使用权限制度。

（5）通过用户提供的联系方式发送广告。

与其他行业相同，互联网教育平台也有向用户发送产品和活动推广信息的需求。互联网教育平台通过用户预留的电话号码、电子邮箱等发送的此类推广信息属于商业性电子信息，一方面需要事先取得用户授权，另一方面在

① 参见本章“四、平台使用用户个人信息的法律要点”之“（一）平台方自行使用用户个人信息”以及“（二）平台方向第三方提供用户个人信息”相关内容。

实际发送时需要为用户预留并告知拒绝接收、退订的途径。

4. 互联网教育平台关于收集、使用儿童个人信息的注意事项

对不满14周岁的未成年人个人信息的保护，法律法规有专门规定，互联网教育平台方应当遵守。

根据《儿童个人信息网络保护规定》，“儿童”是指不满14周岁的未成年人，《儿童个人信息网络保护规定》所保护的儿童个人信息是能还原、识别不满14周岁的特定未成年的一个或多个信息的组合。对收集、存储、使用、转移、披露不满14周岁的未成年人的个人信息的行为，《儿童个人信息网络保护规定》有专门的监管要求，其监管内容主要包括：

（1）收集儿童个人信息的特别要求。

就通过网络收集儿童个人信息的行为，《儿童个人信息网络保护规定》要求，互联网教育平台应当取得儿童监护人的同意，并且在征求儿童监护人同意时，应当提供拒绝使用选项并明确告知儿童个人信息收集、存储、使用、转移的相关事项，并且，在相关事项发生实质变化时，应当再次征得儿童监护人的同意。此外，互联网教育平台应当设置专门的儿童个人信息保护规则和用户协议，并指定专人负责儿童个人信息保护。

（2）网络运营者自行使用儿童个人信息的特别要求。

就互联网教育平台自行使用儿童信息的自用行为，平台方应当按照其和儿童监护人约定的目的、范围和法律法规的要求使用儿童个人信息。如果超出约定目的、范围使用的，应当再次征得儿童监护人的同意。

此外，在互联网教育平台内部对儿童个人信息使用的管理方面，平台方和其工作人员应当以最小授权为原则，严格设定信息访问权限，控制儿童个人信息知悉范围，工作人员访问儿童个人信息的，应当经过儿童个人信息保护负责人或其授权的管理人员审批，并采取技术措施，避免违法复制、下载儿童个人信息的情况。

同时，《儿童个人信息网络保护规定》授予儿童监护人要求互联网教育平台对儿童个人信息进行错误更正、删除的权利。当儿童监护人发现儿童个人信息有错误时，有权要求互联网教育平台予以更正；当儿童监护人要求删除儿童个人信息时，有权要求互联网教育平台予以删除。

(3) 互联网教育平台向他人提供儿童个人信息的特别要求。

就互联网教育平台向他人转移、提供儿童个人信息的情况，《儿童个人信息网络保护规定》特别提出，互联网教育平台应当经过儿童监护人同意，且应当自行或委托第三方机构对接收儿童个人信息的一方进行安全评估。

基于《儿童个人信息网络保护规定》，对于不满 14 周岁未成年人的信息，互联网教育平台可以先从具体业务内容出发，梳理出其可能涉及未成年人用户参与的业务场景。对该等可能涉及未成年人参与的业务场景，互联网教育平台应当立足于信息收集的必要性原则，考虑收集相关未成年个人信息是否有必要性。如没有必要，则不予收集或使用。

在示例 5－14 中，我们以少儿在线教育平台为例，通过对平台的基本业务功能及各功能下所需的个人信息的梳理，可以看出在多数场景下，收集儿童个人信息并不必要。(详见表 5－13)

◇ 示例 5－14 少儿在线教育平台基本业务功能及个人信息

表 5－13 少儿在线教育平台基本业务功能及个人信息表

业务功能	收集信息	收集目的、用途	收集儿童个人信息的必要性
用户注册	手机号码	注册平台账户，满足注册用户实名认证要求	一般由家长为儿童进行用户注册，没有收集儿童个人信息的必要
课程缴费	第三方支付信息，如支付账号或交易流水号，支付状态	实现购课订单支付功能	收集儿童家长的第三方支付信息即能实现支付功能，没有收集儿童个人信息的必要

续表

业务功能	收集信息	收集目的、用途	收集儿童个人信息的必要性
在线课堂	个人肖像、影像、儿童名字（昵称）	实现在线授课、即时互动与交流	即时互动式的直播课堂场景下，可能涉及受教育的儿童肖像、影像的收集；课堂上可能需要使用儿童的名字称呼儿童、识别儿童身份，但如果使用儿童昵称也可以达到效果，则没有必要收集儿童的真实姓名
客户服务	账号信息，如平台账号、账号口令；联系信息，如手机号码、邮箱	识别用户身份，提供有针对性的服务	客户服务通常由客服人员直接向儿童家长提供，不涉及儿童个人信息的收集，没有收集儿童个人信息的必要
个性化营销	手机号码、邮箱	推送营销广告	向儿童家长推送营销广告即可达到推广目的，没有收集儿童个人信息的必要
教材寄送	收货人信息，如姓名、地址、手机号码	寄送教材时识别收货人、送达货物和联系收货人	向儿童家长寄送即可达到目的，没有收集儿童个人信息的必要

（三）互联网医疗平台的用户个人信息保护

互联网医疗行业涉及大量的数据，这些数据包括受法律保护的个人信息和隐私，以及个人信息和隐私之外的科研数据、商业秘密等其他类型的数据。

与其他行业相比，医疗行业数据的保护不仅是公民个人权利的保护问题，还涉及医学伦理、国计民生、国家战略等方面的问题。例如，基于人体基因组、基因等遗传物质的器官、组织、细胞等遗传材料产生的数据——人类遗传资源信息是重要的国家战略资源，对认识生命本质、探索疾病发生发展的原理和机制、研发疾病预防干预策略、促进人口健康具有重要意义。

一旦互联网医疗平台发生数据安全事件，不仅会导致相关数据主体的权益受损，甚至可能对国家战略安全和人民群众生命安全带来威胁。因此，基于医疗行业的特殊性，法律法规在对医疗行业数据安全合规方面有特殊的、更严格的监管规定，包括受法律保护的医疗数据范围，医疗数据的收集、使用、跨境流动、存储等方面。

1. 法律保护的医疗数据的范围

现行法律法规所保护的医疗数据范围比较广泛。除了个人信息以外，在人们疾病防治、健康管理过程中产生的与健康医疗相关的数据，包括但不限于人口健康信息、人口遗传资源信息，均属于法律法规所保护的医疗数据范围。《国家健康医疗大数据标准、安全和服务管理办法（试行)》《人口健康信息管理办法（试行)》《人类遗传资源管理条例》分别从不同角度规定了医疗数据范围。

根据《国家健康医疗大数据标准、安全和服务管理办法（试行)》的规定，国家在保障公民知情权、使用权和个人隐私的基础上，根据国家战略安全和人民群众生命安全需要，对健康医疗数据加以规范管理和开发利用。① 健康医疗大数据，是指在人们疾病防治、健康管理等过程中产生的与健康医疗相关的数据。②

根据《人口健康信息管理办法（试行)》的规定，人口健康信息，是指依据国家法律法规和工作职责，各级各类医疗卫生计生服务机构在服务和管理过程中产生的人口基本信息、医疗卫生服务信息等人口健康信息。基于此规定，病历、医疗检查报告、病患数据、疾病疫情数据、各类病情死亡率/生存率、患者病历及用药情况、患者病情变化等数据均属于人口健康信息。

《人类遗传资源管理条例》则从保护和合理利用我国人类遗传资源，维护公众健康、国家安全和社会公共利益角度，对人口遗传资源信息的保护提出了监管要求。其中，人类遗传资源包括人类遗传资源材料和人类遗传资源信息，人类遗传资源材料是指含有人体基因组、基因等遗传物质的器官、组织、细胞等遗传材料，人类遗传资源信息是指利用人类遗传资源材料产生的

---

① 《国家健康医疗大数据标准、安全和服务管理办法（试行)》第 2 条。

② 《国家健康医疗大数据标准、安全和服务管理办法（试行)》第 4 条。

数据等信息资料。

2. 收集医疗数据的注意事项

(1) 收集医疗数据的主要场景和信息类型。

互联网医疗平台在业务经营的过程中涉及医疗数据的收集，常见的收集场景和数据类型主要包括：

①平台用户注册。

在平台用户注册环节，互联网医疗平台通常需要用户提供个人信息以进行用户身份识别，这些信息包括用户手机号、身份证号、邮箱等，如图5-9所示。

◇ 示例5-15 某互联网医疗平台在用户注册阶段收集个人信息

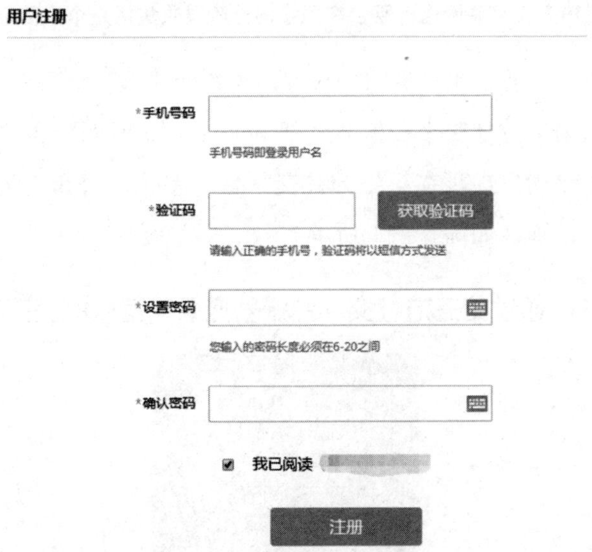

图5-9 某互联网医疗平台在注册阶段收集用户个人信息的场景

②网络问诊服务。

在进行网络问诊服务场景下，医疗机构需要用户通过互联网医疗平台提供患者信息，如患者病历信息、诊断报告、用药信息、患处照片、用户与患者之间的关系，如图5-10所示。

◇ 示例 5 - 16 某互联网医疗平台在网络问诊阶段收集个人信息

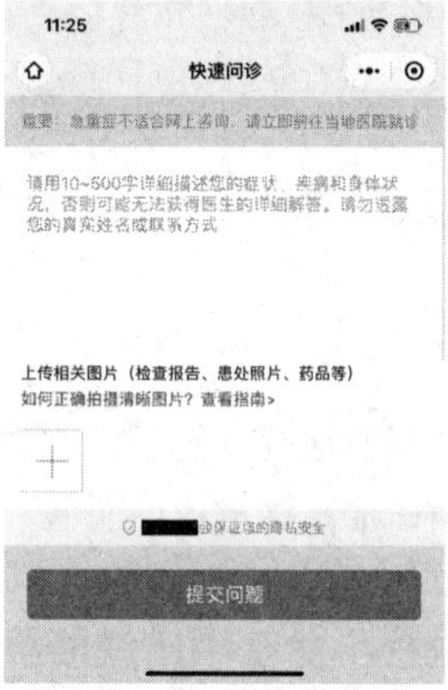

图 5 - 10　某互联网医疗平台在网络问诊阶段收集用户个人信息的场景

③通过第三方社交平台账号登录互联网医疗平台。

当用户以第三方社交平台账号注册和登录互联网医疗平台时，互联网医疗平台通常需要用户提供在第三方社交平台上登记、公布、记录的信息，如昵称、头像、性别，如图 5 - 11 所示。

◇ 示例 5 - 17 通过第三方社交平台账号登录某互联网医疗平台

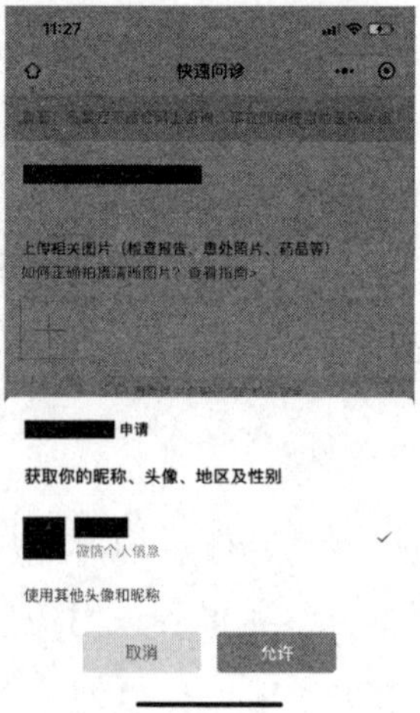

图 5 - 11　通过第三方社交平台账号登录某互联网医疗平台

④互联网药品销售。

在互联网药品销售场景下，互联网医疗平台需要收集处方信息、详细收货地址、金融支付信息等，以进行药品销售和配送，如图 5－12 所示。

◇ 示例 5－18 某互联网医疗平台在药品销售阶段收集个人信息

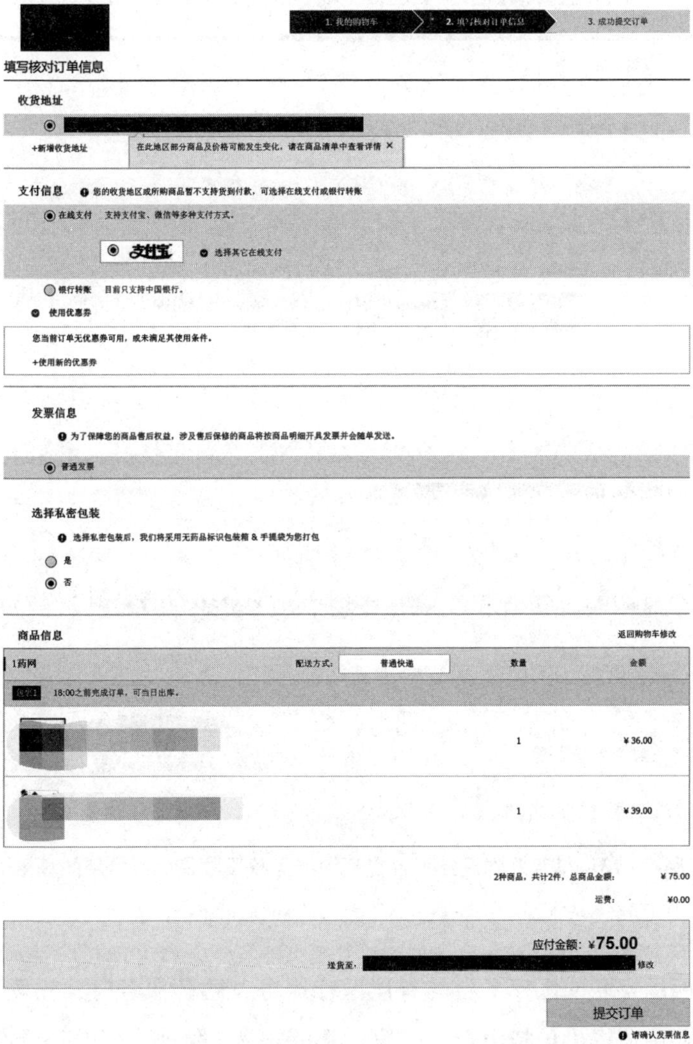

图 5－12 某互联网医疗平台在药品销售阶段收集个人信息的场景

⑤互联网预约挂号。

在互联网预约挂号场景下，互联网医疗平台需要收集患者的个人身份信息以进行身份识别，如患者身份证号码、就诊卡或医保卡号码、金融信息，如图 5 – 13 所示。

◇ 示例 5 – 19 某互联网医疗平台在预约挂号阶段收集个人信息

图 5 – 13 某互联网医疗平台在预约挂号阶段收集个人信息的场景

⑥费用支付。

用户使用互联网医疗平台的有偿医疗服务、购药服务时，互联网医疗平台通常需要用户提供包括银行卡信息、第三方支付账号信息等金融信息，如图 5 – 14 所示。

◇ 示例5－20 某互联网医疗平台在费用支付阶段收集个人信息

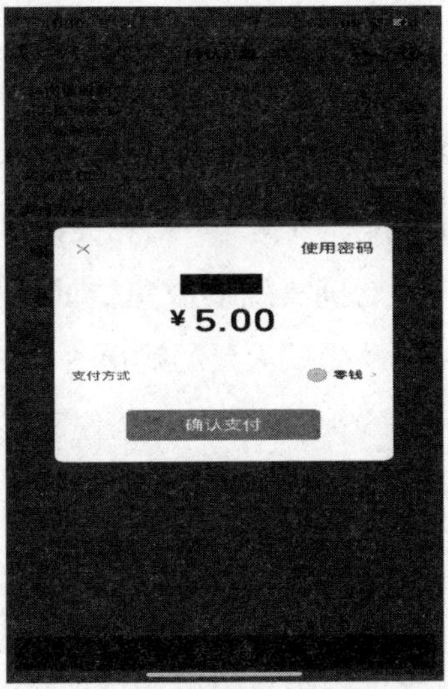

图5－14 某互联网医疗平台在预约费用支付时收集个人信息的场景

⑦从移动智能医疗健康穿戴设备收集。

有的互联网医疗平台对用户的移动智能医疗健康设备所收集的数据进行记录、分析和处理，向用户或医疗机构提供，以帮助医疗决策和健康管理决策。在此业务中，平台方通常需要收集用户年龄、姓名、性别等个人信息和血压、心率、体重、体脂率、身高等体征信息。

◇ 示例5－21 从移动智能医疗健康穿戴设备收集个人信息

陈某通过某互联网药品和医疗器械销售平台购买了一台血压监测仪。在购买过程中，陈某提供了其银行卡账号信息、手机号码和收货地址。

收到血压监测仪时，陈某按照说明书在手机上下载了该检测仪配套的移动应用程序，并在移动应用程序平台注册了账号。注册时，陈某提供了其年龄、性别和手机号码。

陈某使用血压监测仪时，血压监测仪所记录的血压和心率数据将在移动应用程序中呈现。同时，经陈某同意后，移动应用程序运营者将对血压监测仪记录的相关数据进行分析和处理，根据相关数据的变化，向陈某提供个性化的健康指导信息。

⑧招募临床实验项目受试人员。

有的互联网医疗平台自发或基于其他医疗机构的委托，为临床实验项目而招募受试人员并收集相关医疗数据，并对相关数据进行使用、分析和处理。在此业务中，互联网医疗平台通常需要收集受试人员的姓名、出生年月日、身份证号码等个人信息，以及受试人员的病历，病史，试验前、过程中和试验后的用药情况，各类医疗诊断和检查报告等健康信息。

⑨从其他合作方收集。

互联网医疗平台还可能涉及从个人之外的合作方收集医疗数据的情形。例如，在医疗大数据处理行业中，互联网平台方受政府部门、各级医疗机构、科研机构或药品生产企业等机构用户的委托，对合作方提供的医疗数据通过大数据处理技术进行处理，形成有价值的医疗数据分析报告、数据解决方案等成果。

在此场景下所收集的医疗数据可能为包含个人信息的医疗数据，也可能为不包含个人信息的其他医疗数据。例如，患者的原始病历资料包含患者姓名、身份证号码、医保卡号、病情记录、检查报告等数据，该等一个或多个数据组合能够还原、识别至特定自然人的身份，因此属于含有公民个人信息的医疗数据。如果将原始病历资料的个人信息移除，仅保留患者用药规律和病情发展记录，则该等病历资料不属于个人信息，但仍属于受法律法规保护的医疗数据。

（2）医疗数据收集的要点。

互联网医疗平台方收集的医疗数据，应当符合法律法规的要求。对个人信息和不含有个人信息的医疗数据，管理的重点不同。

①收集个人信息的管理要点。

与其他行业的相关要求类似，在收集个人信息时，平台方应当遵循合法、正当、必要的原则，公开收集、使用规则，明示收集、使用信息的目的、方式和范围，并取得被收集者同意。

平台方通常通过用户签订用户协议、个人信息保护政策的方式集中取得授权。相关用户协议条款和个人信息保护政策条款应当明示收集、使用信息的目的、方式和范围，其内容应当充分、明确地涵盖涉及用户和患者个人信息收集、使用、流转的全流程。**特别地，用户协议和个人信息保护政策还应当对用户和患者不是同一人的情况进行特别约定，对患者信息和用户信息予以区分处理**。例如，在用户协议和个人信息保护政策中设置用户的陈述与保证条款，使用户就其与患者的关系作出陈述，并保证其已取得合法授权向平台提供患者病情信息。

互联网医疗平台从个人之外的合作方收集个人信息时，应当依法取得信息主体明示的同意。如果无法直接取得信息主体同意的，互联网医疗平台应当确保合作方已就其向互联网医疗平台方提供该医疗数据取得了信息主体的同意，并要求合作方提交信息主体作出同意的书面证明文件。如果合作方也无法取得信息主体的同意，应当要求合作方将相关数据进行脱敏处理，使之不能还原、识别至特定自然人身份后，互联网医疗平台方才对相关数据进行收集。

②收集其他医疗数据的管理要点。

医疗健康活动、疾病防治过程中所产生的数据，还可能包括数据产生者的智力成果和商业秘密，产生医疗数据的一方对数据享有权益。

例如，药品临床试验项目的数据，除了包含患者个人信息和隐私外，还包括实验团队（包括医护人员和药品研发团队）在实验过程中对相关数据的收集记录、科学分析，用药指导意见等智力成果，而由于上述行为是实验团队履行职务的行为，该等智力成果属于所供职的单位（如科研机构、医疗机构、医疗企业）所有。

因此，互联网医疗平台方在从合作方收集这些数据时，还应当关注提供医疗数据的一方是否为医疗数据的权益方，是否有权向互联网医疗平台提供相关数据。为此，互联网平台方可以与合作方签署书面协议，协议中应当有关于合作方授权同意平台方收集医疗数据的条款以及合作方有权提供医疗数据的陈述与保证条款，以降低平台方的风险。

3. 使用医疗数据的注意事项

（1）医疗数据的用途和范围。

互联网医疗平台方对医疗数据的使用，应当符合个人信息主体和/或对医疗数据享有合法权益或负有法定保管责任的主体授权的用途和范围。**特别地，医疗数据的使用应符合医学伦理原则，以提高医学研究、科学决策和便民服务水平为目的，以医疗数据开展生物技术研究开发活动或者开展临床试验的，应当遵守有关生物技术研究、临床应用管理的法律、行政法规和国家有关规定**。

（2）向合作方提供医疗数据。

互联网医疗平台方向合作方提供医疗数据时，应当取得个人信息主体和/或对医疗数据享有合法权益或负有法定保管责任的主体的授权，并与合作方签订书面协议，约定合作方的数据保护义务和相应的违约责任。

当无法取得个人信息主体同意的情况时，互联网医疗平台方应当以不能还原、识别特定自然人身份的脱敏信息呈现。

（3）向关联方提供医疗数据。①

互联网医疗平台方基于关联公司之间的信息共享和集团化归集需要而向其关联公司提供医疗数据时，应当取得个人信息主体和/或对医疗数据享有合法权益或负有法定保管责任的主体的授权，并建立适用于各关联公司的统一数据管理和调用制度，按照法律法规的要求，依数据的敏感程度实施分级管理制度，越是敏感的信息应当设置越严格的使用权限制度。

（4）境外个人或组织从事医疗数据业务。

我国法律法规对境外个人或组织从事医疗数据业务有限制性要求。《外

① 参见本章“四、平台使用用户个人信息的法律要点”之“（一）平台方自行使用用户个人信息”以及“（二）平台方向第三方提供用户个人信息”相关内容。

商投资准入特别管理措施（负面清单）（2019 年版）》禁止境外投资者投资人体干细胞、基因诊断与治疗技术开发和应用。《人类遗传资源管理条例》规定，外国组织、个人及其设立或者实际控制的机构不得在我国境内采集、保藏我国人类遗传资源，不得向境外提供我国人类遗传资源；外国组织、个人设立或者实际控制的机构需要利用我国人类遗传资源开展科学研究活动的，应当遵守我国法律、行政法规和国家的有关规定，并采取与我国科研机构、高等学校、医疗机构、企业合作的方式进行；利用我国人类遗传资源开展国际合作科学研究的，应当符合一定的条件，并由合作双方共同提出申请，经国务院科学技术行政部门批准。

因此，互联网医疗平台在引进投资，或者因业务需要而拟与境外个人或组织就医疗数据使用开展合作时，应当关注和遵守上述限制性规定。

4. 医疗数据的管理、存储及跨境流动的注意事项

除《网络安全法》的一般性规定外，互联网医疗平台的运营者还应当关注法律法规对医疗数据的管理、存储及跨境流动的特别监管要求。

（1）医疗数据的管理。

法律法规对医疗数据的管理作出了一系列明确规定。例如，《国家健康医疗大数据标准、安全和服务管理办法（试行）》对医疗数据责任单位（包括涉及的健康医疗大数据管理的县级以上卫生健康行政部门、各级各类医疗卫生机构、相关单位及个人①）的安全管理、服务管理作出了明确的规定。

又如，《人类健康信息管理办法（试行）》要求对医疗数据实行分级存储，责任单位按照国家统一规划，负责存储、管理工作中产生的人口健康信息；责任单位应当具备符合国家有关规定要求的数据存储、容灾备份和管理条件，建立可靠的人口健康信息容灾备份工作机制，定期进行备份和恢复检测，确保数据能够及时、完整、准确恢复，实现长期保存和历史数据的归档管理。②

① 《国家健康医疗大数据标准、安全和服务管理办法（试行）》第 5 条。
② 《人类健康信息管理办法（试行）》第 9 条。

再如，《人类遗传资源管理条例》要求保藏人类遗传资源的单位应符合一定的条件并经国务院科学技术行政部门批准，且保藏需遵守相应的技术标准；[①] 对于涉及国家秘密的医疗数据，应当按照国家涉密信息管理的要求进行分级保护，杜绝泄密。[②]

（2）医疗数据的存储和跨境流动。

对医疗数据的存储地和跨境流动，法律法规明确规定应将医疗数据存储在境内，原则上不得向境外提供，确需向境外提供的，需要履行相应的审核程序。

《健康医疗大数据标准、安全和服务管理办法（试行）》规定，健康医疗大数据应当存储在境内安全可信的服务器上，因业务需要确需向境外提供的，应当按照相关法律法规及有关要求进行安全评估审核；[③]《人类健康信息管理办法（试行）》明确规定，不得将人口健康信息在境外的服务器中存储，不得托管、租赁在境外的服务器；[④]《人类遗传资源管理条例》规定，利用我国人类遗传资源开展国际合作科学研究，或者因其他特殊情况确需将我国人类遗传资源材料运送、邮寄、携带出境的，应当符合一定条件，并取得国务院科学技术行政部门出具的人类遗传资源材料出境证明。[⑤]

因此，互联网医疗平台的运营者应当将医疗数据存储在境内，如需向境外提供医疗数据的，需按照相关的法律规定，完成安全评估审核程序，并在取得批准后方可向境外提供。

（四）互联网金融平台的用户个人信息保护

互联网金融平台上的业务，既包括金融机构传统业务的互联网化，如网络银行、网络证券、网络保险、网络基金销售和网络消费金融等业务，也包

① 《人类遗传资源管理条例》第14～16条。

② 《人口健康信息管理办法（试行）》第17条、《人类遗传资源管理条例》第16条、《国家健康医疗大数据标准、安全和服务管理办法（试行）》第17条第2款。

③ 《国家健康医疗大数据标准、安全和服务管理办法（试行）》第30条。

④ 《人类健康信息管理办法（试行）》第10条。

⑤ 《人类遗传资源管理条例》第27条。

括非金融机构（主要为互联网企业）利用互联网进行的金融业务创新，如网络支付、网络借贷及其信息中介（P2P）、股权众筹融资、网络金融产品销售等业务。

互联网金融平台收集的数据涉及个人信息等不同的信息主体，各类信息有不同的来源、产生方式，使用这些信息的功能和用途也不同。相应地，法律法规对不同类型数据在收集、使用、存储等方面的要求也不同，从信息收集到使用、管理等环节，不同的金融业经营者享有的权利和责任不同。如何有效地收集、使用和管理用户个人信息，是互联网金融平台运营中需要关注的重点之一。

以下对互联网金融平台需要关注的用户个人信息保护问题进行介绍。

1. 互联网金融平台涉及的用户数据类型

互联网金融平台的客户可以分为个人客户（用户）和企业等机构客户。从用户数据的来源、形成方式看，可以将互联网金融平台收集、使用的用户数据分为为开展业务经营而从用户处收集的数据、为用户提供服务过程中产生的数据以及通过其他方式获取的用户数据。

（1）向用户收集的数据。

以手机银行应用软件为例，用户开通手机银行时所收集的姓名，身份证件种类、号码及有效期限，手机号码等身份信息，以及手机银行账号所绑定的银行卡账号、银行卡密码等财产信息，属于为开展业务所需而从用户处收集的数据。

平台所收集的用户信息，往往包含能够识别、还原至特定自然人的身份的个人信息，但也包含不能识别、还原至特定自然人的身份的其他信息，如借助 cookie 技术匿名化收集和存储的用户浏览行为数据。

（2）经营中产生的用户数据。

除了按照互联网金融平台要求提供个人信息外，用户还可能基于使用互联网金融平台的服务而产生相应的用户数据。仍以手机银行为例进行说明，手机银行业务开通后，用户通过手机银行进行支付、转账、理财等业务所产生的交易信息，通过手机银行偿还贷款所产生的个人信用信息，以及基于用户通过手机银行进行消费所分析、整理而成的反映用户个人消费习惯、投资意愿等信息，这些属于在提供服务过程中产生的数据。

经营中产生的用户数据与互联网金融平台的业务类型、所提供的产品和服务等密切相关，具有多样性。从法律属性上看，其中相当一部分数据属于受法律保护的个人信息，特别是个人敏感信息，如银行账户信息。

(3) 通过其他方式获取的用户数据。

互联网金融平台还可能通过爬取、与第三方合作等方式获得用户数据。

实践中，互联网金融平台存在使用爬虫等技术手段从第三方网站、数据库获取个人信息的情况。

互联网金融平台从信息主体以外的第三方收集个人信息的情况比较普遍，所收集的数据可能包括个人信息。其中的合作方，既包括与平台签署各类业务合同、建立业务合作关系的其他企业、外部机构，也包括互联网金融平台的关联方。[①] 前者如互联网消费贷平台从电信运营商取得借款人的个人信用信息、联系信息，小额贷款机构从银行取得债务人的个人信用信息等；后者如互联网财产保险平台方从隶属于同一保险集团的人寿保险公司获得的被保险人信息。

金融数据的敏感程度和重要性、金融数据应用场景的复杂性以及行业监管的特殊性，使互联网金融平台在个人信息管理上的难度、责任也更大。下面就互联网金融平台收集、使用以及存储和管理个人信息的注意事项加以说明。

2. 互联网金融平台收集个人信息的注意事项

《网络安全法》等确立了收集、使用个人信息应当遵循合法、正当、必

---

① 参见本章“四、平台方使用用户个人信息的法律要点”之“（一）平台方自行使用用户个人信息”以及“（二）平台方向第三方提供用户个人信息”的相关内容。

要的原则，收集、使用个人信息应当以用户的“知情—同意”为前提，这些对于互联网金融平台同样适用。下面结合互联网金融平台的特点说明几点注意事项：

（1）收集个人信息时取得用户授权的方式。

与其他行业收集用户个人信息相同，互联网金融平台收集个人信息也要遵循“知情—同意”这项被普遍认可的收集规则。实践中，通过个人信息保护政策或隐私政策集中取得用户授权，是互联网平台的通常做法。互联网金融业务涉及个人敏感信息种类较多，且收集行为一般发生在用户申请具体金融产品、金融服务（而非注册为平台用户）时；因此，对于如何落实“知情—同意”，需要结合平台运营所收集的信息与提供的产品和服务之间的关系，有针对性地设计和安排。

例如，平台方可以通过集中告知的方式在“个人信息保护政策”“隐私政策”“用户服务协议/条款”等文件中概括说明信息的收集使用；除此之外，还可以结合具体的产品、服务在具体场景中，以弹窗等即时提示、增强式告知等方式进一步强化“知情—同意”。

（2）收集个人信用信息的注意事项。

开展金融业务往往涉及个人信用信息的收集。例如，开展网络借贷类业务（包括但不限于贷款业务、消费金融业务、网络小额贷款业务等），收集和使用用户个人信用信息用于贷前审查、信用和风险评价、贷后管理，是业务必要流程，平台方收集的个人信息主要为个人信用信息。平台方可能会向中国人民银行征信中心以及其他有个人征信业务资质①的机构查询、收集用户个人征信信息。为了充分了解、评估用户的信用情况，平台方还可能会向征信机构之外的主体（如公积金、社保等公共服务机构，物流、通信运营商、电商平台、其他互联网平台等第三方经营者）收集用户信息；所收集的

① 根据《征信业管理条例》，经营个人征信业务，应当取得个人征信业务许可。截至2019年年底，我国仅有百行征信有限公司一家企业获得个人征信业务许可。

信息可能包括用户的财产信息、关系人、资信状况、就业情况、收入情况、婚姻情况、学历信息、地址信息、位置数据、通讯行为、互联网使用行为等。

在收集这些信息时，一方面，需要关注将其用于信用评价的正当性和合理性，即这些信息是否能够准确反映个人信用情况、与个人信用的关联度如何；另一方面，即使收集这些信息用于信用评价具有合理性，也需要考虑其必要性，如果在征信机构提供的信息已经能够满足必要的信用评价需要时，再广泛收集各类第三方提供的信息，其必要性会受到质疑。以下以作者处理过的某消费金融公司与用户签订的个人信息授权文件为例进行说明。

◇ 示例5－22 A消费金融公司与平台用户签订的《个人信息授权使用协议》部分条款

您授权本平台可在办理涉及本人的业务时及相关业务存续期间向下列机构查询、收集、打印、验证、使用您的相关信息（包括但不限于您的征信信息、财产信息、关系人、资信状况、就业情况、收入情况、婚姻情况、学历信息、地址信息、位置数据、通讯行为、通讯信息、互联网使用信息、互联网使用行为等信息）：

（1）中国人民银行金融信用信息基础数据库；

（2）依法设立的其他征信机构、数据服务机构、信息查询服务机构及信息验证服务机构等；

（3）政府部门及其他依法设立的第三方机构（包括但不限于公安、公积金、社保、税务、中国互联网金融协会、物流、通信运营商、电子商务平台、其他互联网平台等）。

特别地：

（1）若您向本平台提交的授信申请未获本平台通过的，您同意并授权本平台可在授信申请未获通过之日起7个工作日内再次向上述机构查询、收集、打印、验证您的相关信息，视为本人授信申请未获通过后再次向本平台申请授信并同意将该信息用于重新评估本人的授信申请；（2）您同意并授权与本平台有合作关系的征信机构、数据服务机构、信息查询服务机构及信息验证服务机构可向您或其他机构采集您的信息，并可依法整理、保存、加工、使用、研究，并可以对外提供可能含有您的个人信用评分/资信评级的个人信用/资信报告。您已被明确告知查询、采集上述信息可能会给您带来不利后果（如采集这些信息对您的信用评级（评分）、资信报告等结果可能产生的不利影响），但您仍然同意与本平台有合作关系的征信机构、数据服务机构、信息查询服务机构及信息验证服务机构采集并向本平台提供这些信息。

从示例5－22所列条款中可以看出，A公司收集的、用于评价是否向用户发放授信额度的信息，不仅包括征信信息、资信状况等与个人信用关联度较强的信息，还包括用户在其他互联网平台的互联网使用行为信息；从信息来源看，不仅包括征信机构、数据服务机构，还包括“电子商务平台、其他互联网平台”，但并未明确向用户告知包含哪些互联网平台。其收集行为的必要性会遭到质疑。

（3）从不同来源收集个人信息的注意事项。

①从个人信息主体的关联方间接收集个人信息。

与其他互联网业务常见的收集用户本人个人信息的情形不同的是，互联网金融业务中可能涉及对用户及与用户有关联的多主体的信息收集。例如，保险业务中存在投保人、被保险人、受益人等多个服务适用主体，投保人在投保时，可能会同时应平台方要求向其提供其受益人等非本人的个人信息；又如，在网络借贷业务中，可能涉及向借款人收集担保人信息。

对于这些信息的收集和使用，需要关注完善业务流程，在适当的业务环节取得个人信息主体的授权或补充授权。同时，对于未取得个人信息主体直接授权的信息，应当严格限定用于指定产品或服务，而不应用于产品营销推介等其他用途。

②从其他第三方收集个人信息。

除传统金融产品类型外，互联网金融业务中还包括一系列与互联网场景和技术结合非常紧密的创新型产品。例如，保险业务中的退货运费险、航空延误险。这些险种的理赔过程中，保险公司会向第三方收集用户个人信息，例如，向航空公司等第三方获取被保险人的乘机信息，或者向物流公司、电商平台等第三方获取被保险人的交易信息、物流信息等。为此，需要关注第三方提供信息是否取得合法、有效、完整的用户授权。平台方在与第三方的合作协议等文件中可以对第三方提出用户信息保护方面的要求，并在实践中辅之以相应监督、管理手段。

在以爬取方式获取数据时，对于所爬取的数据，需要特别注意其中是否涉及爬虫技术非法获得个人信息、商业秘密以及国家秘密。在所使用的爬取手段和方式上，需要特别注意不得从事违法犯罪行为。[①]

3. 互联网金融平台使用个人信息的注意事项

（1）平台方自行使用个人信息的用途和范围。

平台方收集个人信息后，因业务场景的不同，对个人信息的使用方式也多种多样。例如，网络银行收集用户的个人信息和数据后，用作客户识别、客户信用评估、客户风险评估，以及存款、贷款、结算、外汇、债券、理财等银行业务；证券企业通过 APP 收集用户的个人信息和数据后，用作客户识别、客户风险评估，以及投资顾问、风险识别、市场预测、股价预测等证券业务；保险公司收集用户的个人信息和数据后，用作投保人/受益人识别、骗保识别、风险定价等业务、理赔等。

无论何种业务场景，平台方都应当在用户授权的范围内使用相关个人信息。实践中，部分平台方开展的金融业务可能是多样的。以银行为例，既可能为用户提供存款等基本业务，也可能提供理财等增值业务。在这种情形下，平台方需要特别关注，如果用户对个人信息的授权范围仅限于存款业务，则平台方不得将个人信息用于其他超出用户授权范围的用途。

（2）平台方将个人信息提供给关联方使用或在集团内共享。[②]

基于集团内管理或业务整合的需要，平台方可能会有将其收集的用户信

① 《刑法》第 285 条、第 286 条。

② 参见本章“四、平台方使用用户个人信息的法律要点”之“（一）平台方自行使用用户个人信息”以及“（二）平台方向第三方提供用户个人信息”的相关内容。

息提供给关联方使用或在集团内共享的意愿和相关安排。例如，人寿保险公司将其收集的用户信息和个人数据提供给同一保险集团下关联方财产保险公司使用。

平台方将其收集的用户信息提供给关联方使用或在集团内共享，应当符合必要性原则，并事先取得用户的明示授权同意。实践中，存在平台方未经用户明确同意向关联方提供用户信息，或仅笼统地在授权条款中表述“向关联方提供个人信息”，但未具体列明关联方的定义和范围的问题。

（3）平台方委托外包商等第三方处理个人信息。

平台方可能因委托外包商等第三方提供服务而将用户信息提供给第三方。根据《中国人民银行金融消费者权益保护实施办法》[①]等规定，金融机构保护消费者个人金融信息安全的义务不因其与外包服务供应商合作而转移、减免；金融机构应当充分审查、评估外包服务供应商保护个人金融信息的能力，在相关协议中明确外包服务供应商保护个人金融信息的职责和保密义务，并采取必要措施保证外包服务供应商履行上述职责和义务。

4. 互联网金融平台的数据存储和管理

（1）金融数据和用户个人信息的存储。

①存储地点。

金融业属于《网络安全法》规定的关键信息基础设施，应当特别注意遵循《网络安全法》有关关键信息基础设施的运行安全要求。例如，对于在中国境内运营中收集和产生的个人信息和重要数据应当在境内存储。

②存储方式。

平台方通常通过网站、应用软件、传感终端、库表、接口等方式面向用户收集用户信息，该等终端工具内一般会存储运行日志、设备信息、用户信息等数据。平台方运营该等应用软件、网站等，应当采取有效措施确保用户

---

① 《中国人民银行金融消费者权益保护实施办法》第34条。

个人终端的安全性，避免数据泄露风险。例如，《个人金融信息保护技术规范》（JR/T 0171—2020）规定，受理终端、个人终端及客户端应用软件均不应存储银行卡磁道数据（或芯片等效信息）、银行卡有效期、卡片验证码、银行卡密码、网络支付密码等支付敏感信息及个人生物识别信息的样本数据、模板，仅可保存完成当前交易所必需的基本信息要素，并在交易完成后及时予以清除。

③存储期限和删除要求。

《中国人民银行金融消费者权益保护实施办法》[①]《金融机构客户身份识别和客户身份资料及交易记录保存管理办法》[②] 等相关法律法规对金融数据、用户信息的最短保存期间有特殊要求，对此，平台方应当予以关注，并在法律法规规定的个人信息最短保存期限届满后，对个人信息进行删除或匿名化处理。

（2）用户个人信息的保密管理。

互联网金融业务场景下，客户规模较传统金融业务进一步扩大，从业机构员工和代理渠道所直接接触的用户信息数量巨大。以保险公司为例，实践中有多起保险公司员工非法提供、出售工作中接触和掌握的客户个人信息，触犯刑法、接受刑罚的案例，其中存在涉案员工曾在多家保险公司工作、在

---

① 《中国人民银行金融消费者权益保护实施办法》第 17 条规定：“金融机构向金融消费者说明重要内容和披露风险时，应当依照相关法律法规、监管要求留存相关资料，留存时间不少于3 年，法律、行政法规、规章另有规定的，从其规定。留存的资料包括但不限于：（一）金融消费者签字确认的产品和服务协议书；（二）金融消费者签字确认的风险提示书；（三）记录向金融消费者说明重要内容的录音、录像资料等。”

② 《金融机构客户身份识别和客户身份资料及交易记录保存管理办法》第 29 条规定：“金融机构应当按照下列期限保存客户身份资料和交易记录：（一）客户身份资料，自业务关系结束当年或者一次性交易记账当年计起至少保存 5 年。（二）交易记录，自交易记账当年计起至少保存 5 年。如客户身份资料和交易记录涉及正在被反洗钱调查的可疑交易活动，且反洗钱调查工作在前款规定的最低保存期届满时仍未结束的，金融机构应将其保存至反洗钱调查工作结束。同一介质上存有不同保存期限客户身份资料或者交易记录的，应当按最长期限保存。同一客户身份资料或者交易记录采用不同介质保存的，至少应当按照上述期限要求保存 1 种介质的客户身份资料或者交易记录。法律、行政法规和其他规章对客户身份资料和交易记录有更长保存期限要求的，遵守其规定。”

各公司中均有违法犯罪行为的情形。

为避免用户信息泄露的信息安全事件甚至是刑事案件的发生，互联网金融平台对于员工、供应商等管理尤为重要。对此，平台方需要结合金融行业监管要求和数据安全一般要求，建立健全用户个人信息保护管理制度，并辅之以有效的技术和管理手段，例如：

①建立以分级授权为核心的用户信息使用管理制度，根据用户信息的重要性、敏感度及业务开展需要，在不影响其履行反洗钱等法定义务的前提下，合理确定员工调取信息的范围、权限；严格落实信息使用授权审批程序，采取有效技术措施，确保信息安全。

②在员工管理方面，在与员工签订的劳动合同中增加用户信息保密条款或签署保密协议，制定行为规范要求员工遵守，并辅之以背景调查等管理手段。

③在供应商管理方面，充分审查、评估供应商的信息保护能力，在相关协议中对其信息安全保护职责和保密义务提出要求，并采取必要措施监督供应商履行上述职责和义务。合作关系终止后，监督供应商及时销毁从平台方获取的用户信息、金融信息。

◇ 案例5-8 尉某某、方某某等出售、非法提供公民个人信息案[①]

【基本案情】

2015年4月初，被告人方某某为牟利，利用曾经在中国平安保险公司上海分公司担任业务员期间获得的顾客登记的个人信息、户籍信息（约18万条），以人民币15,000元的价格出售给被告人尉某某。

2013年12月至案发，被告人尉某某为牟利，将从一李姓男子（另案处理）及方某某手中购买的他人个人登记的房产信息、车辆信息多次出售给被告人刘某、詹某、杨某某、王某某、雷某，被告人刘某、詹某、杨某某、王某某、雷某将购得信息用于拓展个人业务。后公安机关从被告人刘某处查获

① 一审判决书文号：(2015）宝刑初字第1535号。

其向尉某某购买的个人信息11,804条、从被告人詹某处查获其向尉某某购买的个人信息74,814条、从被告人杨某某处查获其向尉某某购买的个人信息3013条、从被告人王某某处查获其向尉某某购买的个人信息14,970条、从被告人雷某处查获其向尉某某购买的个人信息30,445条。

【裁判要点】

上海市宝山区人民法院经审理认为，被告人方某某将利用工作便利取得的公民个人信息出售给他人，情节严重，其行为已构成出售公民个人信息罪；被告人尉某某、刘某、杨某某、詹某、王某某、雷某以买卖的方式获取公民个人信息，情节严重，其行为均已构成非法获取公民个人信息罪，应依法予以惩处。

第六章

互联网平台的网络安全和数据安全

在第五章中，我们对互联网平台需要关注的用户个人信息相关法律问题进行了介绍。但是，**网络安全远不止个人信息安全**。互联网平台在关注平台运营的安全风险和运营责任时，也不能仅关注平台用户的个人信息安全。本章从网络安全、数据安全的角度，进一步说明互联网平台运营所面临的相关法律问题。

一、网络安全、数据安全、个人信息保护的关系

结合《网络安全法》的规定，网络安全是指建设、运营、维护和使用网络的安全，主要包括网络运行安全、网络信息安全两个方面，网络运行安全主要涉及网络设备设施及其运行的安全，网络信息安全主要包括信息内容安全和数据活动（包括数据收集、使用、存储、传输等活动）安全。

数据作为信息的数字化形式，其中既可能有《网络安全法》等规定的受法律保护的个人信息，也可能有其他的信息类型（如企业信息、政府公共信息），个人信息只是数据这一概念下的一部分（如图 6 - 1 所示），个人信息安全仅是网络信息安全、数据活动安全的一部分。

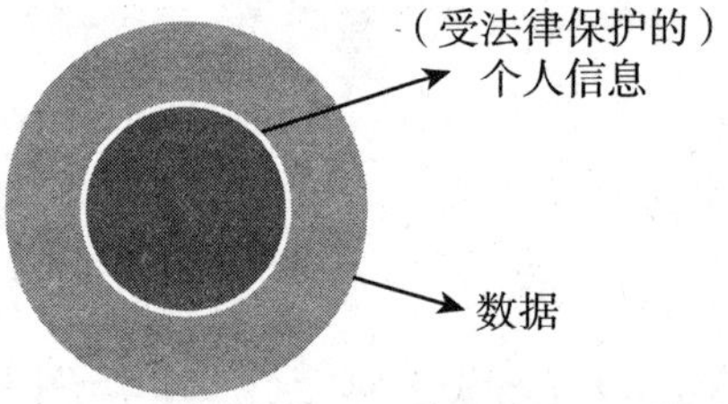

图 6－1　数据与个人信息的关系

除了个人信息安全外，数据安全还会呈现以下特点：

一是广义的数据安全因相关方不同而呈现出不同的管理需求。例如，从企业角度，对于数据安全主要关注的是商业秘密保护；从个人角度，由于个人处于相对弱势的位置，需要国家通过公权力对机构提出相关要求，让机构保护好个人信息；此外，从国家安全、社会公共利益角度看，对于相关的重要数据需要额外的保护措施。

二是当前数据安全的内涵和外延与从前有很大不同。很多数据安全事件不只是数据泄露问题，如网络爬取数据涉及的不正当竞争，这些事件或者案件涉及的已经不仅是个人信息保护问题，并且与网络安全强调的保密性、完整性、可用性的关联度不大，呈现出数据安全独有的特点。

网络安全、数据安全、个人信息保护是不同层面的问题，三者的关系如图 6－2 所示。

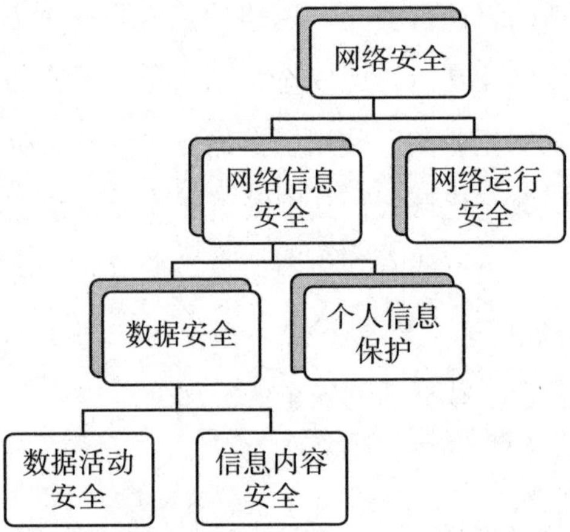

图 6－2　网络安全、数据安全、个人信息保护的关系

下面就图 6－2 所列的除个人信息保护外的其他问题进行介绍。

二、平台方的网络运行安全保护义务

平台方的网络运行安全保护义务集中在《网络安全法》第 3 章的规定中。主要有四个方面。

（一）平台方的用户真实身份核验义务

《网络安全法》实施前，关于网络运营者在网络身份管理、用户真实身份核验（实名制认证）方面的要求散见于不同规定中。例如，工业和信息化部 2013 年出台的《电话用户真实身份信息登记规定》等规范，要求电信业务经营者为用户办理固定电话、移动电话等入网手续时如实登记用户真实身份信息。

《网络安全法》出台后，进一步明确了这一要求，网络运营者为用户办理网络接入、域名注册服务，办理固定电话、移动电话等入网手续，或者为用户提供信息发布、即时通信等服务，在与用户签订协议或者确认提供服务时，应当要求用户提供真实身份信息；用户不提供真实身份信息的，网络运营者不得为其提供相关服务。①

对用户进行真实身份核验的方式主要有以下两方面：

一是平台方在与用户签订的法律文件中明确要求用户配合进行真实身份核验。

◇ 示例 6－1 某云服务平台服务协议中关于用户真实身份核验的内容

1. 用户按照注册页面提示填写信息、根据本平台要求提交身份证明文件供本公司审核，并在同意本协议且完成全部注册程序后，方有权申请和使用本平台提供的相关服务。

2. 用户了解并同意，用户应当按照本平台上述要求进行实名认证；同

---

① 《网络安全法》第 24 条。

时，本平台可能会就某些产品或服务的开通要求用户提供更多的身份资料和信息，做进一步的身份认证或资格验证，用户只有在通过这些认证或验证之后，方可获得使用相关产品或服务的资格。

二是平台方通过业务环节的设置以及相应的技术手段和措施来实施身份验证。

如本书第三章中介绍，实践中，一种常见的方式是要求用户使用手机号码注册，而更为严格的身份验证方式则是要求用户提供具有唯一性的身份信息，例如，要求用户提供身份证信息，并采用人脸识别等技术手段将用户面部特征与身份证照片进行比对，以确认为用户本人。

◇ 示例6-2 某平台在其APP中嵌入第三方提供的基于人脸识别技术的实人认证服务

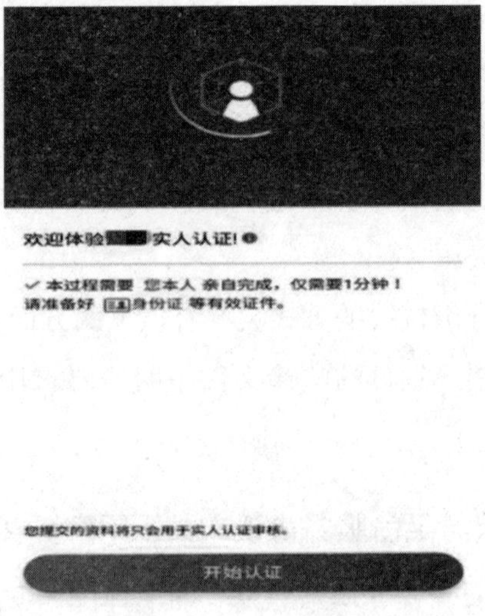

图6-3 某APP中基于人脸识别技术的实人认证服务

如果平台方并未采取相应措施、未按要求履行真实身份核验义务，可能会受到处罚。

◇ 案例6－1 杭州智御网络科技有限公司不履行用户真实身份信息核验义务受到行政处罚①

根据杭州市公安局滨江区分局长河派出所作出的杭滨公（长）行罚决字［2019］51504号行政处罚决定，杭州智御网络科技有限公司于2018年12月将IP地址为103.46.136.*的服务器租赁给未提供真实身份信息的客户使用，未履行用户真实身份信息核验义务，2019年11月29日被公安机关查获，并被公安机关依据《网络安全法》第24条第1款、第61条的规定给予警告的行政处罚。

（二）平台方的网络安全等级保护义务

网络安全等级保护制度是网络安全领域的一项重要制度。从《计算机信息系统安全保护条例》《计算机信息网络国际联网安全保护管理办法》到《信息安全等级保护管理办法》，特别是《网络安全法》以及2019年实施的新的《网络安全等级保护基本要求》等一系列文件，随着互联网技术（Internet Technology，IT）向数据技术（Data Technology，DT）的转变，网络安全等级保护已经进入2.0时代。

网络安全等级保护制度的主要内容可以分为技术类安全要求和管理类安全要求两大类。技术类安全要求主要从物理安全、网络安全、主机安全、应用安全和数据安全几个层面提出，通过在信息系统中部署软硬件并正确配置其安全功能来实现；管理类安全要求主要从安全管理制度、安全管理机构、人员安全管理、系统建设管理和系统运维管理几个方面提出，通过控制各种角色的活动，从政策、制度、规范、流程以及记录等方面作出规定来实现。

在网络安全等级保护制度下，作为网络运营者的平台方应当履行以下安全保护义务，以保障网络免受干扰、破坏或者未经授权的访问，防止网络数据泄露或者被窃取、篡改：

（1）制定内部安全管理制度和操作规程，确定网络安全负责人，落实网

① 处罚决定书文号：杭滨公（长）行罚决字［2019］51504号。

络安全保护责任；

（2）采取防范计算机病毒和网络攻击、网络侵入等危害网络安全行为的技术措施；

（3）采取监测、记录网络运行状态、网络安全事件的技术措施，并按照规定留存相关的网络日志不少于六个月；

（4）采取数据分类、重要数据备份和加密等措施；

（5）法律、行政法规规定的其他义务。

此外，网络运营者应当依据《信息安全技术信息系统安全等级保护定级指南》等有关规定确定安全保护等级，并进行相应测评、备案工作。违反上述网络安全保护义务的，需要承担相应的法律责任。

◇ 案例6-2 怀远县某学校网站未落实网络安全等级保护制度受到行政处罚

2017年8月，蚌埠市怀远县某学校网站因网络安全等级保护制度落实不到位，遭黑客攻击入侵。蚌埠市公安局网安支队调查案件时发现，该网站自上线运行以来，始终未进行网络安全等级保护的定级备案、等级测评等工作，未落实网络安全等级保护制度，未履行网络安全保护义务。

安徽省公安厅网络安全保卫总队约谈了该学校法定代表人、怀远县人民政府分管副县长；并由蚌埠市公安局网安支队对该学校处以15,000元罚款，对负有直接责任的副校长处以5000元罚款。

（三）平台方提供或采购网络产品、服务的安全要求

平台方提供或采购的网络产品、服务应当避免安全缺陷和漏洞。对于网络产品中属于网络关键设备和网络安全专用产品的，应当按照相关国家标准的强制性要求，由具备资格的机构安全认证合格或者安全检测符合要求后，方可提供。①

① 《网络安全法》第23条。

◇ 示例6－3 作为关键信息基础设施运营者的某平台在采购合同中关于网络产品和服务安全性的要求

卖方提供的货物及服务应当按照国家规定经安全认证合格或安全检测符合要求，并应提供相关证明证书作为本合同附件。货物及服务可能影响国家安全的，卖方还应依法配合买方进行国家安全审查。如本合同涉及买方采购网络产品和服务的，双方应当按照规定签订保密协议（保密协议见本合同附件）。卖方在确保相关合同设备（包括设备硬件和设备软件）不存在网络与信息安全风险的前提条件下方可申请验收。在申请验收前，卖方应向买方提供证明其合同设备不存在网络与信息安全风险的相关证明材料，包括但不限于卖方网络及信息安全验收自查材料或第三方网络安全服务单位（应具备网络安全服务相关资质）出具的安全验收报告等。

除上述要求外，任何个人和组织都需要遵守网络运行安全的基本行为准则，不得从事非法侵入他人网络、干扰他人网络正常功能、窃取网络数据等危害网络安全的活动；不得提供专门用于从事侵入网络、干扰网络正常功能及防护措施、窃取网络数据等危害网络安全活动的程序、工具；明知他人从事危害网络安全的活动的，不得为其提供技术支持、广告推广、支付结算等帮助。

◇ 案例6－3 刘某某从事危害网络安全活动受到行政处罚

新沂市公安局查明，2016年7月至2019年8月，新沂市某网吧使用山东恒邦网络科技发展有限公司的一卡通老版软件6.5.0.7版本，利用技术策略屏蔽软件所使用的端口和阻止软件正常连接互联网，导致其广域网无法上传数据至后台管理服务器，使该网吧脱离公司和公安机关监管，干扰网吧管理系统软件正常功能。

新沂市公安局认为，刘某某的这一行为干扰了山东恒邦网络科技发展有限公司的一卡通软件程序的正常网络功能。根据《网络安全法》第27条及第63条第3款之规定，新沂市公安局对刘某某作出行政拘留三日、五年内不得从事网络安全管理和网络运营关键岗位工作的行政处罚。

（四）平台方作为关键信息基础设施的运营者的安全保护义务

随着互联网和信息技术的广泛应用，能源、交通、水利、金融等国民经济重要行业，供电、供水、教育、医疗卫生等公共服务领域，以及国家对经济社会事务的管理等，都高度依赖于网络，这些行业领域的重要网络系统一旦丧失功能、遭到破坏，将给国家安全、公共安全造成重大影响或危害。

为了对这些重要行业、领域的网络安全加强保障，《网络安全法》创设了关键信息基础设施管理制度，对"公共通信和信息服务、能源、交通、水利、金融、公共服务、电子政务等重要行业和领域，以及其他一旦遭到破坏、丧失功能或者数据泄露，可能严重危害国家安全、国计民生、公共利益的关键信息基础设施"实行重点保护。[①]

对于属于关键信息基础设施运营者的平台方，还应当关注履行以下安全保护义务：

1. 关键信息基础设施运营者的一般安全保护义务[②]

关键信息基础设施的运营者的一般安全保护义务主要包括：（1）设置专门安全管理机构和安全管理负责人，并对该负责人和关键岗位的人员进行安全背景审查；（2）定期对从业人员进行网络安全教育、技术培训和技能考核；（3）对重要系统和数据库进行容灾备份；（4）制订网络安全事件应急预案，并定期进行演练；（5）法律、行政法规规定的其他义务。

2. 安全采购措施

关键信息基础设施的运营者采购网络产品和服务，可能影响国家安全的，应当通过国家网信部门会同国务院有关部门组织的国家安全审查，并应当按照规定

---

① 关键信息基础设施的具体范围和安全保护办法由国务院制定。2017 年 7 月 11 日，国家互联网信息办公室就《关键信息基础设施安全保护条例（征求意见稿）》公开征求意见，截至目前，该条例尚未正式出台。

② 《网络安全法》第 34 条。

与网络产品和服务提供者签订安全保密协议，明确安全和保密义务与责任。[①]

3. 数据境内存储要求

关键信息基础设施的运营者在中国境内运营中收集和产生的个人信息和重要数据应当在境内存储。因业务需要，确需向境外提供的，应当按照国家网信部门会同国务院有关部门制定的办法进行安全评估。[②]

◇ 示例6－4 某互联网金融平台《隐私政策》中关于个人信息境内存储的内容

金融行业属于《网络安全法》规定的关键信息基础设施，某互联网金融平台的平台方属于关键信息基础设施运营者，其业务数据和用户个人信息应当符合数据境内存储要求。为此，该平台方在制定平台《隐私政策》时拟订了如下条款：

"我们收集的信息将保存在位于中华人民共和国境内（为本隐私政策之目的，不含香港、澳门、台湾地区）的服务器上。如在符合适用法律规定的情形下因业务需要向境外传输个人信息的，我们会事先征得您的同意，向您告知用户信息出境的目的、接收方等情况，并履行安全评估等法律规定的程序。"

4. 风险评估机制

关键信息基础设施的运营者应当自行或者委托网络安全服务机构对其网络的安全性和可能存在的风险每年至少进行一次检测评估，并将检测评估情况和改进措施报送相关负责关键信息基础设施安全保护工作的部门。[③]

三、平台方的数据活动安全保护义务

如图6－2所示，数据安全包括数据活动安全和信息内容安全。下面对数

① 《网络安全法》第35条、第36条。
② 《网络安全法》第37条。
③ 《网络安全法》第38条。

据活动安全的相关要点进行介绍。

（一）针对特定数据内容的数据活动安全

数据活动是指利用网络开展数据收集、存储、传输、处理、使用等活动。数据是信息的数字化形式，因此，任何以电子形式存在的信息都属于数据，对于数据活动的规制也需要根据不同数据的属性、特点而有针对性地进行。

《网络安全法》主要关注个人信息和重要数据这两类数据的安全。关于个人信息的收集、使用、存储等活动的要求、规则，具体见本书第五章。关于重要数据，一般认为，重要数据是指一旦泄露可能直接影响国家安全、经济安全、社会稳定、公共健康和安全的数据，如未公开的政府信息，大面积人口、基因健康、地理、矿产资源信息。① 但是，截至目前，国家尚未就重要数据的范围、数据安全规则出台正式文件予以明确规范。

（二）数据活动行为的合法性

无论数据活动是针对个人信息、重要数据等特定数据内容，还是针对其他数据内容，数据收集、使用、处理等行为都应当合法合规。随着大数据业务的发展，对数据进行自动抓取等技术手段也日益丰富，网络运营者需要关注这些技术手段应用是否存在违规风险。

◇ 案例6－4 上海晟品网络科技有限公司、侯某某等非法获取计算机信息系统数据案②

【基本案情】

被告单位上海晟品网络科技有限公司系有限责任公司，经营计算机网络科技领域内的技术开发、技术服务、电子商务、电子产品等业务。被告人张某某系上海晟品网络科技有限公司法定代表人兼CEO；被告人宋某某系产品

① 参见《数据安全管理办法（征求意见稿）》。截至目前，该办法尚未正式出台。

② 一审判决书文号：（2017）京0108刑初2384号。

负责人；被告人侯某某系技术负责人；被告人郭某系公司职员。被告人张某某、宋某、侯某某经共谋，于2016年至2017年采用技术手段抓取被害单位北京字节跳动网络技术有限公司（今日头条运营方）服务器中存储的视频数据，并由侯某某指使被告人郭某破解北京字节跳动网络技术有限公司的防抓取措施，使用“tt_ spider”文件实施视频数据抓取行为，造成被害单位北京字节跳动网络技术有限公司损失技术服务费2万元。经鉴定，“tt_ spider”文件中包含通过头条号视频列表、分类视频列表、相关视频及评论3个接口对今日头条服务器进行数据抓取，并将结果存入数据库中的逻辑。在数据抓取的过程中使用伪造device_ id绕过服务器的身份校验，使用伪造UA及IP绕过服务器的访问频率限制。

2017年2月27日，被告人宋某、侯某某被公安机关抓获；3月4日，被告人张某某、郭某被公安机关抓获。后四人均如实供述了上述事实。

【裁判要点】

北京市海淀区人民法院经审理认为，被告单位上海晟品网络科技有限公司违反国家规定，采用技术手段获取计算机信息系统中存储的数据，情节严重，其行为已构成非法获取计算机信息系统数据罪，应予惩处；被告人张某某等作为直接负责的主管人员或其他直接责任人员，亦应惩处。

【案例评析】

本案中，被告破解字节跳动公司服务器的防抓取措施，对相关视频数据进行抓取，虽然所抓取数据并不属于用户个人信息，但该数据抓取行为构成非法获取计算机信息系统数据罪，依法应承担刑事责任。

四、平台方的信息内容安全保护义务

互联网平台普遍具有信息发布功能，平台方需要特别关注数据安全中的信息内容安全。

《网络安全法》出台前，《电信条例》《计算机信息网络国际联网安全保护管理办法》《互联网信息服务管理办法》即有关于信息内容安全的规定，要求不得通过电信网络、国际联网、互联网信息服务制作、复制、发布、传播违法信息。根据《互联网信息服务管理办法》，违法信息主要有：

（1）反对宪法所确定的国家基本原则的；

（2）危害国家安全，泄露国家秘密，颠覆国家政权，破坏国家统一的；

（3）损害国家荣誉和利益的；

（4）煽动民族仇恨、民族歧视，破坏民族团结的；

（5）破坏国家宗教政策，宣扬邪教和封建迷信的；

（6）散布谣言，扰乱社会秩序，破坏社会稳定的；

（7）散布淫秽、色情、赌博、暴力、凶杀、恐怖或者教唆犯罪的；

（8）侮辱或者诽谤他人，侵害他人合法权益的；

（9）含有法律、行政法规禁止的其他内容的。

平台方发现他人使用其服务传输的信息包括上述内容的，应当立即停止传输，保存有关记录，并向国家有关机关报告。特别地，对于提供新闻信息、微博客、群组、论坛社区、跟帖评论、搜索、音视频等特定信息服务类型的平台而言，平台方还需要关注网信部门在信息内容安全方面的特别监管要求。平台方未履行相应信息内容安全管理责任的，需要承担相应的法律责任。

◇ 案例6-5 江某某公司未按要求处置违法信息受到行政处罚

2019年6月，江某某公司将位于公司二楼IDC机房内的虚拟空间域名“苏州××有限公司”（www.××.com）出租给他人使用后，疏于对该网站发布信息的管理，导致该网站发布了贩卖银行卡等网络违法有害信息349条，且江某某公司未及时停止传输该信息、采取消除等处置措施、防止信息扩散、保存有关记录并向有关主管部门报告。2019年8月，江某某公司被公安机关查获。公安机关根据《网络安全法》第47条、第68条第1款之规定，决定对江某某公司责令改正，给予警告，没收违法所得2000元。

第七章

互联网平台的产品/服务质量保障责任和消费者权益保护

作为互联网与经济社会融合发展的载体，互联网平台改变了人们的生产生活方式。通过互联网平台购买商品或接受服务的用户中，相当一部分属于《消费者权益保护法》所保护的消费者①（本章中用户或称消费者）。本章就互联网平台需要关注的对消费者的产品/服务质量保障责任和其他主要消费者权益保护责任进行介绍。

一、平台的产品/服务质量保障责任

与在实体渠道消费一样，消费者通过互联网平台购买、使用商品和接受服务时同样享有人身、财产安全不受损害的权利。下面分别对自营平台模式和第三方交易平台模式下的平台产品/服务质量保障责任加以分析。

（一）自营平台模式下平台的产品/服务质量保障责任

自营平台模式下，平台方作为经营者应当保证其向消费者提供的商品或者服务符合保障人身、财产安全的要求，并应当符合《产品质量法》等规定

① 《消费者权益保护法》第2条规定：“消费者为生活消费需要购买、使用商品或者接受服务，其权益受本法保护；本法未作规定的，受其他有关法律、法规保护。”

的产品质量要求。经营者发现其提供的商品或者服务存在缺陷，有危及人身、财产安全危险的，应当立即向有关行政部门报告和告知消费者，并采取停止销售、警示、召回、无害化处理、销毁、停止生产或者服务等措施；采取召回措施的，经营者应当承担消费者因商品被召回支出的必要费用。

同时，在自营平台模式下，平台方作为经营者，本身是“销售者”或者“生产者”，其行为早已被列入《消费者权益保护法》《产品质量法》等法律的规制范围内，其作为生产者、销售者应当承担的责任也十分清晰，如对于所销售商品、所提供服务承担直接赔偿责任，[①] 就特定事项还有三倍赔偿、[②]十倍赔偿[③]等约束机制。

下面通过两个案例说明经营者提供的产品存在缺陷的，可能承担民事责任、行政责任（案例7－1）甚至刑事责任（案例7－2）。

◇ 案例7－1 上海倾悠电子商务有限公司涉嫌销售不合格商品受到行政处罚[④]

上海工商行政管理局在抽查过程中从当事人上海倾悠电子商务有限公司（以下简称倾悠公司）的1号店平台上店名为“倾悠母婴专营店”总共购买

---

① 《消费者权益保护法》第44条规定，消费者通过网络交易平台购买商品或者接受服务，其合法权益受到损害的，可以向销售者或者服务者要求赔偿。

② 《消费者权益保护法》第55条规定：“经营者提供商品或者服务有欺诈行为的，应当按照消费者的要求增加赔偿其受到的损失，增加赔偿的金额为消费者购买商品的价款或者接受服务的费用的三倍；增加赔偿的金额不足五百元的，为五百元。法律另有规定的，依照其规定。经营者明知商品或者服务存在缺陷，仍然向消费者提供，造成消费者或者其他受害人死亡或者健康严重损害的，受害人有权要求经营者依照本法第四十九条、第五十一条等法律规定赔偿损失，并有权要求所受损失二倍以下的惩罚性赔偿。”

③ 《食品安全法》第108条规定：“消费者因不符合食品安全标准的食品受到损害的，可以向经营者要求赔偿损失，也可以向生产者要求赔偿损失。接到消费者赔偿要求的生产经营者，应当实行首负责任制，先行赔付，不得推诿；属于生产者责任的，经营者赔偿后有权向生产者追偿；属于经营者责任的，生产者赔偿后有权向经营者追偿。生产不符合食品安全标准的食品或者经营明知是不符合食品安全标准的食品，消费者除要求赔偿损失外，还可以向生产者或者经营者要求支付价款十倍或者损失三倍的赔偿金；增加赔偿的金额不足一千元的，为一千元。但是，食品的标签、说明书存在不影响食品安全且不会对消费者造成误导的瑕疵的除外。”

④ 处罚决定书文号：浦市监案处字〔2017〕第150201714817号。

了3辆华婴牌多功能童推车，共付款477元，被抽查的这批童推车生产日期为2017年2月，货号：华婴牌多功能童推车，型号：16B，被判为不合格产品。

对于该批号的不合格童推车，倾悠公司总共进货6辆，在1号店上销售，进货价格是每辆113元到118元不等，在1号店上销售的价格为159元，共销售出去6辆，总销售金额为954元，进货的成本703元，销售利润是251元，即违法所得251元（未缴纳税款）。

上海市浦东新区市场监督管理局认为，倾悠公司销售不符合保障人体健康和人身、财产安全国家标准GB 14748—2006的童推车，违反了《产品质量法》第13条第2款“禁止生产、销售不符合保障人体健康和人身、财产安全的标准和要求的工业产品”的规定，根据《产品质量法》第49条的规定，对倾悠公司处以违法销售产品货值金额等值的罚款954元，没收违法所得251元。

◇ 案例7-2 邹某某、沈某某、吴某某犯生产、销售伪劣产品罪①

【基本案情】

2013年2月至4月，被告人邹某某、沈某某、吴某某在事先预谋共同出资、平均分成的情况下，在洲泉镇岑山村东原51号租房内，雇用工人通过以少量真蚕丝包裹主要成分为聚酯纤维的化纤丝冒充填充物为100%的桑蚕丝加工生产“蚕丝被”，并在淘宝网店“桐乡古韵丝绸家纺直销店”进行宣传、销售，于2013年4月26日被桐乡市质量技术监督局、桐乡市公安局联合进行突击检查时查获，并被查扣标有“天然蚕丝被”的成品被112条（价值1万余元）、半成品被13袋、填充物原料588.45千克、被套592条、电脑主机1台、电子秤2台、银行卡2张、快递单1882张等物。至案发日止，三被告人生产、销售假冒“蚕丝被”金额达80余万元。执法人员依法对上述被查扣的成品被随机抽样，并对已售“蚕丝被”进行随机抽样后，送浙江省羊毛

---

① 一审判决书文号：(2014) 嘉桐刑初字第848号。

衫质量检验中心检测，经检验，上述样品主要成分均为聚酯纤维，其中被查扣的成品被中聚酯纤维含量占80%以上，桑蚕丝含量不足20%，均不合格。

【裁判要点】

被告人邹某某、沈某某、吴某某结伙在生产、销售蚕丝被过程中掺杂、掺假，以不合格产品冒充合格产品，生产、销售金额达80余万元，其行为均已构成生产、销售伪劣产品罪。公诉机关指控的罪名成立。三被告人归案后均能如实供述主要犯罪事实，予以从轻处罚；部分产品未流入社会，酌情从轻处罚。据此，依照《刑法》第140条、第25条第1款、第67条第3款、第64条，《最高人民法院、最高人民检察院关于办理生产、销售伪劣商品刑事案件具体应用法律若干问题的解释》第1条、第2条之规定，判决三被告人犯生产、销售伪劣产品罪，判处有期徒刑七年二个月，并处罚金45万元。

（二）第三方交易平台模式下平台的产品/服务质量保障责任

在第三方交易平台模式下，平台方不是经营者，而仅仅是为经营者与消费者提供信息发布、交易撮合、辅助服务等信息中介、交易中介服务，并不对经营者通过平台提供的产品的质量向消费者承担直接责任。但是，随着第三方交易平台模式特别是电子商务的发展，平台方在经营者与消费者的交易之间起到越来越重要的作用。例如，平台方可以通过技术手段设置不同的规则对消费者进行精准营销和个性化推送，决定消费者能够接受什么样的产品信息作为其进行消费的依据。在这种精细化的、特定化的筛选中，平台方完全有可能发现经营者发布的产品有明显侵害消费者权益的情形。基于平台方对交易的深度参与以及平台方所具备的对交易进行干预的能力，法律对平台方应当承担的注意义务提出了更高的要求。

在经营者入驻平台环节，平台方需要对平台内经营者的主体资格进行审查，确保其具有向消费者提供产品的主体资格和业务资质，包括要求申请进入平台的经营者提交其身份、地址、联系方式、行政许可等真实信息。平台方如未履行该义务，可能受到行政处罚。

◇ 案例7－3 上海优齐美网络科技有限公司作为网络食品交易第三方平台提供者未对入网食品经营者进行审查受到行政处罚[①]

上海市奉贤区市场监督管理局接投诉举报，反映当事人上海优奇美网络科技有限公司经营的“优奇美网上精品商城”（域名网址：http：//www.uqmei. com）上的经营者贵州黔百纳有限公司在其黔百纳旗舰店销售“53°飞天茅台酒”等酒未取得有关资质证明。当事人只能提供其与贵州黔百纳贸易有限公司签订的合作协议及贵州黔百纳贸易有限公司的营业执照，未能提供贵州黔百纳贸易有限公司销售“53°飞天茅台酒”等酒需要具备的酒类销售相关许可证明资料。

上海市奉贤区市场监督管理局认为，当事人作为网络食品交易第三方平台提供者未能审查入网的食品经营者贵州黔百纳贸易有限公司销售“53°飞天茅台酒”等酒需要具备的酒类销售许可相关证明资料的行为，违反了《食品安全法》第62条第1款“网络食品交易第三方平台提供者应当对入网食品经营者进行实名登记，明确其食品安全管理责任；依法应当取得许可证的，还应当审查其许可证”的规定，构成了网络食品交易第三方平台提供者未对入网食品经营者审查许可证的违法行为，根据《食品安全法》第131条第1款的规定，作出罚款15,000元的行政处罚。

在经营者销售环节，对于平台内经营者提供的产品，平台方知道或者应当知道平台内经营者销售的产品不符合保障人身、财产安全的要求，或者有其他侵害消费者合法权益行为，未采取必要措施的，依法与该平台内经营者承担连带责任。对关系消费者生命健康的商品或者服务，平台方对平台内经营者的资质资格未尽到审核义务，或者对消费者未尽到安全保障义务，造成消费者损害的，依法承担相应的责任。

① 处罚决定书文号：沪监管奉处字（2019）第262019000267号。

◇ 案例7－4 郝某某与珲春市于记食品网店、浙江淘宝网络有限公司网络购物合同纠纷①

【基本案情】

2017年12月14日，原告郝某某通过被告浙江淘宝网络有限公司“淘宝网”交易平台上开设的珲春市于记食品网店购买了灵芝破壁孢子粉33瓶，每瓶60元，共计货款为1980元。涉案产品瓶装标签印有“灵芝孢子粉是灵芝中最有效的成分，具有广泛的抵制肿瘤生理活性的特性，能提高机体免疫力，扶正固本，降低血压，预防心脑血管疾病的产生等功效。灵芝酸是灵芝孢子粉主要化学成分，具有止痛、镇静、消炎、抗过敏、保肝健脾健胃，抑制肿瘤细胞生长等功效。有机锗－灵芝的主要有效成分，具有抗辐射、护肝抗癌、增强免疫力、中老年进补、延缓衰老、养容美颜、延长寿命等功效”文字。涉案产品未标注有执行标准、生产许可证号。

原告认为，被告珲春市于记食品网店出售的“灵芝破壁孢子粉”未按照《食品标识管理规定》标注生产者的名称和地址、生产许可证编号及标志、生产日期等，严重违反了该规定。根据国家食品药品监督管理总局公布的《国家卫生计生委办公厅关于灵芝（赤芝）和紫芝有关问题的复函》（国卫办食品函〔2014〕450号）、《国家卫生计生委办公厅关于破壁灵芝孢子粉有关问题的复函》（国卫办食品函〔2014〕390号）、《食品药品监管总局办公厅关于破壁灵芝孢子粉定性有关问题的复函》（食药监办食监三〔2014〕291号）、《食品药品监管总局办公厅关于依法查处违法生产经营含破壁灵芝孢子粉产品的通知》（食药监办食监三〔2014〕173号）等文件，可知灵芝是传统中药材，仅用于保健食品，不能作为普通食品。同样不得使用以灵芝为原料的破壁灵芝孢子粉作为原料生产加工普通食品，不得经营含破壁灵芝孢子粉的普通食品，使用破壁灵芝孢子粉作为原料生产加工保健食品应当取得保健食品批准文号，本案中被告珲春市于记食品网店出售的“灵芝破壁孢子

① 一审判决书文号：（2018）川0112民初857号。

粉”外包装未标注保健食品批准文号和生产许可证号，也未标注生产日期和生产商，不符合我国食品安全的标准。浙江淘宝网络有限公司作为网络交易平台，有责任对在其网络平台中的网店商家出售的食品质量问题进行审查。因浙江淘宝网络有限公司未尽审慎义务，给消费者造成了损失，并对其身体健康安全造成了极大的风险，故应当承担连带赔偿责任。

原告请求判令被告珲春市于记食品网店退还原告货款1980元、请求判令被告珲春市于记食品网店10倍赔偿19,800元、请求判令被告浙江淘宝网络有限公司对上述款项承担连带责任。

【裁判要点】

法院认为，食品生产经营者应当按照法律法规和食品安全标准从事生产经营活动，对社会和公众负责，接受社会监督，承担社会责任。禁止生产经营不符合食品安全标准或者要求的食品。本案中，案涉产品未标注保健食品标示或批准文号等信息，且预先定量包装在容器中，应认定为普通预包装食品。根据国家卫生计生委办公厅《关于破壁灵芝孢子粉有关问题的复函》(国卫办食品函〔2014〕390号）的规定，灵芝孢子粉不宜作为普通食品原料，因此更不能作为普通食品销售。案涉产品存在严重的食品安全隐患，属于不符合食品安全标准的食品。被告珲春市于记食品网店生产销售不符合食品安全标准的食品，原告有权要求被告退还货款并支付十倍价款的赔偿金，故对原告要求被告珲春市于记食品网店退还货款1980元并赔偿原告十倍货款19,800元的主张，法院予以支持。法院另查明，被告浙江淘宝网络有限公司在商家入驻前尽到了身份审查义务，在纠纷发生后及时采取了必要措施对案涉商品进行了下架处理，原告要求其共同承担赔偿责任，法院不予支持。

【案例评析】

本案中，原告郝某某通过网店销售不符合食品安全标准的食品，被法院依据《食品安全法》判令其向消费者退还货款并支付十倍价款的赔偿金。被告浙江淘宝网络有限公司作为第三方平台，在商家入驻该平台时尽到了对其的身份审查义务，因此无须承担共同赔偿责任。

◇ 案例7-5 江苏省高级人民法院2016年公布消费者权益典型案例之一：网络交易平台提供者对平台商户欺诈行为应担责

【基本案情】

原告陈某某通过被告某电子商务公司运营的网上商城，购买了被告某信息技术公司的某品牌各类精油82盒，支付价款11,506元。该品牌精油网页宣传有消炎、抗菌、预防粉刺、改善伤口感染、强化身体免疫能力、对抗伤风感冒、对喉咙痛有缓解效果等功效，并宣传是国际疗法中的“祛痘仙丹”。陈某某收到上述产品后，被朋友告知上述化妆品宣传的功效根本不存在，陈某某认为被告对上述化妆品进行一系列内容虚假、夸大功效的宣传误导了消费者，构成欺诈。请求判令：被告信息技术公司退还货款11,506元，支付货款三倍的赔偿金34,518元，被告电子商务公司承担连带责任。

【裁判要点】

法院认为，根据《消费者权益保护法》《化妆品卫生监督条例》《化妆品广告管理办法》《关于禁止化妆品进行抗抑菌宣传的公告》等规定：化妆品不得宣传医疗作用，不得暗示疗效，不得进行虚假、夸大宣传，非特殊用途化妆品不得宣传特殊功效，等等。

被告某信息技术公司的购物网站网页上宣传本案所涉某品牌精油具有医疗作用，存在虚假、夸大宣传的情况，违反了上述规定，应认定为有欺诈行为；该电子商务公司作为网络交易平台提供者应当知道销售者利用其平台侵害消费者合法权益，未采取必要措施，应依法与销售者承担连带责任。遂判决：被告某电子商务公司退还原告陈某某货款人民币11,506元，并赔偿原告陈某某人民币34,518元；被告某信息技术公司对被告某电子商务公司上述付款义务承担连带责任。

【案例评析】

与前述案例不同，本案中，法院除判令经营者向消费者承担赔偿责任外，同时认定第三方平台应当知道经营者存在侵害消费者合法权益的情形但未采取必要措施，与经营者承担连带责任。

二、平台的消费者权益保护责任

就平台方需要承担的消费者权益保护责任，我们将从消费者的主要权利和平台可以采取的保护措施两方面进行说明。

（一）消费者的知情权和选择权保护

消费者享有知悉其购买、使用的商品或者接受的服务的真实情况的权利。消费者有权根据商品或者服务的不同情况，要求经营者提供商品的价格、产地、生产者、用途、性能、规格、等级、主要成分、生产日期、有效期限、检验合格证明、使用方法说明书、售后服务，或者服务的内容、规格、费用等有关情况。

1. 自营平台模式下消费者的知情权和选择权保护

在自营平台模式下，平台方作为经营者向消费者提供这些信息应当真实、全面，不得做虚假或者引人误解的宣传，否则需要依据《消费者权益保护法》《广告法》等承担民事责任或行政责任。

◇ 案例7－6 上海赢丰电子商务有限公司因虚假广告受到行政处罚①

上海赢丰电子商务有限公司在天猫店铺“vertu 旗舰店”发布含有“50 分钟暴售 15000 台，满足 98% 用户的使用需求”内容的网页。上海市嘉定区市场监督管理局认为该公司所发布的“50 分钟暴售 15000 台，满足 98% 用户的使用需求”广告内容不实，没有依据，为虚假广告。该公司被责令停止发布广告，在相应范围内消除影响，并被处广告费用四倍罚款。

2. 第三方交易平台模式下消费者的知情权和选择权保护

在第三方交易平台模式下，平台方虽然不是产品提供者，不是产品信息的发布者，但应当承担平台治理责任，对经营者发布的商品和服务信息建立

---

① 处罚决定书文号：嘉市监案处字〔2016〕第 140201610067 号。

检查监控制度，发现违法违规内容，及时采取措施制止。

◇ 案例 7－7 上海寻梦信息技术有限公司违反平台对产品信息、产品广告的管理义务受到行政处罚①

上海寻梦信息技术有限公司（以下简称寻梦公司）经营“拼多多”电商平台，是“拼多多”网站、APP 的运营商，主要为第三方商家在“拼多多”电商平台上销售商品提供网络技术支持等信息服务。该平台网站上销售的商品均为第三方商家自行销售。2016 年 6 月 26 日起，开平市集美生物科技有限公司（以下简称集美公司）入驻“拼多多”电商平台，开设名为“新奥巴巴”的平台网店并开展经营。2016 年 7 月 25 日至 2017 年 4 月 11 日，集美公司通过寻梦公司经营的“拼多多”APP 对外发布了一则 HealthyCare 葡萄籽胶囊产品广告，其中含有“发挥抗癌抗过敏作用，抗前列腺癌、抗肝脏肿瘤的作用，还可以对抗神经系统损伤”等内容。寻梦公司作为互联网信息服务提供者，在向入驻商户及消费者提供“拼多多”平台服务时，在应知集美公司利用“拼多多”平台对外发布上述广告的情况下，未对其发布涉嫌违法广告的行为予以制止。

上海市工商行政管理局机场分局认为，寻梦公司作为“拼多多”电商平台的互联网信息服务提供者，对入驻商家集美公司在其平台上发布 HealthyCare 葡萄籽胶囊产品的违法广告未予制止，根据《广告法》第 45 条的规定，构成了互联网信息服务提供者对应知其利用其信息发布平台发布违法广告而未予以制止的行为。作为 B2C 网络交易平台，“拼多多”APP 上一旦产生违法广告发布的情况，如不及时予以制止，就会使损害后果迅速扩大。作为互联网信息服务提供者，寻梦公司拥有专业的技术配置和技术人员，可以对平台采取必要的监控手段，及时发现违法广告，并能够采取删除、屏蔽、断开链接等必要的技术措施制止违法广告的继续发布。寻梦公司未履行制止违法广告义务，造成危害后果。当事人作为“拼多多”APP 平台的互联网信

① 处罚决定书文号：沪工商机案处字〔2017〕第 200201710030 号。

息服务提供者，对第三方商家集美公司发布违法广告的行为，在应知其违法的情况下，在管理中未能采取必要的、合理的、适当的措施，发现并予以制止，导致上述违法广告存在可能误导消费者的风险。虽然网络平台上的信息是海量的，违法广告信息混杂其中，难以一一辨别，但是考虑到寻梦公司对“拼多多”APP等网络空间具有控制权，通过技术手段是可以对违法广告进行识别和控制的，对发布于其中的广告内容既有管理的权力，也应负有合理注意的管理义务。故寻梦公司未能采取必要措施，对发布于当事人拥有控制能力的网络平台上的违法广告予以发现和制止，并造成一定的危害后果，应承担相应的法律责任。上海市工商行政管理局机场分局对其作出罚款1万元的行政处罚。

消费者还享有自主选择商品或者服务的权利。消费者有权自主选择提供商品或者服务的经营者，自主选择商品品种或者服务方式，自主决定购买或者不购买任何一种商品、接受或者不接受任何一项服务。消费者在自主选择商品或者服务时，有权进行比较、鉴别和挑选。

平台方应当尊重和平等保护消费者的选择权，根据消费者的兴趣爱好、消费习惯等特征向其提供商品或者服务的搜索结果的，应当同时提供不针对其个人特征的选项；对于竞价排名的商品或者服务，应当显著标明“广告”。

（二）消费者权益保护措施和机制

1. 七天无理由退货

自营平台模式下，平台方作为经营者，应当为消费者提供充分的售后服务保障，提供七日无理由退货服务。[①]

① 《网络交易管理办法》第16条规定：“网络商品经营者销售商品，消费者有权自收到商品之日起七日内退货，且无需说明理由，但下列商品除外：（一）消费者定作的；（二）鲜活易腐的；（三）在线下载或者消费者拆封的音像制品、计算机软件等数字化商品；（四）交付的报纸、期刊。除前款所列商品外，其他根据商品性质并经消费者在购买时确认不宜退货的商品，不适用无理由退货。消费者退货的商品应当完好。网络商品经营者应当自收到退回商品之日起七日内返还消费者支付的商品价款。退回商品的运费由消费者承担；网络商品经营者和消费者另有约定的，按照约定。”

◇ 案例7－8 行吟信息科技（上海）有限公司不为消费者进行无理由退货受到行政处罚[①]

当事人行吟信息科技（上海）有限公司在其运营的小红书APP上添加了不支持退货的说明：保健品、食品生鲜、贴身衣物、定制商品等特殊商品不支持退换货。当事人对保健食品不支持退货并没有向消费者进行确认。

上海市嘉定区市场监督管理局认为，当事人的上述行为违反了《消费者权益保护法》第25条第1款、第2款："经营者采用网络、电视、电话、邮购等方式销售商品，消费者有权自收到商品之日起七日内退货，且无需说明理由，但下列商品除外：（一）消费者定作的；（二）鲜活易腐的；（三）在线下载或者消费者拆封的音像制品、计算机软件等数字化商品；（四）交付的报纸、期刊。除前款所列商品外，其他根据商品性质并经消费者在购买时确认不宜退货的商品，不适用无理由退货"的规定，依据《消费者权益保护法》第56条第1款第8项的规定，作出罚款3万元的行政处罚。

2. 平台内信用评价制度

平台方应当建立健全信用评价制度，公示信用评价规则，为消费者提供对平台内销售的产品进行评价的途径。但是，平台方不得以虚构交易、编造用户评价等方式进行虚假或者引人误解的商业宣传，欺骗、误导消费者。

◇ 案例7－9 杭州贝雪贸易有限公司虚构交易受到行政处罚[②]

杭州贝雪贸易有限公司于2014年11月在天猫商城网络平台开设"衣卡舍旗舰店"，从事服装服饰的销售。为提高店铺动态评分、提升该旗舰店商业信誉，该公司通过网络寻找能提供刷单服务的群体，并以支付每笔1.5元的佣金为条件，由这些提供刷单服务的群体为其经营的商品进行刷单，形成虚假的商品交易。截至2016年5月累计通过刷单的方式伪造了1203单虚假

---

① 处罚决定书文号：沪监管嘉处字（2019）第142019008058号。

② 处罚决定书文号：杭市监罚处字〔2016〕229号。

的商品交易记录。

杭州市市场监督管理局认为，当事人杭州贝雪贸易有限公司在天猫商城平台上所设的“衣卡舍旗舰店”利用刷单的方式进行虚假交易，提高网店商业信誉的行为，违反了《网络交易管理办法》第19条第4项“以虚构交易、删除不利评价等形式，为自己或他人提升商业信誉”之规定，属于以虚构交易的形式为自己提升商业信誉的行为。根据《网络交易管理办法》《反不正当竞争法》作出罚款的行政处罚。

3. 平台内争议解决机制

第三方平台模式下，平台方应当建立便捷、有效的投诉、举报机制，公开投诉、举报方式等信息，及时受理并处理投诉、举报。对于消费者和平台内经营者之间的争议，平台方可以建立争议在线解决机制，制定并公示争议解决规则（见示例7－1），根据自愿原则，公平、公正地解决当事人的争议。

◇ 示例7－1 某电商平台制定的《平台争议处理规则》（节选）

第一条　为规范合同争议调解工作，及时解决合同争议，保护本平台交易双方当事人的合法权益，依据《平台服务协议》，制定本规则。

第二条　买卖双方在本平台上交易发生的合同争议，适用本规则。

第三条　买家向卖家发起维权或任一方直接向本平台投诉，本平台将根据本规则对买卖双方的争议作出处理。部分买卖双方的争议，买家有权选择或本平台视争议内容交由大众评审员进行判断，本平台将根据大众评审员的判断结果对该等争议作出处理。

第四条　本平台通过站内信、电子邮件、短信或电话等方式向买卖双方发送的与争议处理相关的提示或通知，构成争议处理依据及结论的有效组成部分。

第五条　争议受理（略）

第六条　争议处理（略）

第七条　执行（略）

4. 平台先行赔付机制

第三方平台模式下，消费者通过平台购买产品，其合法权益受到损害的，如果平台方不能提供平台内经营者的真实名称、地址和有效联系方式的，消费者可以向平台方要求赔偿；平台方赔偿后，有权向平台内经营者追偿。

同时，为保障消费者权益，第三方平台也可以主动设置平台先行赔付机制，对于经营者应当向消费者承担的赔偿责任，平台方可以主动向消费者赔付之后再向经营者追偿。

◇ 案例7－10 杭州互联网法院2018年十大电子商务典型案例之一：平台依据服务协议向消费者先行赔付后享有追偿权

【基本案情】

吴某在某平台公司运营的电商平台注册经营了一家网络店铺。2016年7月，电商平台客服收到该店铺的订单维权申请。买家的维权理由为质量问题。吴某对此逾期未提交凭证。电商平台根据平台规则，判定案涉商品为假冒商品，吴某应退款。在吴某账户保证金不足的情况下，电商平台以自有资金先行赔付了8214元给买家。电商平台催讨垫付款未果，诉请吴某偿付该款及利息。

【裁判要点】

法院经审理认为，根据双方签订的平台服务协议，电商平台有权通过人工排查方式判断卖家是否售假，卖家享有申诉的权利。本案中，吴某在买家发起维权后未提交相关凭证，电商平台通过人工排查方式判断案涉产品为假冒商品，吴某亦未进行申诉，电商平台据此作出支持退款的决定符合协议约定。在吴某怠于履行调处决定且无保证金赔付应退款项的情况下，电商平台可依约使用自有资金向买家垫付货款，并可按照协议要求吴某偿付该垫付款及利息。吴某未收到退货不足以影响电商平台追偿权利。遂判决支持某平台公司诉讼请求。

【案例评析】

电商平台依照网络服务协议向买家先行赔付后，享有向卖家追偿的权利。

本案中，法院认为，卖家提出的买家未退货的情形不影响电商平台的追偿权利。卖家主张退货与平台追偿系不同的法律关系，卖家对此可另行主张。另外，在买家发起维权后，卖家应积极响应，主动提交相关凭证，并提出自己的诉求，保障卖家自身权利。

三、消费者权益保护行业应用实例

实践中，消费者的知情权、选择权受到侵害或未受到充分保护的情况较为突出，在互联网平台中主要体现为虚假宣传、虚假广告对消费者造成的误导、对其利益造成的损害。下面以电子商务平台和互联网金融平台为例，对这一问题涉及的实例及法律规制要求进行说明。

（一）电商平台的消费者权益保护

自营电商平台或第三方电商平台内的经营者发布的商品信息、使用的宣传用语不符合《广告法》《消费者权益保护法》等有关规定，属于虚假广告、虚假宣传的常见情形有：

（1）商品或者服务不存在的；

（2）商品的性能、功能、产地、用途、质量、规格、成分、价格、生产者、有效期限、销售状况、曾获荣誉等信息，或者服务的内容、提供者、形式、质量、价格、销售状况、曾获荣誉等信息，以及与商品或者服务有关的允诺等信息与实际情况不符，对购买行为有实质性影响的；

（3）使用虚构、伪造或者无法验证的科研成果、统计资料、调查结果、文摘、引用语等信息作为证明材料的；

（4）虚构使用商品或者接受服务的效果的；

（5）以虚假或者引人误解的内容欺骗、误导消费者的其他情形。

◇ 案例7－11 上海小坐片刻智能科技有限公司违反广告法受到行政处罚

上海小坐片刻智能科技有限公司在“小坐片刻智能马桶盖”众筹活动中宣传小坐片刻智能马桶盖“繁与简的智造艺术26道生产环节+30余项专利

技术+600多个机密元器件+累计超过1,000,000次各项测试=按键式操作开启全新的如厕体验”，但页面上未见标注专利号和专利种类，被上海市浦东新区市场监督管理局认定为构成“广告中涉及专利产品或者专利方法，未表明专利号和专利种类”违法行为并进行行政处罚。

◇ 案例7-12 某网店手机产品信息标识不准确被消费者投诉

消费者在某网店购买“华为畅享7S”手机一台，后向工商部门投诉，称该网店产品页面发布的产品信息中包含“5.65寸全面屏”内容，但该手机实际尺寸为5.65英寸，某网店夸大屏幕尺寸，属于虚假宣传。工商部门对该网店经营者进行调查，该网店经营者向工商部门说明其并不具有虚假宣传的故意，且屏幕尺寸以“英寸”为单位为行业惯例，即使产品页面显示为“5.65寸全面屏”，也并不会对消费者造成误导。但是，消费者并不接受该网店的解释，其后向法院提起诉讼，认为某网店存在欺诈行为，诉请其按照《消费者权益保护法》的规定给予三倍赔偿。后该网店经营者与消费者和解后，消费者撤诉。

（二）互联网金融平台的消费者权益保护

互联网金融业务涉及的互联网渠道丰富，包括网站、APP、公众号、小程序、在第三方平台开设的网络店铺等多种平台形态，可能会根据各类平台的特点对业务进行多样化的营销推广。

互联网平台的业务宣传具有参与门槛低、发布主体多、信息审核弱、转发传播快等特点，因此也成为误导用户、传播不实信息的高发领域。互联网金融平台应当结合监管机关的意见，重视业务宣传内容的合法合规性，避免出现违反《保险法》《广告法》《网络安全法》等相关规定和监管要求的情形。

其中，特别需要关注对业务产品宣传的真实准确，不得以欺诈或引人误解的方式对金融产品进行营销宣传，否则可能受到监管机关的处罚。

互联网金融平台常见的不当宣传推广行为有：

（1）引用不真实、不准确的数据和资料；

（2）隐瞒限制条件；

（3）对过往业绩进行虚假或夸大表述；

（4）使用小概率事件夸大产品收益；

（5）对资产管理产品未来效果、收益或与其相关情况作出保证性承诺，明示或暗示保本、无风险或保收益；

（6）对不同类型产品进行比较；

（7）使用偷换概念、不当类比、隐去假设等不当营销宣传手段。

◇ 案例7－13 上海某P2P公司发布投资回报预期类广告受到行政处罚①

上海诺诺镑客金融信息服务有限公司主要从事向借贷双方提供资金撮合金融信息服务的经营活动，通过其官方网站对外发布产品信息及广告。自2016年6月起，该公司在“0元计划”等产品中使用了“预期年化利率”的广告用语；自2017年1月起，该公司在官方网站首页使用“预期年化利率最高12%”的广告用语，至2017年3月22日，其仍在该网站首页使用该广告用语。

上海市徐汇区市场监督管理局认为，该公司的行为违反了《广告法》第25条第1款第1项“招商等有投资回报预期的商品或者服务广告，应当对可能存在的风险以及风险责任承担有合理提示或者警示，并不得含有下列内容：（一）对未来效果、收益或者与其相关的情况作出保证性承诺，明示或者暗示保本、无风险或者保收益等，国家另有规定的除外”的规定。上海市徐汇区市场监督管理局对该公司作出责令停止发布违法广告并在相应范围内消除影响及罚款人民币18万元的行政处罚。

① 处罚决定书文号：徐市监处字［2017］第040201613136号。

第八章

互联网平台的竞争

在日趋激烈的互联网平台竞争环境下，伴随着不断涌现的各类新型竞争手法，平台之间限制或者不正当竞争的纠纷也频繁发生，引起社会各界的关注。本章将选取“二选一”“爬虫”“流量争夺战”等近年热门的互联网平台竞争话题，结合相关案例，讨论相关竞争手段涉及的主要法律规范和限制，以及平台方需要关注的法律风险。

一、互联网平台“二选一”涉及的竞争法律问题

随着互联网平台竞争日趋激烈，平台方利用其市场地位，通过协议或技术手段要求平台内经营者（商户）一旦选择通过该平台提供商品/服务，即不得再选择通过其他互联网平台提供商品/服务。这种被称为“二选一”的做法在互联网平台中较为常见。

对于平台方来说，要求商户“二选一”，不仅能够降低与商户的谈判成本，获取更优质的商户资源，而且有助于增强商户的黏性，无形中削弱其他平台的竞争力。然而，对于商户来说，“二选一”在一定程度上限制了其提供商品/服务的渠道，从而可能使客户资源流失，影响销量；对于处于最末端的消费者来说，商户因商品/服务的销售渠道减少而受到的不利影响，可能通过更高的定价转嫁予消费者。

近年来，“二选一”不仅引发不同的平台方之间、商户与平台方之间的

争议，而且也是监管的重点。特别是在电子商务平台领域，“二选一”的合法性问题越来越引起人们关注。

◇ 案例8－1 两个涉及互联网平台“二选一”的纠纷

格兰仕诉天猫滥用市场支配地位案

2019年6月17日，广东格兰仕生活电器商业有限公司（以下简称格兰仕）发布《关于格兰仕在天猫平台出现搜索异常的声明》，称自2019年5月28日格兰仕拜访电子商务平台“拼多多”后，格兰仕产品在电子商务平台“天猫”中的搜索出现异常，并称“天猫”平台方对该异常不作为，严重影响了格兰仕产品在“天猫”平台中的销售。[①] 2019年11月5日，格兰仕发布《情况通报》，称其已在2019年10月28日向广州知识产权法院起诉运营“天猫”平台的浙江天猫网络有限公司、浙江天猫技术有限公司滥用市场支配地位。格兰仕公示的《广州知识产权法院受理案件通知书》显示，广州知识产权法院于2019年11月4日受理该案。[②]

京东诉天猫“二选一”滥用市场支配地位案[③]

2017年，北京京东世纪贸易有限公司、北京京东叁佰陆拾度电子商务有限公司（以下合称京东）向北京市高级人民法院起诉浙江天猫网络有限公司、浙江天猫技术有限公司、阿里巴巴集团控股有限公司（以下合称天猫），称2013年以来，天猫不断以各种手段实施包括但不限于要求在天猫商城开设店铺的服饰、家居等众多品牌商户不得在京东商城参加“618”“双11”等促销活动，不得在京东商城开设店铺进行经营，甚至只能在天猫商城一个平台开设店铺进行经营等滥用市场支配地位的行为，损害了中国B2C网上零售平

① 载人民网：http：//capital. people. com. cn/n1/2019/0618/c405954 – 31165483. html，访问日期：2020年1月4日。

② 载人民网：http：//it. people. com. cn/n1/2019/1106/c1009 – 31440201. htm，访问日期：2020年1月4日。

③ 参见《浙江天猫网络有限公司、浙江天猫技术有限公司滥用市场支配地位纠纷二审民事裁定书》，裁判书文号：（2019）最高民辖终130号。

台市场的正常竞争秩序，侵犯了京东、商户及广大消费者的合法权益，应当对其滥用市场支配地位的侵权行为承担相应的法律责任。

据此，京东请求法院：确认天猫在本案所确定的相关市场具有市场支配地位并判令天猫停止滥用市场支配地位的相关行为；判令天猫向京东赔偿损失10亿元并支付本案中为维权而支付的合理开支等暂计200万元；判令天猫向京东赔礼道歉、消除影响。目前，该案仍在审理当中。

虽然"二选一"的说法在近年才开始流行，但其本质上是一种排他性交易手法，即平台方要求交易相对方只能与平台方或平台方指定的第三方进行交易。排他性交易并非互联网平台中的"新事物"，只是与传统商业模式下经营者往往通过协议、市场支配地位等手段进行排他性交易的做法相比，互联网平台又衍生出诸如利用技术、平台规则等新的手法来进行排他新交易。

因此，对互联网平台排他性交易行为，法律法规除了从禁止滥用市场支配地位的角度予以规制外，还结合互联网平台的特点，通过《反不正当竞争法》中的"互联网专条"、[①]《电子商务法》等专门规定进行规制。

下面结合互联网平台常见的"二选一"排他性交易行为，介绍相关的法律规制要求。

（一）具有市场支配地位的平台方"二选一"行为及法律规制

禁止经营者滥用市场支配地位进行排他性交易的法律法规主要包括《反垄断法》《国务院反垄断委员会关于相关市场界定的指南》《禁止滥用市场支配地位行为暂行规定》等。根据相关法律法规，具有市场支配地位的经营者

① 指《反不正当竞争法》第12条："经营者利用网络从事生产经营活动，应当遵守本法的各项规定。经营者不得利用技术手段，通过影响用户选择或者其他方式，实施下列妨碍、破坏其他经营者合法提供的网络产品或者服务正常运行的行为：……（二）误导、欺骗、强迫用户修改、关闭、卸载其他经营者合法提供的网络产品或者服务……"

没有正当理由,[①] 不得直接或通过设定交易条件等方式变相限定交易相对人只能与其进行交易或者只能与其指定的经营者进行交易。[②] 如果具有市场支配地位的平台方违反这些规定，将承担相应的法律责任。[③]

其中，市场支配地位，是指经营者在相关市场内具有能够控制商品或者服务价格、数量或者其他交易条件,[④] 或者能够阻碍、影响其他经营者进入相关市场[⑤]能力的市场地位。[⑥]

对于经营者市场支配地位的认定，根据《反垄断法》，应当依据经营者在相关市场的市场份额、相关市场的竞争状况、经营者控制销售市场或者原材料采购市场的能力、经营者的财力和技术条件、其他经营者对该经营者在交易上的依赖程度、其他经营者进入相关市场的难易程度等因素考虑。[⑦]《国

---

① 根据《禁止滥用市场支配地位行为暂行规定》第17条，正当理由包括为满足产品安全要求所必须、为保护知识产权所必须、为保护针对交易进行的特定投资所必须和其他能够证明行为具有正当性的理由。

② 《反垄断法》第17条规定："禁止具有市场支配地位的经营者从事下列滥用市场支配地位的行为：……（四）没有正当理由，限定交易相对人只能与其进行交易或者只能与其指定的经营者进行交易……"

《禁止滥用市场支配地位行为暂行规定》第17条第1款、第2款规定："禁止具有市场支配地位的经营者没有正当理由，从事下列限定交易行为：（一）限定交易相对人只能与其进行交易；（二）限定交易相对人只能与其指定的经营者进行交易；（三）限定交易相对人不得与特定经营者进行交易。从事上述限定交易行为可以是直接限定，也可以是以设定交易条件等方式变相限定。"

③ 《反垄断法》第47条规定："经营者违反本法规定，滥用市场支配地位的，由反垄断执法机构责令停止违法行为，没收违法所得，并处上一年度销售额百分之一以上百分之十以下的罚款。"第50条规定："经营者实施垄断行为，给他人造成损失的，依法承担民事责任。"

④ 根据《禁止滥用市场支配地位行为暂行规定》第5条，"其他交易条件"是指除商品或服务价格、数量之外能够对市场交易产生实质影响的其他因素，包括商品品种、商品品质、付款条件、交付方式、售后服务、交易选择、技术约束等。

⑤ 《禁止滥用市场支配地位行为暂行规定》第5条规定，"能够阻碍、影响其他经营者进入相关市场"包括排除其他经营者进入相关市场，或者延缓其他经营者在合理时间内进入相关市场，或者导致其他经营者虽能够进入该相关市场但成本大幅提高，无法与现有经营者开展有效竞争等情形。

⑥ 《禁止滥用市场支配地位行为暂行规定》第5条第1款。

⑦ 《反垄断法》第18条规定："认定经营者具有市场支配地位，应当依据下列因素：（一）该经营者在相关市场的市场份额，以及相关市场的竞争状况；（二）该经营者控制销售市场或者原材料采购市场的能力；（三）该经营者的财力和技术条件；（四）其他经营者对该经营者在交易上的依赖程度；（五）其他经营者进入相关市场的难易程度；（六）与认定该经营者市场支配地位有关的其他因素。"

务院反垄断委员会关于相关市场界定的指南》《禁止滥用市场支配地位行为暂行规定》则分别对相关市场的界定因素和市场支配地位的认定因素作出了细化解释。

特别地，根据《禁止滥用市场支配地位行为暂行规定》，认定互联网等新经济业态经营者具有市场支配地位的考虑因素，包括相关行业的竞争特点、经营模式、用户数量、网络效应、锁定效应、技术特性、市场创新、掌握和处理相关数据的能力及经营者在关联市场的市场力量等因素。①

基于上述规定，具有市场支配地位的平台方需要特别关注，不得通过协议、平台规则或其他方式，要求商户只能与该平台交易而不得与其他平台交易。

尽管不同的平台方针对“二选一”的诉讼案件时有发生，对于互联网平台滥用市场支配地位的“二选一”行为，也是行政执法机关监管的重点问题之一；② 然而，实践中，“二选一”的平台方是否具有市场支配地位的认定，仍是司法和执法实践中的一大难题，涉及平台经济学分析，需要大量的数据和事实予以支撑。因此，针对互联网平台滥用市场支配地位“二选一”的诉讼案件，往往以证明平台方具有市场支配地位的证据不足而告终。

◇ 案例8-2 奇虎诉腾讯滥用市场支配地位案③

【基本案情】

原告北京奇虎科技有限公司（以下简称奇虎公司）于2011年11月15日

① 《禁止滥用市场支配地位行为暂行规定》第11条规定：“根据反垄断法第十八条和本规定第六条至第十条规定认定互联网等新经济业态经营者具有市场支配地位，可以考虑相关行业竞争特点、经营模式、用户数量、网络效应、锁定效应、技术特性、市场创新、掌握和处理相关数据的能力及经营者在关联市场的市场力量等因素。”

② 根据新华网（http://www.xinhuanet.com/2019-11/05/c_1125196005.htm，访问日期：2019年12月11日）的报道，2019年11月5日，国家市场监管总局召开规范网络经营活动行政指导座谈会，召集京东、阿里、拼多多、唯品会、云集等20多家平台企业参会，国家市场监管总局在座谈会中表示，其将继续密切关注网络经营活动中存在的突出问题，并对社会中反映强烈的平台“二选一”行为依法开展反垄断调查。

③ 一审判决书文号：（2011）粤高法民三初字第2号；二审判决书文号：（2013）民三终字第4号。

向广东省高级人民法院起诉被告腾讯科技（深圳）有限公司（以下简称腾讯公司）、深圳市腾讯计算机系统有限公司（以下简称腾讯计算机公司）滥用市场支配地位。

原告称，两被告在即时通讯软件及服务相关市场，即中国大陆的综合性即时通信产品及服务市场具有市场支配地位。2010 年 11 月 3 日，被告发布《致广大 QQ 用户的一封信》，明示禁止其用户使用原告的 360 软件，否则停止 QQ 软件服务；拒绝向安装有 360 软件的用户提供相关的软件服务，强制用户删除 360 软件；采取技术手段，阻止安装了 360 浏览器的用户访问 QQ 空间，在此期间大量用户删除了原告相关软件；2010 年 11 月 20 日，工业和信息化部以具体行政行为，谴责并禁止了被告前述行为。被告上述行为滥用市场支配地位，导致原告受到损害。因此，原告请求：判令两被告立即停止滥用市场支配地位的垄断民事侵权行为；判令两被告连带赔偿原告经济损失 1.5 亿元及承担原告为维权而支付的合理开支共计 100 万元，以及所有诉讼费用；判令两被告向原告赔礼道歉。

两被告共同答辩认为，原告对本案“相关市场”的界定错误，所以本案相关市场范围远大于原告界定的“即时通讯软件及服务市场”，相关地域市场应为全球市场。被告在即时通讯服务市场内不具有市场支配地位，原告提供的市场份额数据不能作为认定被告市场份额的事实依据。被诉侵权行为不构成滥用市场支配地位的行为，也未产生限制竞争的效果。被告对原告实施的产品不兼容行为是为了保护自身利益不受原告不法侵害，具有合法正当性。基于此，两被告请求驳回原告的全部诉讼请求。

【裁判要点】

诉讼中，原被告双方针对相关市场界定，被告在相关市场上是否具有支配地位，被告是否滥用市场支配地位，排除、限制竞争，以及被告应承担何种民事责任等焦点问题展开了争论。本案经过广东省高级人民法院一审，最高人民法院终审，判决认定：原告所提供的证据不足以证明两被告在相关产品市场具有垄断地位，故原告的诉讼请求缺乏事实和法律依据，不能成立，因此驳回原告的诉讼请求。

【案例评析】

本案中，关于被告是否具有市场支配地位的问题是原被告双方讨论最激烈、所需证据材料最多的争议焦点，虽然一审法院和二审法院均认定被告不具有市场支配地位，但对此问题的分析过程一审法院和二审法院的观点不完全相同。

1. 关于相关市场的界定

认定被告是否具有市场支配地位，需要界定被告所在的相关市场。相关市场的界定包括相关商品市场和相关地域市场的界定。

其中，就本案界定相关商品市场应采用的方法，一审法院基于假定垄断者测试分析方法，根据需求者对QQ软件及其服务的功能用途需求、质量的认可、价格的接受以及获取的难易程度等因素，从需求者的角度定性分析不同商品之间的替代程度；同时亦结合考虑供给替代的影响。经综合分析，一审法院认为综合性的即时通信产品及服务不能构成一个独立的相关商品市场，QQ软件等综合性即时通信产品及服务，与文字、音频以及视频等单一的即时通信产品、社交网站、微博服务，均属于同一相关市场的商品集合。

然而，二审法院认为，基于相对价格上涨的假定垄断者测试并不完全适宜在本案中适用，但仍可以采取该方法的变通形式，如基于质量下降的假定垄断者测试。经综合分析，二审法院认为，一审法院关于社交网络和微博应纳入本案相关商品市场范围的认定欠妥，社交网络和微博不应纳入相关商品市场范围，此外二审法院补充查明并认定移动端即时通信服务应纳入本案相关商品市场范围。

就地域市场的界定，一审法院认为，首先即时通讯服务的经营者及用户并不局限于中国大陆。由于互联网的开放性和互通性，经营者和用户均无国界，本案证据显示境外经营者可向中国大陆用户提供即时通讯服务，被告也同时向世界各地的用户提供服务。因此，一审法院认为本案相关地域市场应为全球市场。

然而，二审法院认为本案相关地域市场应界定为中国大陆。首先，境外经营者可向中国大陆用户提供即时通信服务并不等于其能够及时进入并对境内经营者形成有力的竞争约束。其次，相关地域市场界定关注的是境外经营者能否及时进入并对境内经营者形成有力的竞争约束，境内经营者是否向境外用户提供服务以及境外用户是否使用境内经营者提供的服务与此并无直接关联性。况且，本案证据表明，境外用户使用腾讯QQ即时通信服务的数量较小且多为与国内亲友保持联系。因此，一审法院关于本案相关地域市场的界定欠妥，二审法院予以纠正，本案相关市场的地域范围为中国大陆。

综上，本案的相关市场最终界定为中国大陆即时通信服务市场，既包括个人电脑端即时通信服务，又包括移动端即时通信服务；既包括综合性即时通信服务，又包括文字、音频以及视频等非综合性即时通信服务。

2. 被告是否具有市场支配地位的认定

《反垄断法》第17条第2款规定，市场支配地位，是指经营者在相关市场内具有能够控制商品价格、数量或者其他交易条件，或者能够阻碍、影响其他经营者进入相关市场能力的市场地位；第18条规定了认定经营者具有市场支配地位应当依据的因素；第19条规定了市场支配地位的推定规则，即一个经营者在相关市场的市场份额达到50%时，可以推定其具有市场支配地位，但允许经营者提供相反证据推翻该推定。

就被告在相关市场是否具有市场支配地位的问题，一审法院认为，原告对本案相关商品市场和相关地域市场的界定过于狭窄，原告依据其所主张的相关商品和地域市场来计算被告的市场份额，不能客观、真实地反映被告在相关市场中的份额和地位。此外，一审法院认为，由于被告不具有控制商品价格、数量或其他交易条件的能力，即使在原告所主张的最窄的相关市场即中国大陆的综合性即时通信产品和服务市场上，亦不能仅凭被告在该相关市场上的市场份额超过50%而认定被告具有市场支配地位。因此，一审法院认为，被告在该市场不具有支配地位。

二审法院从市场份额，相关市场的竞争状况，被诉经营者控制商品价格、数量或者其他交易条件的能力，该经营者的财力和技术条件，其他经营者对该经营者在交易上的依赖程度，其他经营者进入相关市场的难易程度等方面，对被上诉人是否具有市场支配地位进行考量和分析。经综合分析，二审法院认为本案现有证据并不足以支持被上诉人具有市场支配地位的结论，一审法院认定被上诉人不具有市场支配地位，并无不当。

尽管实践中证明平台方具有市场支配地位，进而证明其“二选一”属于滥用市场支配地位的行为并非易事，但平台方仍不能因此掉以轻心。随着司法和执法案件的实践积累，相信平台方“二选一”案件中关于平台方市场支配地位的认定标准会越来越清晰，认定方法会越来越科学、成熟。因此，平台方在采取“二选一”措施时，应当考量其是否具有被认定为市场支配地位的可能，关注是否具有违反《反垄断法》和《禁止滥用市场支配地位行为暂行规定》等法律法规中关于禁止经营者滥用市场支配地位进行排他性交易的规定的风险。

（二）平台方利用技术手段进行“二选一”及法律规制

除了基于市场支配地位的“二选一”行为外，平台方利用技术手段要求商户“二选一”的行为也比较常见。

商户通过平台提供商品/服务时，需要访问平台网站或安装使用平台的应用程序而成为平台用户。根据《反不正当竞争法》,[①] 平台方向商户提供平台服务时，不得采用技术手段迫使商户只通过该平台提供商品/服务，例如，利用技术手段强迫商户在使用该平台的应用程序时关闭或卸载其他平台的应用程序，通过技术手段对向商户提供的平台服务施以不利影响。

---

① 《反不正当竞争法》第12条规定：“经营者利用网络从事生产经营活动，应当遵守本法的各项规定。经营者不得利用技术手段，通过影响用户选择或者其他方式，实施下列妨碍、破坏其他经营者合法提供的网络产品或者服务正常运行的行为：……（二）误导、欺骗、强迫用户修改、关闭、卸载其他经营者合法提供的网络产品或者服务……（四）其他妨碍、破坏其他经营者合法提供的网络产品或者服务正常运行的行为。”

◇ 案例8－3 美团“二选一”受到行政处罚[①]

在本案中，飞达公司采取技术手段调整平台服务费用、调整配送范围，从而迫使商户只能选择美团外卖平台销售外卖商品，具体做法为：

飞达公司取得授权后持有美团外卖合作商账号。通过该账号，飞达公司具有独立管理权限，能够自主调整商户配送范围和服务费。对未与其签订独家合作协议的商户，飞达公司通过账号登录美团平台后台系统，修改其与商户之间的合同和调整平台服务费，同步生成短信发送至商户。此过程中，飞达公司未与商户平等协商且不明确告知商户上述调整需经商户本人同意，而是自行发送修改合同和平台服务费的短信链接，在商户不知情的情况下或者以开展其他活动的名义，以误导或欺骗的方式让商户自行点击确认或让商户将手机交与飞达公司的业务员自行操作确认平台服务费调整短信，使修改后的合同和平台服务费最终生效。

此外，飞达公司未经商户同意，非基于爆单、恶劣天气等协议约定的因素调整配送范围，仅因为商户未与飞达公司签订独家合作协议而用其账号修改商户的配送服务信息，从而缩小商户配送范围的边界，或将商户的配送范围调整到城区边界外卖用户极少的区域，甚至将商户的配送范围缩小为0米。同时，对县城区内较偏远但签订独家合作协议的商户，飞达公司将配送范围扩大至城区外卖用户较多的区域。

因此，通江县市场监督管理局认定，飞达公司利用技术手段提高服务费、调整配送范围影响了商户选择其他外卖平台，导致多家商户被迫放弃使用其他外卖平台，违反了《反不正当竞争法》第2条第1款“经营者在生产经营活动中，应当遵循自愿、平等、公平、诚信的原则，遵守法律和商业道德”和第12条第1款“经营者利用网络从事生产经营活动，应当遵守本法的各项规定”及第2款“经营者不得利用技术手段，通过影响用户选择或者其他方

---

① 参见《对通江县飞达电子商务有限公司不正当竞争经营行为的行政处罚决定》，行政处罚决定书文号：通市监管罚字［2019］3037号。

式，实施下列妨碍、破坏其他经营者合法提供的网络产品或者服务正常运行的行为：……（二）误导、欺骗、强迫用户修改、关闭、卸载其他经营者合法提供的网络产品或者服务……（四）其他妨碍、破坏其他经营者合法提供的网络产品或者服务正常运行的行为”之规定，并决定对飞达公司处于责令停止违法行为、罚款25万元的行政处罚。

（三）电商平台利用不合理手段进行“二选一”及法律规制

针对电子商务平台方不合理的排他性交易行为，《电子商务法》有专门的禁止性规定。根据《电子商务法》，[①] 电子商务平台方不得利用服务协议、交易规则以及技术等手段，对商户在平台内的交易、交易价格以及与其他经营者的交易等进行不合理限制或附加不合理条件，或者向商户收取不合理费用。

基于上述规定，平台方与商户通过书面协议要求商户不得与其他平台合作，平台方利用技术手段强迫商户在使用该平台的应用程序时关闭或卸载其他平台的应用程序，对同时与其他平台合作的商户收取不合理的高费用，不合理地提供更差的平台服务或设置其他不合理的交易条件等，都可能属于违反《电子商务法》的行为。平台方应当关注《电子商务法》的上述规定。

需要注意的是，这些规定适用于在电子商务中为交易双方或者多方提供网络经营场所、交易撮合、信息发布等服务，供交易双方或者多方独立开展交易活动的平台方，而不论平台方在相关市场是否具有市场支配地位。

---

① 《电子商务法》第35条规定：“电子商务平台经营者不得利用服务协议、交易规则以及技术等手段，对平台内经营者在平台内的交易、交易价格以及与其他经营者的交易等进行不合理限制或者附加不合理条件，或者向平台内经营者收取不合理费用。”

◇ 案例8－4 浙江美团外卖“二选一”受到行政处罚[①]

2017年6月12日，浙江省金华市市场监督管理局就北京三快科技有限公司金华分公司（以下简称美团金华分公司）运营美团外卖平台的“二选一”行为作出行政处罚。

根据相关处罚决定书，美团网是北京三快科技有限公司（以下简称北京美团）经营的网络餐饮服务平台，是金华地区市场占有量最大的网络食品经营平台。北京美团在金华地区设立两家分公司，分别为金华分公司和义乌分公司，分别负责各自区域的美团网团购和外卖业务。

美团金华分公司在经营中，要求入驻美团网的商户签订独家合作协议和合作承诺书，约定如果入网商户与美团独家经营的，将享有服务费价格优惠；如果商户违反约定而与其他“经营相同或近似业务的服务平台”开展经营的，美团金华分公司会将服务费收费标准调高。同时，美团金华分公司负责外卖的部门通过不允许附加美团外卖服务、不签协议等方式迫使商家签署外卖服务合同中选择只与其合作的补充约定。

2016年下半年，当事人的业务员在知道自己维护的商户同时与“饿了么”“百度外卖”等同类在线外卖平台合作后，强制关停商户在美团外卖上的网店，停止美团外卖商家客户端账户使用，迫使商户删除其他外卖平台上相关信息并提供相关账号密码后才能允许商户重新登入美团外卖平台。

浙江省金华市市场监督管理局认定，美团金华分公司的行为构成不正当竞争行为，依据《浙江省反不正当竞争条例》的相关规定，对美团金华分公司处以责令改正、罚款8万元的行政处罚。

二、网络爬虫涉及的不正当竞争问题

网络爬虫（Web Crawler），又称为网络蜘蛛（Web Spider）或Web信息采集器，是一个自动下载网页的计算机程序或自动化脚本，是搜索引擎的重

---

① 行政处罚决定书文号：（金）市监稽字（2017）22号。

要组成部分。[①] 网络爬虫按照一定的规则，访问万维网上的网页和相关链接，并从中下载信息到本地，是人们在信息爆炸的网络环境中为获取有用信息而广泛运用的技术。

作为获取信息的重要技术，网络爬虫的合法性边界，即哪些信息可以被抓取、哪些信息不能被抓取，一直是网络爬虫技术运用中被重点关注的问题。不正当使用网络爬虫技术，可能触发不正当竞争、侵犯知识产权、危害数据安全等法律问题。下面主要从不正当竞争角度，结合案例介绍互联网平台方使用网络爬虫技术可能涉及的法律风险。

（一）违反爬虫协议的不正当竞争问题

爬虫协议（robots. txt 协议）是用于规制网络爬虫技术的行业惯例。爬虫协议由网站的运营者或所有者在网站服务器中设置，当网络爬虫抓取该网站信息时，爬虫协议给予网络爬虫程序指示，告知其该网站的哪些内容可以被抓取，哪些内容不得被抓取。[②]

经营者在生产经营活动中，应当遵循自愿、平等、公平、诚信的原则，遵守法律和商业道德。遵守爬虫协议已成为互联网行业公认的行业规范。[③] 如果平台方不当运用网络爬虫技术，违反爬虫协议的指示在其他平台上抓取信息，存在被认定为因违反商业道德而构成不正当竞争行为，违反《反不正当竞争法》规定的风险。

实践中，因违反爬虫协议而触发的反不正当竞争纠纷案件时有发生，其中以百度诉奇虎 360 反不正当竞争纠纷案为典型。该案中，法院对搜索引擎的运营原理和爬虫协议的性质进行了充分阐明，并对违反爬虫协议的不正当竞争行为进行了分析和认定。

---

① 孙立伟、何国辉、吴礼发：《网络爬虫技术的研究》，载《电脑知识与技术》2010 年第 15 期。

② 载 https：//www. robotstxt. org/orig. html，访问日期：2019 年 12 月 12 日。

③ 张平：《〈反不正当竞争法〉的一般条款及其适用——搜索引擎爬虫协议引发的思考》，载《法律适用》2013 年第 3 期。

◇ 案例8－5 百度诉奇虎360反不正当竞争纠纷①

【基本案情】

2012年8月16日，北京奇虎科技有限公司（以下简称奇虎公司）在其经营的网站上推出搜索引擎服务。奇虎公司未遵守北京百度网讯科技有限公司、百度在线网络技术（北京）有限公司（以下合称百度公司）网站上的Robots协议，对网站内容进行抓取并作为搜索结果提供给网络用户。自此，双方相互指责、产生争议，并分别采取了多项技术措施，引起了媒体和行业内的广泛关注，双方的纠纷被媒体称为“3B大战”。其后，作为主管机关的工业和信息化部以及作为行业自律组织的中国互联网协会多次采取约谈等方式对本案双方当事人的纠纷进行调解。2012年11月1日，在中国互联网协会的牵头组织下，本案双方当事人分别作为共同发起人之一，在北京签署了《互联网搜索引擎服务自律公约》（以下简称《自律公约》）。

在签约当日，百度公司签约代表向奇虎公司签约代表出示了法律通知函，要求奇虎公司停止抓取、复制百度网站页面，其后又再次向奇虎公司邮寄了相同内容的法律通知函。2013年，百度公司向北京市第一中级人民法院起诉奇虎公司不正当竞争。

在审理中原告称，百度公司违背国际通行的行业规则、罔顾原告的权利声明和技术措施，非法抓取、复制百度网站内容，直接以快照形式向网民提供，严重损害了原告合法权益。请求法院判令：被告立即停止抓取、复制、使用全部百度网站的内容等不正当竞争行为，立即删除已经复制的全部百度网站的内容；公开赔礼道歉、消除影响；赔偿被告经济损失人民币1亿元，以及为制止侵权的合理支出人民币20万元。

被告奇虎公司辩称，百度滥用Robots协议，以案涉robots. txt文件为手段排斥同业竞争者，以达到限制同业竞争者正当竞争的目的；百度滥用Robots协议的行为如果被司法判决确认保护，将给中国互联网搜索引擎服务

① 判决书文号：（2013）一中民初字第2668号。

行业的发展带来极为不利的影响，并将严重损害互联网用户利益；百度在本案中控诉的360搜索违反百度设置的robots.txt文件、抓取百度网站内容的行为不属于不正当竞争行为。综上，被告请求法院驳回原告百度公司的诉讼请求。

本案经北京市第一中级人民法院判决，认定奇虎公司在推出搜索引擎伊始违反百度设置的robot协议抓取数据的行为构成不正当竞争行为，依照《民法通则》《反不正当竞争法》的相关规定，法院判决奇虎公司赔偿百度公司经济损失50万元、合理支出20万元；驳回百度公司的其他诉讼请求。

【裁判要点】

法院认为，本案的争议焦点之一是被告未遵守Robots协议的行为是否构成不正当竞争。法院首先对搜索引擎的运行原理和Robots协议进行充分阐明，再对诉争的法律问题予以判定。

1. 搜索引擎的运行原理和Robots协议

法院认为，互联网搜索引擎服务，是指搜索引擎服务商按照网络用户的需要，从互联网上海量的网络信息中挑选出符合网络用户要求的网页的网络服务。为了减少访问遍浩瀚的网络世界所需的海量时间，搜索引擎采用了爬虫技术，负责访问网页的程序被称为爬虫机器人或者被直接称为爬虫。

法院认为，Robots协议虽然名为“协议”，但仅是一种网站程序编写的技术规范，旨在通过程序代码标示是否准许搜索引擎爬虫机器人访问、准许哪些搜索引擎爬虫机器人访问，其并非法律意义上的协议或者合同。Robots协议作为一种技术规范，其作用只在于标示该网站是否准许搜索引擎爬虫机器人访问、准许哪些搜索引擎爬虫机器人访问，但爬虫机器人识别该Robots协议的内容后，无论爬虫机器人是否遵守，Robots协议都不会起到强制禁止访问这一技术措施的作用。时至今日，Robots协议已经成为一种国内外互联网行业普遍通行、普遍遵守的技术规范。

2. 关于被告未遵守Robots协议行为的认定

法院认为，互联网企业在经营过程中在法律准许的范围内的自由竞争应当得到坚决的维护。但是，自由竞争中的“自由”并非毫无约束的绝对自由，在任何情况下，市场健康发展需要有序的市场环境和公平的市场竞争规则作为保障。《反不正当竞争法》第2条规定，经营者在市场交易中应当遵循自愿、平等、公平、诚实信用的原则，遵守公认的商业道德。

基于此，法院对被告未遵守Robots协议的行为区分两个阶段进行分析认定。这两个阶段分别是被告推出搜索引擎伊始至《自律公约》签订，以及《自律公约》签订后截至本案审理过程中。

在被告推出搜索引擎伊始，其网站亦刊载了Robots协议的内容和设置方法，说明包括被告在内的整个互联网行业对于Robots协议都是认可和遵守的。Robots协议应当被认定为行业内的通行规则，应当被认定为搜索引擎行业内公认的、应当被遵守的商业道德。被告网站在推出搜索引擎服务之初，包括在其搜索引擎服务上线之前的准备阶段，为了对原告网站进行抓取以便向网络用户提供最全面的搜索结果，没有遵守行业内公认的、应当被遵守的商业道德，即在被告推出搜索引擎伊始没有遵守原告网站的Robots协议，其行为明显不当，应当承担相应的不利后果。

《自律公约》签订后截至本案审理过程中，互联网行业内已经形成《自律公约》这样专门解决该类纠纷的自律性公约，法院认为，搜索引擎服务商与网站服务商或所有者关于Robots协议产生纠纷时，应当遵循如下协商—通知程序处理：第一，搜索引擎服务商在认为网站Robots协议设置不合理时，应当向网站服务商或所有者提出书面修改Robots协议、准许其爬虫机器人抓取的请求。第二，网站服务商或所有者在知晓该请求后，如不同意修改，应当在合理的期限内，书面、明确地提出其拒绝修改Robots协议的合理理由并告知搜索引擎服务商。第三，搜索引擎服务商认为网站服务商或所有者提出的合理理由不成立的，双方可以向签订的《自律公约》执行机构或行业协会陈述意见，由相关执行机构或行业协会先行调解和裁决。第四，网站服务商在合理的期限内未书面、明确地提出其拒绝修改Robots协议的合理理由的，或者搜索引擎服务商认为网站服务商或所有者提出的合理理由不成立的，且搜索引擎服务商认为不立即修改Robots协议会严重影响其经营的，可以按照相关法律规定采取诸如诉讼、申请行为保全等法律措施予以解决。

具体到本案中，在互联网协会和相关行政机关的多次调解中，包括在《自律公约》的制定和签署过程中，被告已经多次向原告表示要求修改Robots协议并抓取原告网站内容，其主张是清晰、明确的。但是，在《自律公约》签订之日，即法院认定的被告向原告作出要求修改Robots协议的主张之日，原告在合理的期限内未明确提出其拒绝修改Robots协议的合理理由并书面告知被告，故而在《自律公约》签订之日后，原告主张被告行为不当的主张法院不予支持。

综上，两原告的部分诉讼请求有事实和法律依据，法院予以支持。依照《民法通则》《反不正当竞争法》的相关规定，法院判决奇虎公司赔偿百度公司经济损失50万元和合理支出20万元；驳回原告百度公司的其他诉讼请求。

【案例评析】

在本案中，法院认可爬虫协议是搜索引擎行业内公认的且应当被遵守的商业道德准则。被告奇虎公司在刚推出搜索引擎业务时，没有遵守原告百度公司设置的爬虫协议，属于违反商业道德准则，构成违反《反不正当竞争法》第2条的不正当竞争行为。

但是，法院认为，爬虫协议的设置应当合理，并符合相应的行业道德准则和规范。根据原被告双方签订的《自律公约》,[①] 限制搜索引擎抓取应有行业公认合理的正当理由，不利用爬虫协议进行不正当竞争。在奇虎公司已向原告百度公司提出修改Robots协议的主张后，百度公司没有合理的正当理由继续限制被告搜索引擎的行为，法院不认可，因此对原告百度公司主张《自律公约》签订后被告奇虎公司违反爬虫协议抓取信息的行为构成不正当竞争，法院不予以支持。

因此，平台方在使用网络爬虫技术抓取信息时，应当遵守被抓取网站的

① 《自律公约》第8条规定："互联网站所有者设置机器人协议应遵循公平、开放和促进信息自由流动的原则，限制搜索引擎抓取应有行业公认合理的正当理由，不利用机器人协议进行不正当竞争行为，积极营造鼓励创新、公平公正的良性竞争环境。"

爬虫协议，以避免构成反不正当竞争行为，避免承担相应法律责任的风险。

（二）未违反爬虫协议仍存在的不正当竞争问题

如前所述，违反网站的爬虫协议而抓取信息的行为，存在构成不正当竞争的风险。那么，如果抓取信息时平台方已遵守相关网站的爬虫协议，是否意味着就一定不构成不正当竞争行为？答案是否定的。

从其他平台上抓取的信息，可能是具备独创性的他人知识产权，也可能是他人积累而成的经验和经营成果，未经他人许可或支付报酬而直接“搬运”他人积累的经营和智力成果“为我所用”，可能构成对他人的无形财产权益的侵害，构成不正当竞争行为。

例如，在大众点评诉百度不正当竞争纠纷案中，大众点评网中的点评信息虽未具备独创性而不构成知识产权，但该等点评信息属于大众点评网平台方长期经营的劳动成果，法院认定，百度未对此作出贡献而直接抓取大众点评网站信息并通过百度地图、百度知道网站提供给网络用户的行为，构成不正当竞争。

◇ 案例8－6 大众点评诉百度不正当竞争纠纷①

【基本案情】

大众点评网的运营者原告上海汉涛信息咨询有限公司（以下简称汉涛公司）向上海市浦东新区人民法院起诉被告北京百度网讯科技有限公司（以下简称百度公司），称被告存在不正当竞争行为，请求法院判令被告承当相应的侵权责任，包括停止不正当竞争行为、赔偿损失、赔礼道歉。其中，索赔金额高达9000万元。本案的争议焦点之一是百度公司使用大众点评网点评信息是否构成不正当竞争。

其中，汉涛公司称其经营的大众点评网收集了大量商户信息，并吸引大

① 一审判决书文号：（2015）浦民三（知）初字第528号；二审判决书文号：（2016）沪73民终242号。

量消费者通过真实体验发布点评信息，汉涛公司为网站投入了大量的资源，汉涛公司对于大众点评网的点评信息享有合法权益，依法受我国法律的保护。百度公司是百度地图（网址：map. baidu. com）和百度知道（网址：zhidao. baidu. com）的经营者。自2012年以来，百度公司未经许可，在未付出相应劳动及支出相应成本的情况下，在百度地图、百度知道中大量抄袭、复制大众点评网的点评信息，直接替代了大众点评网向用户提供内容。百度公司由此迅速获得用户和流量，攫取汉涛公司的市场份额，削减汉涛公司的竞争优势及交易机会，给汉涛公司造成了巨额损失，其行为违背公认的商业道德和诚实信用原则，构成不正当竞争。

百度公司辩称：(1) 百度公司与汉涛公司不是同业竞争关系，大众点评网为用户提供以餐饮为主的消费点评、消费优惠等业务，同时提供餐厅预订、外卖等服务。而百度公司提供的是搜索服务，两者没有直接竞争关系。(2) 百度公司使用大众点评网的信息并不构成不正当竞争。首先，百度地图通过蜘蛛机器人访问各个网站，至于特定内容可否抓取，搜索引擎将根据网站Robots协议的内容进行判断，百度公司的抓取行为完全符合大众点评网的Robots协议。其次，百度公司仅有限地展现来自大众点评网的用户点评，且设置了指向大众点评网的链接，不仅不会给汉涛公司造成损失，还会为汉涛公司带来流量。最后，若汉涛公司认为百度公司构成侵权，其完全可以通过修改大众点评网的Robots协议禁止百度公司的搜索引擎访问其网站的点评信息，但汉涛公司始终未这样做。

本案经上海市浦东新区人民法院一审、上海知识产权法院二审，判决认定百度公司使用大众点评网点评信息构成不正当竞争，判令被告百度公司停止以不正当的方式使用大众点评网的点评信息并赔偿原告经济损失人民币300万元及为制止不正当竞争行为所支付的合理费用人民币23万元。

【裁判要点】

就百度公司辩称的信息抓取方式未违反爬虫协议的理由，一审法院认为，Robots协议是互联网行业普遍遵守的规则，故搜索引擎违反Robots协议抓取网站的内容，可能会被认定为违背公认的商业道德，从而构成不正当竞争。但并不能因此认为，搜索引擎只要遵守 Robots 协议就一定不构成不正当竞争。Robots 协议只涉及搜索引擎抓取网站信息的行为是否符合公认的行业准则的问题，不能解决搜索引擎抓取网站信息后的使用行为是否合法的问题。本案中，百度公司的搜索引擎抓取涉案信息并不违反 Robots 协议，但这并不意味着百度公司可以任意使用上述信息，百度公司应当本着诚实信用的原则和公认的商业道德，合理控制来源于其他网站信息的使用范围和方式。

大众点评网的点评信息是汉涛公司的核心竞争资源之一，能给汉涛公司带来竞争优势，具有商业价值；汉涛公司为运营大众点评网付出了巨额成本，网站上的点评信息是其长期经营的成果。大众点评网的点评信息由网络用户发布，网络用户自愿在大众点评网发布点评信息，汉涛公司获取、持有、使用上述信息未违反法律禁止性规定，也不违背公认的商业道德；在靠自身用户无法获取足够点评信息的情况下，百度公司通过技术手段，从大众点评网等网站获取点评信息，用于充实自己的百度地图和百度知道。百度公司此种使用方式，实质替代大众点评网向用户提供信息，对汉涛公司造成损害。百度公司并未对于大众点评网中的点评信息作出贡献，却在百度地图和百度知道中大量使用了这些点评信息，其行为具有明显的“搭便车”“不劳而获”的特点。

二审法院分析认为，本案需要认定百度公司使用涉案信息是否超出了必要的限度。本案中，汉涛公司对涉案信息的获取付出了巨大的劳动，具有可获得法律保护的权益，而百度公司的竞争行为亦具有一定的积极效果，在此情况下应当对两者的利益进行一定平衡。百度公司在使用来自大众点评网的评论信息时，理想状态下应当遵循“最少、必要”的原则，即采取对汉涛公司损害最小的措施。但是，要求百度公司在进行商业决策时，逐一考察各种可能的行为并选择对汉涛公司损害最小的方式，在商业实践中是难以操作的。但如果存在明显有对汉涛公司损害方式更小的方式而未采取，或者其欲实现的积极效果会严重损害汉涛公司利益的情况下，则可认定为使用方式已超过必要的限度。

因此，本案法院判决认为，百度公司大量、全文使用涉案点评信息的行为违反了公认的商业道德和诚实信用原则，具有不正当性，百度公司上述行为给汉涛公司造成了实质损害，具有不正当性，构成不正当竞争。

【案例评析】

在本案中，百度公司使用爬虫技术爬取大众点评网上的大量点评信息，并用在自己网站。尽管百度公司爬取大众点评网上的大量点评信息的行为没有违反爬虫协议，但是法院认为，点评信息是大众点评网长期经营的结果，百度公司直接搬运使用点评信息的行为，实质性替代大众点评网向用户提供信息，对汉涛公司造成损害，构成不正当竞争。

因此，平台方在使用网络爬虫技术时，除了遵守爬虫协议外，还应当关注其对信息的获取和使用是否超出了合理范围，从而违背商业道德和诚实信用原则。如果平台方超出合理范围使用其抓取的信息，造成他人利益损害的，即使相关网站的爬虫协议未禁止平台方爬取信息的行为，依然存在构成不正当竞争的风险。

三、“流量争夺战”涉及的不正当竞争问题

用户对互联网平台的关注度、访问量（又称流量），是各互联网平台争相获取的关键资源，也是互联网平台实现经营利益的重要基础。为争夺流量，各互联网平台各施其法，竞争方式和手法层出不穷。

因争夺流量而触发的不正当竞争问题常有发生。下面将结合案例列示流量争夺战中常见的不正当竞争行为。

（一）不正当竞争的恶意软件不兼容行为

用户运行、安装计算机软件或手机应用程序时，由不同平台方开发的软件之间发生不兼容或冲突，是正常现象。但是，禁止恶意软件不兼容行为是

我国互联网终端软件服务行业内的普遍共识。[①]

在法律角度，如果平台方利用软件不兼容现象，通过误导、欺骗、强迫等恶意方式影响用户选择使用其软件而启用与之同类的其他软件的，将构成违法的不正当竞争行为。根据《反不正当竞争法》，[②] 平台方不得利用技术手段，误导、欺骗、强迫用户修改、关闭、卸载其他平台方合法提供的网络产品或者服务，或者恶意对其他平台方合法提供的网络产品或服务实施不兼容，或者采取其他方式妨碍、破坏其他平台方合法提供的网络产品或服务正常运行。

◇ 案例 8-7 百度诉3721侵犯著作权及不正当竞争纠纷[③]

【基本案情】

2003年，百度在线网络技术（北京）有限公司（以下简称百度公司）向北京市朝阳区人民法院起诉北京三七二一科技有限公司（以下简称三七二一公司）实施的软件不兼容行为侵犯了百度公司的著作权，构成不正当竞争行为。

百度公司称，百度公司于2002年6月17日推出“百度IE搜索伴侣”软件的当日，即发现该软件的注册表信息被三七二一公司的“3721网络实名”

---

① 《互联网终端软件服务行业自律公约》第17条规定：“禁止恶意排斥。恶意排斥是指某款终端软件在设计、安装、运行过程中，无正当理由，故意给其他合法终端软件设置障碍，妨碍用户安装或者使用其他合法终端软件。（一）同类终端软件拥有平等的被选择权和市场推广权。（二）终端软件在运行中由于技术原因可能产生冲突的，应当尊重用户的自主选择权。（三）不得以任何形式欺骗或者误导用户使用或者不使用其他合法终端软件。”第18条规定：“终端软件在安装、运行、升级、卸载等过程中，不应恶意干扰或者破坏其他合法终端软件的正常使用。”

② 《反不正当竞争法》第12条规定：“经营者利用网络从事生产经营活动，应当遵守本法的各项规定。经营者不得利用技术手段，通过影响用户选择或者其他方式，实施下列妨碍、破坏其他经营者合法提供的网络产品或者服务正常运行的行为：（一）未经其他经营者同意，在其合法提供的网络产品或者服务中，插入链接、强制进行目标跳转；（二）误导、欺骗、强迫用户修改、关闭、卸载其他经营者合法提供的网络产品或者服务；（三）恶意对其他经营者合法提供的网络产品或者服务实施不兼容；（四）其他妨碍、破坏其他经营者合法提供的网络产品或者服务正常运行的行为。”

③ 一审判决书文号：（2003）朝民初字第24224号；二审判决书文号：（2004）二中民终字第02387号。

软件所删除，且不能正常运行。2002 年 7 月 3 日，百度公司推出“百度 IE 搜索伴侣”软件的升级版后，三七二一公司于当晚升级了“3721 网络实名”软件，依然删除百度公司软件的注册表信息，使该软件不能正常运行。同年 7 月 9 日，三七二一公司再次将“3721 网络实名”软件版本升级，增加了对“百度 IE 搜索伴侣”软件的安装拦截功能。2003 年以来，三七二一公司在“3721 网络实名”软件中专门设置了一个程序（cnsminkp 文件），该程序对“3721 网络实名”软件的运行无任何帮助，专为阻止用户从百度网站下载“百度 IE 搜索伴侣”软件，致使所有安装了“3721 网络实名”软件的用户均不能正常运行“百度 IE 搜索伴侣”软件，给百度公司造成巨大的经济损失，并导致用户对百度公司软件可靠性的怀疑，严重损害了百度公司的声誉。

百度公司认为三七二一公司的行为违反诚实信用原则及公认的商业道德，侵犯了其对“百度 IE 搜索伴侣”软件所享有的修改权、发行权和网络传播权，并构成了不正当竞争。故诉至法院请求判令三七二一公司停止侵权行为，在“3721. com”网站和“baidu. com”网站公开赔礼道歉，就侵犯著作权和不正当竞争行为赔偿经济损失 100 万元，赔偿其他经济损失 5150 元并承担诉讼费用。

三七二一公司辩称，百度公司并未就其主张权利的作品及其为权利人进行举证，因此无法认定三七二一公司侵犯了其著作权。Cnsminkp 文件是三七二一公司“3721 网络实名”“上网助手”等多种软件产品共同的组成部分，是负责进程管理、文件管理以及文件统筹的底层支持模块。删除该文件不影响“3721 网络实名”软件的表面功能，不意味着不影响该软件的其他功能。同样，“百度 IE 搜索伴侣”软件也影响三七二一公司的“3721 网络实名”软件的正常下载和安装，出现相同的冲突现象，故百度公司提出的涉案现象属于正常的软件冲突问题。现三七二一公司向用户作出提示，并提供了可行的解决方法。对于冲突的软件，用户完全可以自主选择。综上，三七二一公司从未接触过“百度 IE 搜索伴侣”软件的代码或其他文档，没有实施侵犯著作权和不正当竞争的行为，故不同意百度公司的诉讼请求。

本案经北京市朝阳区人民法院一审，北京市第二中级人民法院二审，判决三七二一公司赔偿百度公司为诉讼支出的合理费用5150元；自本判决生效之日起，三七二一公司停止以“3721网络实名”软件阻碍百度公司“百度IE搜索伴侣”软件正常下载、安装和运行的涉案不正当竞争行为；驳回百度公司的其他诉讼请求。

【裁判要点】

三七二一公司的行为是否侵犯了百度公司对“百度IE搜索伴侣”的软件所享有的著作权，是否构成不正当竞争，是本案的两个主要争议焦点。

1. 关于三七二一公司的行为是否侵犯了百度公司的著作权问题

一审法院判决认为，百度公司作为“百度IE搜索伴侣”软件的著作权人，享有许可他人修改、发行和通过网络传播该软件的权利，但是百度公司并未举证证明三七二一公司侵犯了百度公司对“百度IE搜索伴侣”的著作权，含有cnsminkp文件的“3721网络实名”软件对“百度IE搜索伴侣”软件的下载安装制造的障碍，可以通过卸载“3721网络实名”软件或删除其中的cnsminkp文件或其他技术手段加以解决，以达到使“百度IE搜索伴侣”软件正常下载、安装的目的。由此可以判断，“3721网络实名”软件并未导致“百度IE搜索伴侣”软件绝对的不能下载安装，没有根本地阻止该软件的发行及网络的传播。故对百度公司提出的三七二一公司侵犯其对“百度IE搜索伴侣”软件所享有的修改权、发行权和网络传播权的诉讼主张不予支持。

二审法院认为百度公司作为“百度IE搜索伴侣”软件的著作权人，未经其许可，他人不得对该软件进行修改或通过网络传播该软件。本案两方软件之间存在后安装者修改在先安装者注册表信息的情况。虽然注册表信息直接影响软件的运行，但注册表信息并非计算机软件作品的组成部分，对注册表信息的修改不应视为对软件作品的修改。百度公司未举证证明三七二一公司未经许可，提供百度公司涉案软件并通过网络传播该软件。故对百度公司提出的三七二一公司侵犯其对“百度IE搜索伴侣”软件所享有的修改权、发行权和网络传播权的诉讼主张不予支持。

2. 关于三七二一公司的行为是否构成不正当竞争问题

一审法院认为，“百度IE搜索伴侣”软件和“3721网络实名”软件均系供互联网用户免费下载、具有地址栏搜索功能的商业软件，百度公司和三七二一公司存在竞争关系。作为同是提供地址栏搜索软件的经营者，三七二一公司和百度公司在保证自己的软件有效下载、安装的同时，均不应有意采取针对或影响对方软件正常下载、安装的技术措施，使对方处于不平等的竞争地位。本案双方均采用了技术手段阻止对方软件的正常下载，减少了对方的交易机会，以不正当手段谋取竞争优势，违反了公平、诚实信用的原则，三七二一公司实施的行为构成不正当竞争。由于三七二一公司未就“百度IE搜索伴侣”软件影响“3721网络实名”软件的下载和安装提出相应诉讼请求，故法院对此不予处理。

鉴于“百度IE搜索伴侣”软件属免费下载软件，且三七二一公司的行为并未根本地导致“百度IE搜索伴侣”软件无法下载、安装，百度公司又未就三七二一公司的不正当竞争行为使其遭受的经济损失举证，故对于百度公司提出三七二一公司赔偿经济损失的诉讼请求，不予支持。但三七二一公司应当支付百度公司为本次诉讼支出的合理费用。

二审法院认为，本案中百度公司与三七二一公司均作为提供地址栏搜索软件的经营者，属于同行业竞争者，具有竞争关系。软件之间的正常冲突现象表现为在后安装的软件生效，但仍保留在先安装的软件，用户仍有对在先安装的软件的选择权。而涉案冲突现象的存在使用户的计算机操作系统无法再识别在先安装的软件，继而用户无法再使用在先安装的软件，而只能使用在后安装的软件，此冲突现象不仅使用户不能正常行使选择权，而且使在先安装的软件不能接受用户的平等选择，从而使软件权利人丧失了相应的交易机会。三七二一公司的行为不仅使用户不能正常行使其选择权，而且使百度公司的“百度IE搜索伴侣”软件不能接受用户的平等选择，从而使软件权利人丧失了相应的交易机会。

因此，百度公司与三七二一公司为同业竞争者，三七二一公司上述修改软件注册表信息、阻碍点击鼠标左键正常下载安装运行、弹出软件冲突警告对话框中任一选项均导致安装失败的涉案行为阻碍了“百度IE搜索伴侣”软件的正常下载、安装和运行，构成了不正当竞争。

原审判决主文第一项表述为三七二一公司不得阻碍“百度IE搜索伴侣”软件以点击鼠标左键的方式正常安装，该表述并未涵盖涉案妨碍“百度IE搜索伴侣”软件正常下载、安装和运行的不正当竞争行为，因此原审上述表述欠妥，本院对此予以纠正。

【案例评析】

根据我国《反不正当竞争法》，经营者在市场交易中，应当遵循自愿、平等、公平、诚实信用的原则，遵守公认的商业道德。互联网行业作为新兴行业，发展速度快，为规范网络的健康发展，我国除制定相关法律法规外，互联网协会还组织制定了互联网行业自律规范——《中国互联网行业自律公约》对行业内的竞争予以规制。

本案中，百度公司与三七二一公司之间构成竞争关系。三七二一公司修改他人软件注册表信息的技术措施，已经超出了软件正常冲突的合理范畴，使用户无法再使用在先安装的百度公司软件，而只能使用在后安装的三七二一公司软件，从而使百度公司丧失了相应的交易机会，具有不正当竞争行为的性质。

（二）不正当竞争的恶意的风险提示行为

平台方往往在网站或应用程序中设置风险提示信息，告知用户网站或应用程序运行环境的风险，是否存在对用户系统存在威胁的病毒或漏洞。但是，有的风险提示是恶意的，即为了争夺流量资源、获得竞争优势而针对竞争对手的网站或应用程序向用户作出“无中生有”的风险提示。这些通过编造、传播虚假信息或者误导性信息等方式，损害竞争对手的商业信誉、商品声誉的恶意的风险提示，属于《反不正当竞争法》规制的不正当竞争行为。①

◇ 案例8-8 百度诉360插标及修改搜索提示词不正当竞争纠纷②

【基本案情】

2012年，北京百度网讯科技有限公司和百度在线网络技术（北京）有限公司（合称百度公司）向北京市第一中级人民法院起诉北京奇虎科技有限公司（以下简称奇虎公司）、奇智软件（北京）有限公司（以下简称奇智公司）不正当竞争。

本案的争议焦点之一是奇虎公司的360安全卫士在百度公司经营的百度网（www.baidu.com）有选择地插入了红底白色感叹号图标作为警告标识，以警示用户该搜索结果对应的网站存在风险的行为（以下简称插标行为），是否构成不正当竞争行为。

经法院审理查明，安装奇虎公司和奇智公司运营的软件360安全卫士后，登录百度网站进行搜索，部分词条如“双色球”的搜索结果处出现红底白色感叹号图标，点击该感叹号图标，弹出对话框，该对话框显示“360安全中心”“存在欺诈广告的网站”“当前页面含有大量未经证实的广告信息，虚假广告可能给您造成财产损失，请您谨慎访问”等内容。被告的360安全卫士对google等其他搜索引擎网站的结果页面却没有进行插标，即使搜索结果对应的为同一个网站。

百度公司称，该等行为构成不正当竞争行为，违背了基本商业道德和诚信原则，给原告造成了巨大的社会负面影响和重大经济损失，使两被告获得巨大的不当利益。奇虎公司辩称，被告的主张没有法律依据，360安全卫士的插标是保障网络安全的必要的正当行为，不构成不正当竞争。

本案经北京市第一中级人民法院一审，一审法院认为，奇虎公司在百度

---

① 《反不正当竞争法》第11条规定：“经营者不得编造、传播虚假信息或者误导性信息，损害竞争对手的商业信誉、商品声誉。”

② 一审判决书文号：（2012）一中民初字第5718号；二审判决书文号：（2013）高民终字第2352号；再审判决书文号：（2014）民申字第873号。

搜索结果页面上的插标行为构成不正当竞争，判决奇虎公司立即停止插标行为等涉案不正当竞争行为，向百度公司公开赔礼道歉，赔偿损失40万元、合理支出5万元。本案经北京市高级人民法院二审、最高人民法院再审，均维持一审判决。

【裁判要点】

一审法院认为，安全软件要实现的目的在于向用户警示访问的网站是否具有风险，在用户点击进入搜索结果中被安全软件认定为存在风险的网站时，安全软件进行提醒、拦截等行为是正当的。但是，在未经其他经营者许可的情况下，仅以单方的认定，即通过修改其他经营者向用户提供的网络代码的方式，在他人经营的搜索引擎服务的页面上任意进行标注，对他人向用户提供的服务内容进行了改变，该行为应当被法律禁止。

被告的360安全卫士有选择地仅针对原告网站搜索结果页面上进行插标，对google等其他搜索引擎网站的结果页面却没有进行插标，即使搜索结果对应的为同一个网站，被告的360安全卫士也进行了区别对待。被告的360安全卫士作为安全软件，其经营模式应当以向用户发出警示或保护为限。但在本案中，被告不仅进行了插标，还逐步引导用户点击安装360安全浏览器，其插标和引导行为系通过利用原告搜索引擎服务对其浏览器产品进行了推广，属于明显的“搭便车”行为。

因此，被告的360安全卫士在原告网站搜索结果页面上有选择地插入了红底白色感叹号图标作为警告标识，以警示用户该搜索结果对应的网站存在风险，这一行为违反了《反不正当竞争法》第2条规定的诚实信用原则，属于不正当竞争行为。

二审法院认为，网络服务提供者不经网络用户知情并主动选择以及其他互联网产品和服务提供者同意，干扰他人互联网产品或服务的运行，必须限于保护网络用户等社会公共利益的需要，并且应当确保干扰手段的必要性和合理性，即“非公益必要不干扰原则”。360安全卫士被诉的插标行为干扰了百度搜索的正常运行，而且奇虎公司并未证明上述行为确系保护网络用户的安全所必需，因此二审法院认为上述行为构成不正当竞争，驳回上诉，维持原判。

再审法院认为，本案中，奇虎公司在未经允许的情况下对百度搜索结果进行了干扰，其应证明其行为具有必要性和合理性，但是奇虎公司并未证明该行为的必要性和合理性。因此，再审法院认定奇虎公司的插标行为属于不正当竞争行为，驳回奇虎公司的再审申请。

【案例评析】

本案中，奇虎公司通过其运营的360安全卫士软件对百度公司运营网站的搜索结果加上了风险提示。该等风险提示是通过修改百度相关页面代码的方式实现的，而奇虎公司只对百度公司运营网站进行了插标行为，而未对其他搜索网站进行插标，且奇虎公司未证明其这样做的必要性和合理性。因此，该等插标行为属于恶意的风险提示，违反了诚实信用原则，构成不正当竞争行为。

因此，平台方向用户提示其他平台方的网站或软件存在风险时，应当关注该等提示是否具有合理性和必要性，尤其是不得采取恶意的风险提示，以不正当竞争方式争取流量资源。

（三）不正当竞争的"劫持流量"行为

恶意软件不兼容、恶意风险提示主要通过技术、误导、欺骗等不正当手段影响用户选择访问其他平台或选择其他平台方合法提供的产品/服务。实践中还存在通过技术手段直接阻止用户访问竞争对手的平台，转而引导用户访问自己平台或使用自己平台上的产品/服务的不正当竞争方式，这种方式通常称为"劫持流量"。下面是几种常见的"劫持流量"的手段。

1. 通过深层链接方式"劫持流量"

深层链接是指通过链接技术将某一网站的特定网页或内容而非该网站的

主页链接到另一网站上。[①] 通过深层链接技术，平台方直接将竞争对手平台上的内容嵌入本平台网页上，从而导致用户无须访问竞争对手的平台即可获取相关信息，造成竞争对手的流量资源损失。

◇ 案例8－9 北京金融城网络有限公司与成都财智软件有限公司不正当竞争纠纷[②]

【基本案情】

2000年，北京金融城网络有限公司（以下简称金融城公司）向北京市第二中级人民法院起诉成都财智软件有限公司（以下简称财智公司），称财智公司采取深层链接的方式从事不正当竞争行为，造成金融城公司的损失。

金融城公司称，其通过与中国建设银行北京市分行合作开通金融城网站，并在该网站开设了“交易走势图”栏目，发布由其绘制的“中国建设银行北京市分行外汇币种走势图”。财智公司未经金融城公司许可，在其开设的财智网上越过金融城网站主页，直接对“交易走势图”建立链接，使访问者误以为财智网是“交易走势图”的开发制作者，构成不正当竞争。请求法院判令被告停止侵权行为、消除影响，赔偿经济损失20万元，承担本案诉讼费。

财智公司辩称，其在开办的财智网上曾对原告网站上的“交易走势图”建立链接，当得知原告公司不同意这种链接后，随即取消了链接。被链接的“交易走势图”并没有独创性，不具备作品的构成条件，在建立链接时也没有对其做过任何修改，所以这种链接并不会导致访问者的误认。财智公司没有因此获得收益。原告的诉讼请求缺乏事实和法律依据，故不同意原告的诉讼请求。

本案经北京市第二中级人民法院审理，判决认为财智公司的行为构成不正当竞争行为，依据《反不正当竞争法》第2条第1款的规定，判决财智公司不得在所开办的网站上对金融城网站发布的“中国建设银行北京市分行外

① 吴伟光著：《网络与电子商务法》，清华大学出版社2012年版，第263页。
② 裁判书文号：(2000）二中知初字第122号。

汇币种走势图”建立链接，向金融城公司公开赔礼道歉，并赔偿金融城公司5000元，驳回金融城公司的其他诉讼请求。

【裁判要点】

本案审理法院认为，由于互联网经济本身具有特殊性，其通常也被比喻为“注意力经济”，一个网站所吸引的访问者越多，给其带来的相关经济利益就越大，所以经营者均努力通过制作精彩、独特的内容以吸引访问者的注意力，并使访问者记住发布这些内容的网站。而这些独特的内容一旦被他人直接链接，访问者通过设链网站看到的内容已不能准确反映出制作者的身份，从而导致访问者误认，而这种误认的必然结果将是设链网站访问者增加而真正的内容制作网站访问者减少，最终使被链网站的经济利益受到损害。

作为企业法人的网站经营者，建立网站都是为了追求一定的商业目的和获得商业利益，为建立和维护网站运营，为了在激烈的竞争环境下生存和发展，经营者必然要在智力、财力等方面作出投入，如果允许这种投入的结果被他人无限制地随意使用，不仅对作出投入的经营者是不公平的，从长远看，也会对互联网行业的健康发展造成危害，因此对互联网上的链接行为进行合理、适当的规范是十分必要的。

本案双方当事人均为网站经营者，彼此之间存在商业上的竞争关系，被告财智公司未经金融城公司许可，擅自对金融城网站主页以下的次页面内容进行深层链接，其行为违背了金融城公司的意愿，应属不正当的经营行为。按照我国《反不正当竞争法》的规定，财智公司应当对此行为的后果承担相应的法律责任。

【案例评析】

本案中，利用财智公司深层链接将金融城公司发布的内容嵌入自己网站平台的行为，就是“劫持流量”的行为。财智公司设置的深层链接，使用户不需要访问金融城公司网站，便可获得相关信息，造成减少金融城网站流量、增加自己网站流量的效果，构成不正当竞争行为。

2. 在其他平台插入链接、强制进行目标跳转

平台方未经其他平台同意，利用技术手段改变其他平台方的网站内容、插入链接、强制进行目标跳转或采取其他方式，引导本拟访问其他平台的用户转而访问自己的行为，是“劫持流量”的另一种形式。

◇ 案例8－8 百度诉360插标及修改搜索提示词不正当竞争纠纷①

【基本案情】

百度公司称，2012年，奇虎公司在其网址导航网站（hao. 360. cn）网页上嵌入百度搜索框，改变了百度网在其搜索框上向用户提供的下拉提示词，引导用户访问本不在相关关键字搜索结果中靠前位置甚至与用户搜索目的完全不同的奇虎公司经营的影视、游戏等页面，获得更多的用户访问量，并且在网络用户仅设置搜索方向、并未输入相关关键词的时候也进入奇虎公司的相关网页。

法院审理查明，运行被告运营的360安全浏览器、进入网站hao. 360. cn后，点击该搜索框下方“百度”字样前的选择按钮，该搜索框中即显示与原告商标相同的“Baidu百度”图标，搜索框右侧按钮显示为“百度搜索”，分别点击搜索框上方的“新闻”“视频”“图片”等选项，弹出hao. 360. cn关于“新闻”“视频”“图片”等的搜索结果页面，未进入原告运营的搜索结果页面。

百度公司称，被告篡改百度搜索结果页面，造成混淆；利用360浏览器捆绑其网址导航站，故意仿冒、混淆搜索结果，劫持百度流量，侵犯原告商标权并且不正当竞争。奇虎公司辩称，被告的主张没有法律依据，不构成不正当竞争。

---

① 一审判决书文号：（2012）一中民初字第5718号；二审判决书文号：（2013）高民终字第2352号；再审判决书文号：（2014）民申字第873号。

该案例中，除了奇虎公司插标行为是否构成不正当竞争行为外，奇虎公司修改搜索提示词的行为是否构成不正当竞争也是争议焦点。

本案经北京市第一中级人民法院一审，一审法院认为，奇虎公司“劫持流量”的行为构成不正当竞争，判决奇虎公司立即停止涉案不正当竞争行为。

【裁判要点】

一审法院认为，虽然原告搜索框被嵌入被告的网址导航页上，但是被告无权擅自改变原告提供给网络用户搜索引擎服务的内容，即原告在其搜索框上向用户提供的下拉提示词；被告擅自改变原告在其搜索框上向用户提供的下拉提示词，并且采用增加文字介绍、设置背景颜色等方式，引导用户访问本不在相关关键字搜索结果中靠前位置甚至与用户搜索目的完全不同的被告的影视、游戏等页面，进行获得更多的用户访问量，以便谋取不正当的利益，属于明显的“搭便车”行为。点击被告擅自插入的下拉提示词，并没有进入原告搜索引擎的搜索结果页面，而是直接进入被告的影视、游戏等页面，甚至网络用户在仅设置搜索方向、并未输入相关关键词时也会进入被告的相关网页，进一步表明被告“搭便车”的意图。此外，被告行为有可能因为引导用户更多的访问与其搜索目的完全不同的页面，从而挫伤用户继续使用原告搜索引擎服务的积极性，或者使用户产生对原告所提供的搜索服务的负面评价，进而对原告的经营造成不利影响。

二审法院和再审法院均认为，上述行为干扰了百度网站正常的搜索服务以及用户对百度搜索结果的正常使用，有可能引导用户访问与其搜索目的无关的网站，而且该行为不出于任何公共利益的需要，仅仅是为奇虎公司网站获取更多用户访问量的手段，超出了正当的商业竞争的限度，构成不正当竞争。

【案例评析】

本案中，奇虎公司在自己网站上嵌入百度公司的搜索框，但修改了原搜索框设置的提示词。同时，通过该搜索框搜索，网页将跳转至奇虎公司运营的搜索结果页面，而非百度公司运营的搜索结果页面，奇虎公司的上述“劫持流量”的行为属于不正当竞争行为。本案件审理结束后，2017 年修订的《反不正当竞争法》将插入链接、强制进行目标跳转等“劫持流量”的方式纳入被禁止的不正当竞争行为中。[①]

3. 无正当理由的广告屏蔽或覆盖

平台方利用技术手段，没有正当理由屏蔽其他平台网站中的广告，甚至在他人广告上覆盖自己运营的广告的行为，也是“劫持流量”常见的手段。

广告收入是目前绝大多数互联网企业，特别是视频网站运营商的重要收入来源，在互联网的免费获取环境之下，依托广告获取商业利益已成为公认的、惯常的商业模式。[②] 使用广告屏蔽技术屏蔽其他方经营的广告，一般仅限于有正当理由的情况下，例如，被屏蔽的广告存在病毒、木马等对自己平台的运行环境或用户的系统造成威胁，被屏蔽的广告属于频繁弹出的对用户造成干扰的广告或不提供关闭方式的漂浮广告、弹窗广告、视窗广告等恶意广告。[③] 平台方没有正当理由利用技术手段屏蔽竞争对手运营的广告，将减少用户对广告的访问量，从而影响广告效果，损害竞争对手广告收益，构成不正当竞争行为。

◇ 案例8－10 优酷诉暴风不正当竞争纠纷[④]

【基本案情】

2016年，合一信息技术（北京）有限公司（以下简称合一公司）向北京市石景山区人民法院起诉被告暴风集团股份有限公司（以下简称暴风公司），称暴风公司提供的暴风影音软件和快看浏览器软件通过转链接的方式，直接向用户提供原告运营的优酷网站中的视频资源，同时屏蔽和替换了原视

---

① 《反不正当竞争法》第12条规定：“经营者利用网络从事生产经营活动，应当遵守本法的各项规定。经营者不得利用技术手段，通过影响用户选择或者其他方式，实施下列妨碍、破坏其他经营者合法提供的网络产品或者服务正常运行的行为：（一）未经其他经营者同意，在其合法提供的网络产品或者服务中，插入链接、强制进行目标跳转……”

② 张今：《互联网新型不正当竞争行为的类型及认定》，载《北京政法职业学院学报》2014年第2期。

③ 《互联网终端软件服务行业自律公约》第19条规定：“除恶意广告外，不得针对特定信息服务提供商拦截、屏蔽其合法信息内容及页面。恶意广告包括频繁弹出的对用户造成干扰的广告类信息以及不提供关闭方式的漂浮广告、弹窗广告、视窗广告等。”

④ 一审判决书文号：（2016）京0107民初5376号；二审判决书文号：（2017）京73民终1809号。

频中的广告内容。被告的行为把原告正常经营所应有的用户访问量转到被告平台，使原告预期的广告收益化为零，这种行为有违诚实信用原则，构成不正当竞争行为。暴风公司辩称，被告仅仅是在用户与被链接网站即原告网站建立了一个涉案视频播放的技术通道，本质上属于搜索链接的范畴，该行为并不在当时有效的《反不正当竞争法》规定的11种不正当竞争行为范围内。

本案经北京市石景山区人民法院一审，北京知识产权法院二审，暴风公司的屏蔽和替换原视频广告的行为构成不正当竞争。

【裁判要点】

一审法院认为，合一公司与暴风公司均为从事视频网站的经营者，存在竞争关系。合一公司通过视频平台优酷网提供免费视频播放服务，并通过广告商在影视作品播放前投放广告，取得商业利益。合一公司的经营行为不违反《反不正当竞争法》的规定，也是目前视频网站通行的经营模式，其他经营者不应以不正当的方式妨碍。暴风公司通过转链接方式在其软件上播放合一公司网站的视频时，应当完整呈现优酷网页上包括广告在内的全部内容。然而，暴风公司未经合一公司同意，播放相关视频资源时不显示包括贴片广告、“优酷”水印等内容，这种行为显然有利于提升暴风公司的竞争优势，违背了公认的商业道德。暴风公司上述行为，使合一公司难以实现包括广告收益、吸引用户等在内的预期商业目的，并可能导致合一公司用户的减少，损害了合一公司的合法利益，已构成不正当竞争，依法应当承担相应的民事责任。二审法院认为，一审法院的上述认定，合法有据，应予以支持。

【案例评析】

本案中，暴风公司未经合一公司的同意，通过深层链接将合一公司运营的优酷网站的视频嵌入暴风公司运营的播放软件和浏览器中。同时，暴风公司屏蔽和覆盖了原视频中的广告，且该等屏蔽和覆盖行为并非出于使用户免受含有木马、病毒等恶意广告的滋扰或其他正当目的，而是为了增加暴风公司软件和浏览其的吸引力和访问量。这一行为对优酷网站的访问量受到影响，从而损害了优酷网站的收益。因此，该行为构成不正当竞争行为。

图书在版编目(CIP)数据

互联网平台运营法律实务 / 刘瑛,王玄,李晓华著
. -- 北京:法律出版社,2020
ISBN 978 - 7 - 5197 - 4368 - 0

Ⅰ. ①互… Ⅱ. ①刘… ②王… ③李… Ⅲ. ①互联网服务提供商 - 企业法 - 研究 - 中国 Ⅳ. ①D922.291.914

中国版本图书馆 CIP 数据核字(2020)第 052845 号

互联网平台运营法律实务
HULIANWANG PINGTAI YUNYING FALÜ SHIWU

刘 瑛
王 玄 著
李晓华

策划编辑 周 洁(微信号:editor - Z)
责任编辑 周 洁
装帧设计 汪奇峰

出版 法律出版社
总发行 中国法律图书有限公司
经销 新华书店
印刷 天津嘉恒印务有限公司
责任校对 郭艳萍
责任印制 胡晓雅

编辑统筹 司法实务出版分社
开本 710 毫米×1000 毫米 1/16
印张 15.5
字数 191 千
版本 2020 年 6 月第 1 版
印次 2020 年 6 月第 1 次印刷

法律出版社/北京市丰台区莲花池西里 7 号(100073)
网址/www.lawpress.com.cn
投稿邮箱/info@lawpress.com.cn
举报维权邮箱/jbwq@lawpress.com.cn
销售热线/400 - 660 - 8393
编辑电话/010 - 83938103

中国法律图书有限公司/北京市丰台区莲花池西里 7 号(100073)
全国各地中法图分、子公司销售电话:
统一销售客服/400 - 660 - 8393/6393
西安分公司/029 - 85330678
上海分公司/021 - 62071639/1636
第一法律书店/010 - 83938432/8433
重庆分公司/023 - 67453036
深圳分公司/0755 - 83072995

书号:ISBN 978 - 7 - 5197 - 4368 - 0
定价:58.00 元
(如有缺页或倒装,中国法律图书有限公司负责退换)